図説　楢崎雄之 著
インテリアデザインの基礎
THE FOUNDATION OF INTERIOR DESIGN

井上書院

はじめに

インテリアを学ぼうとする人，インテリアに興味のある人のマニュアルとしてまとめた本です。インテリアをより身近に感じていただけるように，いままでにない内容になっていると思います。

たとえば

「造形と視覚」 では

- 同じ部屋でも線や形・色などの扱い方によって，より広く見えたり，天井がより高く見える？
- アテネのパルテノン神殿の列柱の太さは，場所によってなぜ違う？
- 太っている人は，タテ・ヨコ縞の洋服，どっちがスリムに見える？
- ズボンのポケットの位置・大きさ・センタープレスの有無で，脚の長さはどう見える？
- タイルの目地の色によって，真っすぐに見えたり，曲がって見えるのはなぜ？

「イロ・いろ・色」 では

- 浦島太郎は乙姫様から貰った玉手箱を開けて，白髪のお爺さんになったのはなぜ？
- 黒い日傘が流行ったのは，紫外線との関係は？
- 飲食店のサイン(看板)に，赤～橙系が用いられるわけは？
- 眠りを誘う色は？
- 病院の手術室，ドクターやナースの身につけている色は？

「人と空間」 では

- 持ちやすいお盆の幅は，お盆をもった人の幅は，お盆をもった人が通る廊下の幅は？
- 生活の知恵として台所の流し台の高さは，その家の主婦の○○下3寸が使いやすい？
- 寝返り（寝相）とベッドの幅？
- 身の上相談するとき，何か決着をつけたいときの，椅子・テーブルのレイアウトは？
- 人体模型をつくって，インテリアの高さ・広さを試してみよう…などです。

　実務経験を経てから30数年の間，専門学校においてインテリア教育に携わるうえで，数多くの文献を糧にさせていただきながら授業を進めてまいりました。その成果が本書だと自負しておりますので，この『インテリアデザインの基礎』を読者の皆さま方が有効にお役だていただければ幸です。

　本書の出版にあたり，この場をかりまして，授業の糧としていろいろと勉強させていただきました，文献の諸先生方に厚く御礼申し上げます。併せて，出版に際しまして，ご尽力・ご協力賜りました井上書院のスタッフの方々に感謝いたします。

2006年盛夏

著者記す

目次

はじめに

1　インテリア空間の構成/知覚と空間 ―― 7

2　造形と視覚/錯視 ―― 11
  2.1　角度・方向の錯視 ―― 22
  2.2　分割の錯視 ―― 26
  2.3　明暗の錯視 ―― 28
  2.4　遠近の錯視 ―― 32
  2.5　垂直・水平の錯視 ―― 36
  2.6　対比の錯視 ―― 38
  2.7　上方距離の過大視・左右の過大視 ―― 42
  2.8　その他の錯視 ―― 43

3　線の性格と面の構成・立体と空間 ―― 45
  3.1　線の種類と集合による表情 ―― 46
  3.2　面の構成/壁・天井 ―― 56
  3.3　立体と空間 ―― 57

4　造形の原理 ―― 61
  4.1　統一性/統一と変化 ―― 63
  4.2　調和性/類似と対比 ―― 64
  4.3　均衡（平衡）性/均衡と不均衡 ―― 65
  4.4　対称（相称・均斉）性/対称と放射対称・非対称 ―― 66
  4.5　律動性/繰返しと階調 ―― 67
  4.6　抑揚性 ―― 68
  4.7　比率性 ―― 69
  4.8　地と図 ―― 74

5　色彩 ―― 75
  5.1　色彩の基本 ―― 76
  5.2　色の特性/暖色と寒色 ―― 93
  5.3　色の性格/色彩と心理 ―― 94
    5.3.1　進出と後退/膨張（拡大）と収縮（縮小） ―― 94
    5.3.2　色と時間 ―― 99
    5.3.3　色と味覚 ―― 100
    5.3.4　色と温度 ―― 101
    5.3.5　色と重量 ―― 103
    5.3.6　色と成育効果 ―― 105
    5.3.7　光色と食事 ―― 106
    5.3.8　光色と健康 ―― 108
    5.3.9　イロ・いろ・色 ―― 109
    5.3.10　純単色室テスト ―― 112
    5.3.11　色の視認度 ―― 113

5.3.12　配色による色の三属性―――――――――――――――115
　　5.4　色彩調和――――――――――――――――――――――118
　　5.5　テクスチャー・光―――――――――――――――――――123

6　人と空間のかかわり―――――――――――――――――――126
　　6.1　人間工学―――――――――――――――――――――――127
　　6.2　昔の生活尺――――――――――――――――――――――128
　　6.3　姿勢と動作――――――――――――――――――――――132
　　6.4　身長を基準とした尺度―――――――――――――――――146
　　6.5　人と人の距離―――――――――――――――――――――165
　　6.6　人体模型―――――――――――――――――――――――173

1 インテリア空間の構成
THE FOUNDATION OF INTERIOR DESIGN

美しいインテリア空間を演出するには，空間を構成するさまざまな要素がからみあって作用するが，最も主要な役割を果たすのはフォルム（Form：形態）である。フォルムは広義には，形のほかに色やマテリアル（Material：材料・材質感）・光なども含まれる。

　美しいものをつくり出すことを造形とよんでいるが，インテリアの場合は絵画や彫刻などのように個々のものをつくる造形ではなく，数多くのインテリアエレメントがあり，空間としてトータル的にデザインするためには，相応の造形力が必要となる。

　インテリアエレメント（Interior Element）とは，インテリアに用いられる床・壁・天井の仕上げ材を始めとして，右図のようにファブリックス（カーテン・カーペットなどの織物）や家具・照明器具など，インテリアを構成する要素をいい，それらが美しく調和のとれた空間としてまとめられなければならない。

　知覚のうえで，形や色・材質感・光などはおもに視覚によってとらえられるが，インテリアの美しさや快適性を考える場合には，視覚のほかに五感の聴覚・触覚・嗅覚・味覚などの知覚による情報も欠かすことはできない。

知覚と空間

　人は知覚（感覚）によって自分を取り巻く外界の情報をとらえる。環境や空間デザインにたずさわる人は知覚（五感）によって，空間情報を観察・記憶・経験し，インテリア/建築/環境空間の創造力を涵養することが大切である。

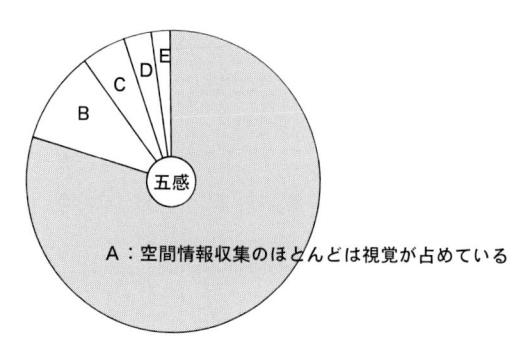

・なぜ，視覚なのか…知覚（五感）の情報収集認識度比
　人は室内に入ったとき，インテリア空間に接したとき，五感（官）のどこで，何をどのような比率で知覚するのだろうか？

　A：視覚（見る）　→空間デザインの主要素である形態（フォルム）・
　　　　　　　　　　　マテリアル（素材）・光・色・エレメント　　：80%
　B：聴覚（聞く）　→音（心地よい音・騒音など）　　　　　　　　　：10%
　C：嗅覚（嗅ぐ）　→空気（通風・換気）・香り　　　　　　　　　　：5%
　D：味覚（味あう）→食欲（色・光・グリーン）　　　　　　　　　　：3%
　E：触覚（触れる）→素材・熱（温湿度 寒い暖かい・軟らかい硬い）：2%
　　　　手触り・肌触り　　　ぬくもり

A：視覚　80%
B：聴覚　10%
C：嗅覚　5%
D：味覚　3%
E：触覚　2%

A：空間情報収集のほとんどは視覚が占めている

インテリアを構成するものは，図のような諸々の要素・部分から空間は成り立っている。また，ほかにも室内の形・色彩やエレメントをいかに構成すかのデザインやディテールなどがある。

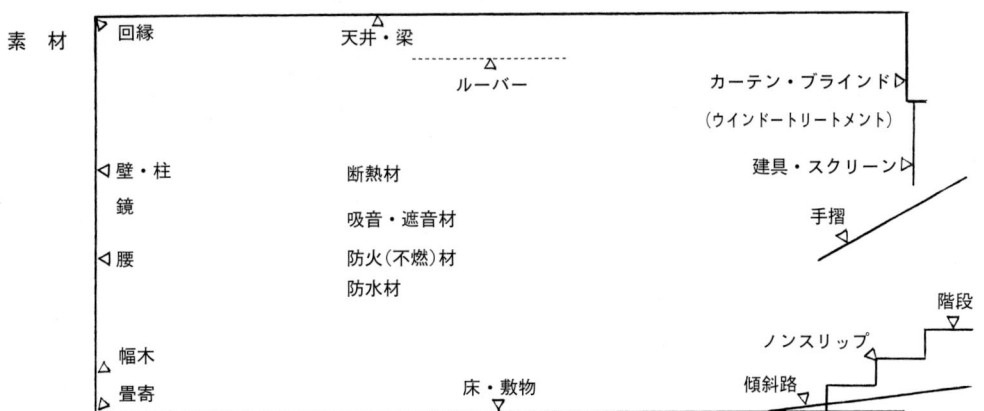

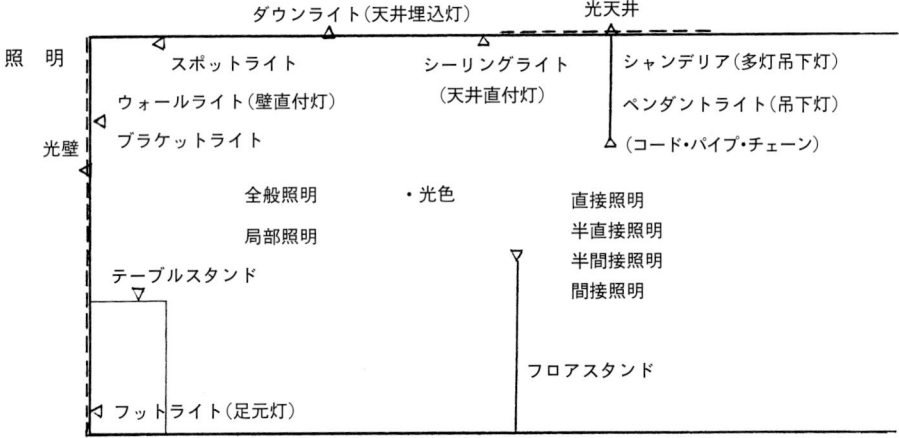

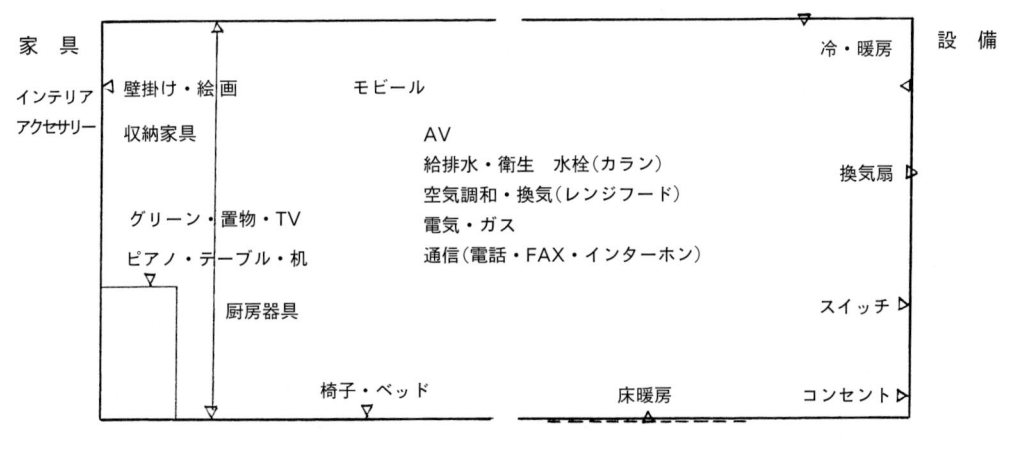

1 インテリア空間の構成／知覚と空間

五感を癒すグルメ空間
- 視覚：くつろぎ感を醸し出す和の形や質感・色・光など
- 聴覚：人々の語らい，心地よいBGM
- 嗅覚：料理をはじめ，木や土の香り
- 味覚：おふくろの味
- 触覚：肌で感じる温もり

知覚（五感）の情報収集認識度

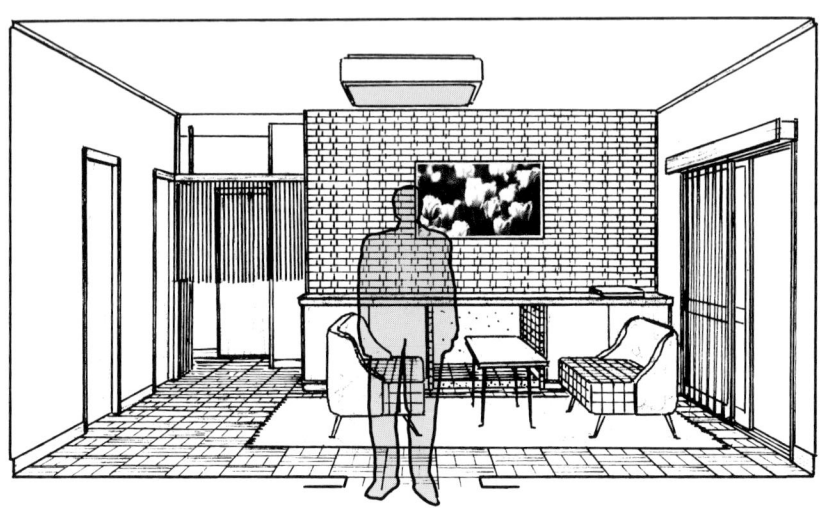

人は部屋に入ったとき，五感（官）のどこで何を知覚するのだろうか

2 造形と視覚

THE FOUNDATION OF INTERIOR DESIGN

室内情報の80%を知覚する視覚をたくみに応用することによって，同じ広さの部屋でも，より奥行きが深く見えたり，天井がより高く見えたりする視覚の錯誤による錯視は，インテリア空間における造形の視覚（心理効果）によるゲーム・遊びともいえる。

　造形用語に
- トロンプ・ルイユ（仏）trompe-lóeil：だまし絵
　　　　　　　　　　　錯覚を応用した立体画
- イリュージョン illusion：幻影・幻想・錯覚
　（マジック magic：魔術・奇術（引田天功））

という言葉があり、空間の錯視のテクニックとして用いられてきている　⇒視覚の錯誤

　バロック期（16世紀初頭〜18世紀中葉）の教会のドーム天井に描かれた遠近法による絵画を例に示す。

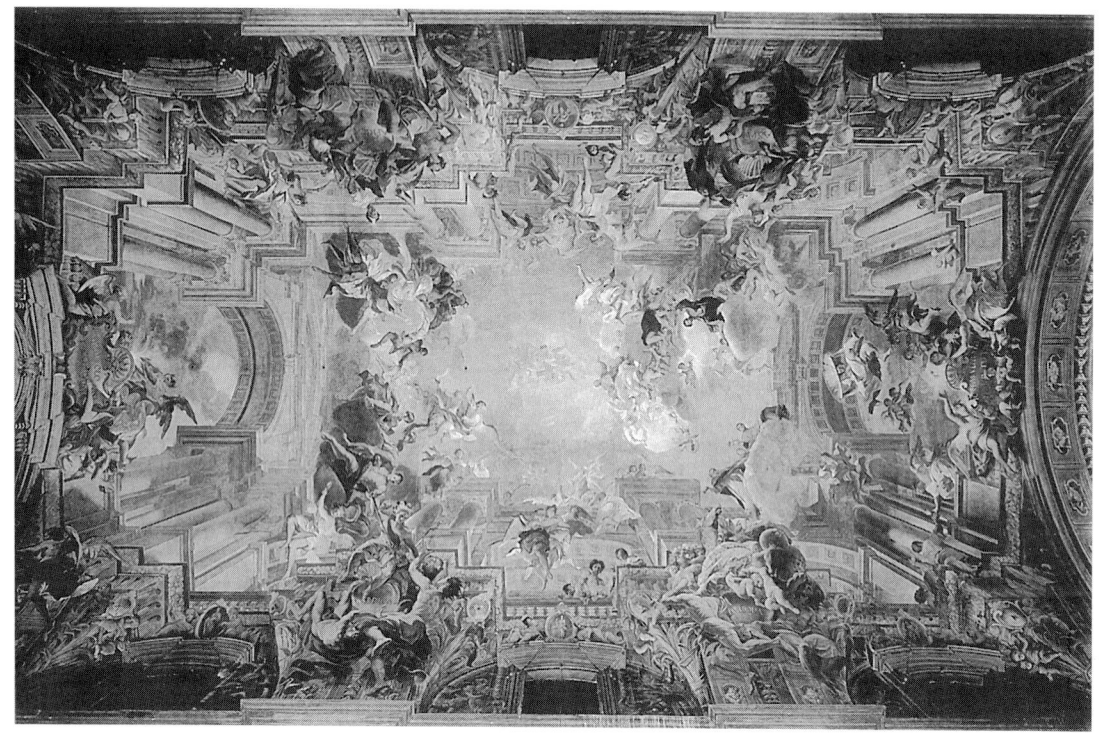

アンドレア・ボッツオ：サンティニヤーツィオ聖堂の天井画（1691〜94年，ローマ）

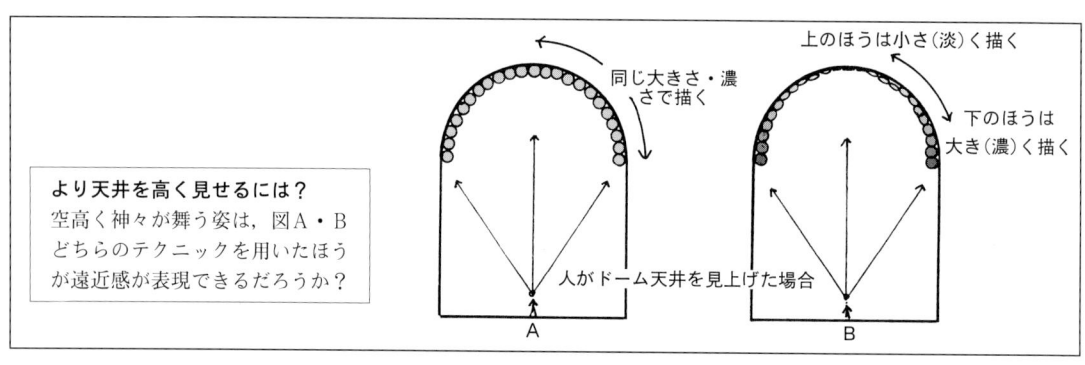

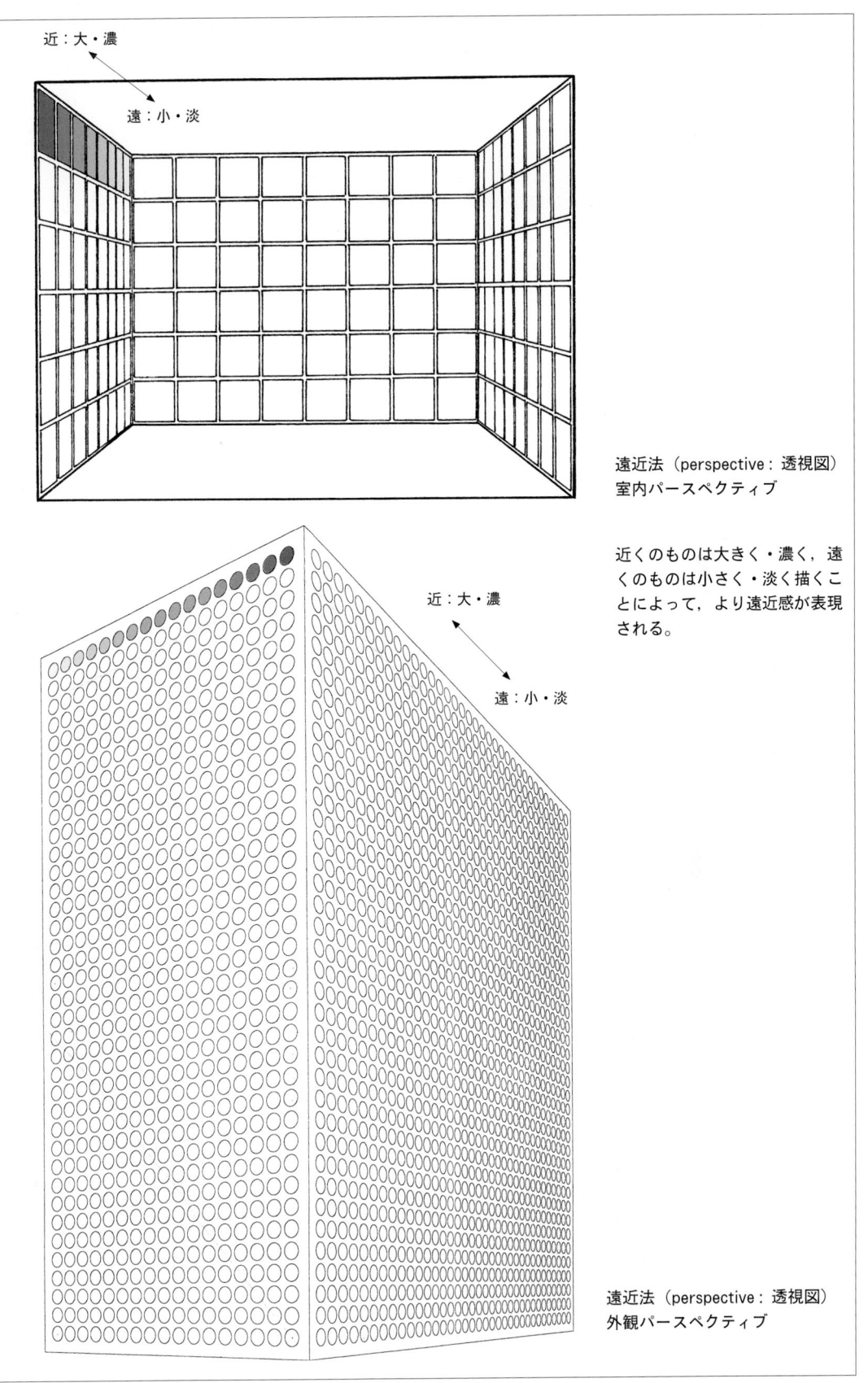

遠近法（perspective：透視図）
室内パースペクティブ

近くのものは大きく・濃く，遠くのものは小さく・淡く描くことによって，より遠近感が表現される。

遠近法（perspective：透視図）
外観パースペクティブ

2 造形と視覚／錯視

遠近法（透視図）とは，近くのものは濃く・大きく描き，遠くのものは淡く・小さく描くことによって遠近感を表現するテクニック（空気遠近法＋線遠近法）をいう。

　遠近（画）法には，東洋の山水画や古代エジプトの壁画などに見られるように，遠くのものは画面の上のほうに，近くのものは下（手前）に描いて遠近感を表している。

　また，山水画の空間構成原理である三遠の手法は，麓から山頂を仰ぎ見る高遠，山の手前から奥を見通す深遠，近い山から遠い山など，左右に広がったものを見る平遠からなっている。これら山水画など，わずかな寸法や面積の画面のなかで，無限大の距離や空間を表現することを咫尺千里（しせきせんり）という。

　ゴシック期（12世紀中頃〜16世紀）のサンタ・マリア・ノベルラ教会（フィレンツェ）の内部空間を例に示す。

アルベルティ設計：サンタ・マリア・ノベルラ教会（1278〜1360年，フィレンツェ）

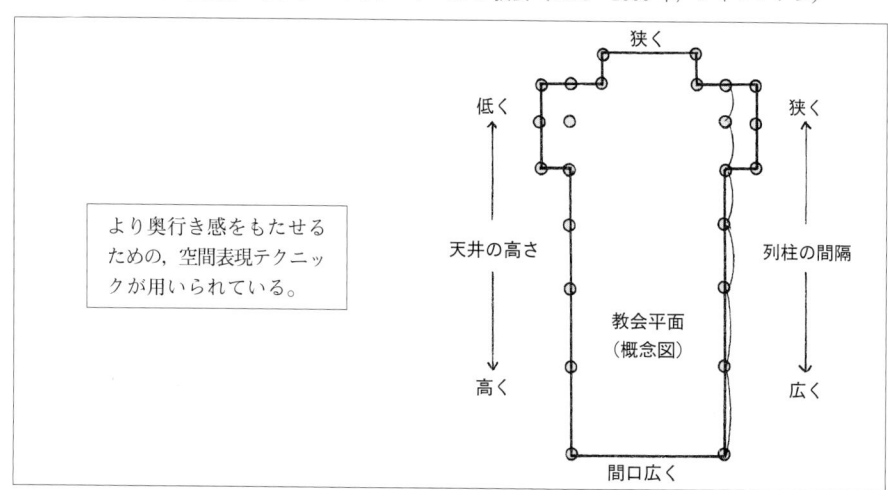

より奥行き感をもたせるための，空間表現テクニックが用いられている。

地上の遠近法：斜め方向の対角線は 45°VP に終結する

天使の遠近法：前後方向は相似形で，それぞれの対角線は平行するが，斜め方向に対角線を連ねると，湾曲を描いて中央の消点（CVP）に達する

CVP

45°VP

地上の遠近法（ルネサンスの遠近法） ← → 天使の遠近法（ゴシックの遠近法）

奥行感をもたせるテクニック

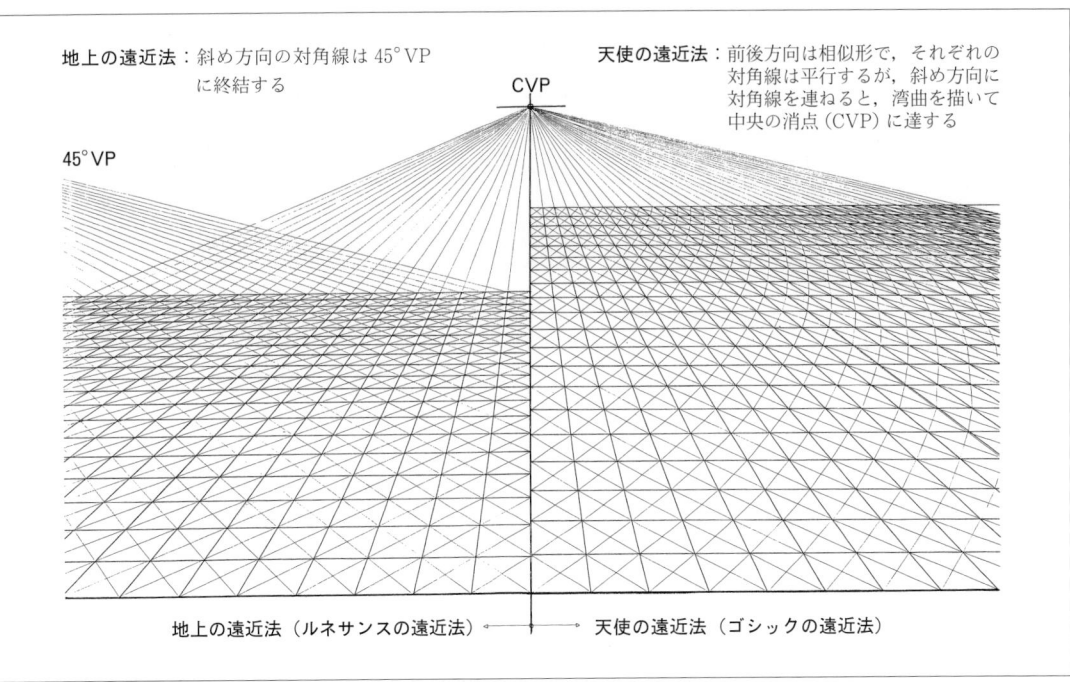

テクニック1　正面に奥行感のある絵画を用いる
「最後の晩餐」レオナルド・ダヴィンチ（1475〜1477），サンタ・マリア・デッレ・グラツィエの大食堂

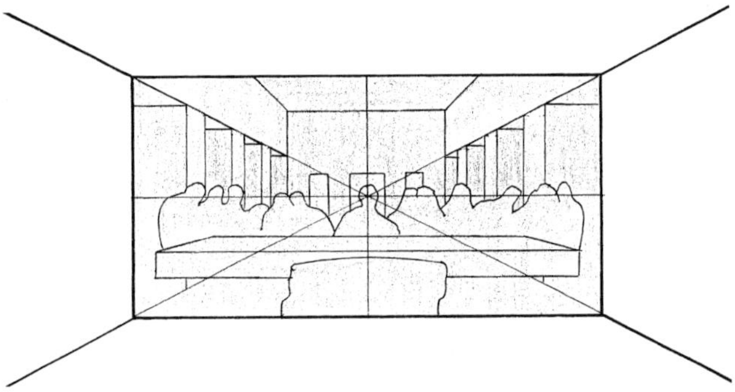

テクニック2　正面に鏡を設ける

2 造形と視覚／錯視

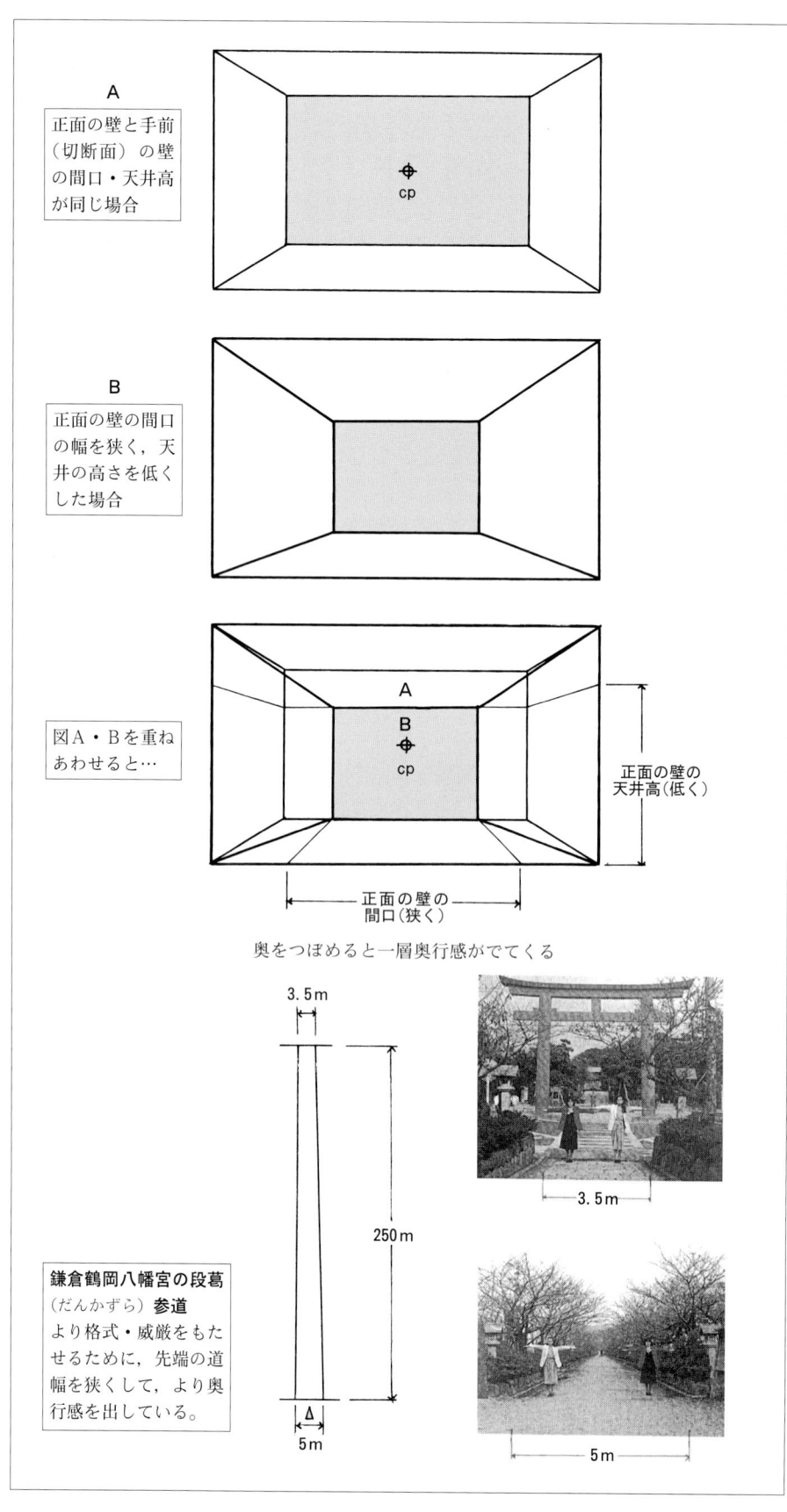

A 正面の壁と手前（切断面）の壁の間口・天井高が同じ場合

B 正面の壁の間口の幅を狭く，天井の高さを低くした場合

図A・Bを重ねあわせると…

正面の壁の天井高(低く)

正面の壁の間口(狭く)

奥をつぼめると一層奥行感がでてくる

3.5m

250m

5m

鎌倉鶴岡八幡宮の段葛（だんかずら）**参道**
より格式・威厳をもたせるために，先端の道幅を狭くして，より奥行感を出している。

3.5m

5m

逆遠近法を用いたミケランジェロ・カピトール広場の例を示す。

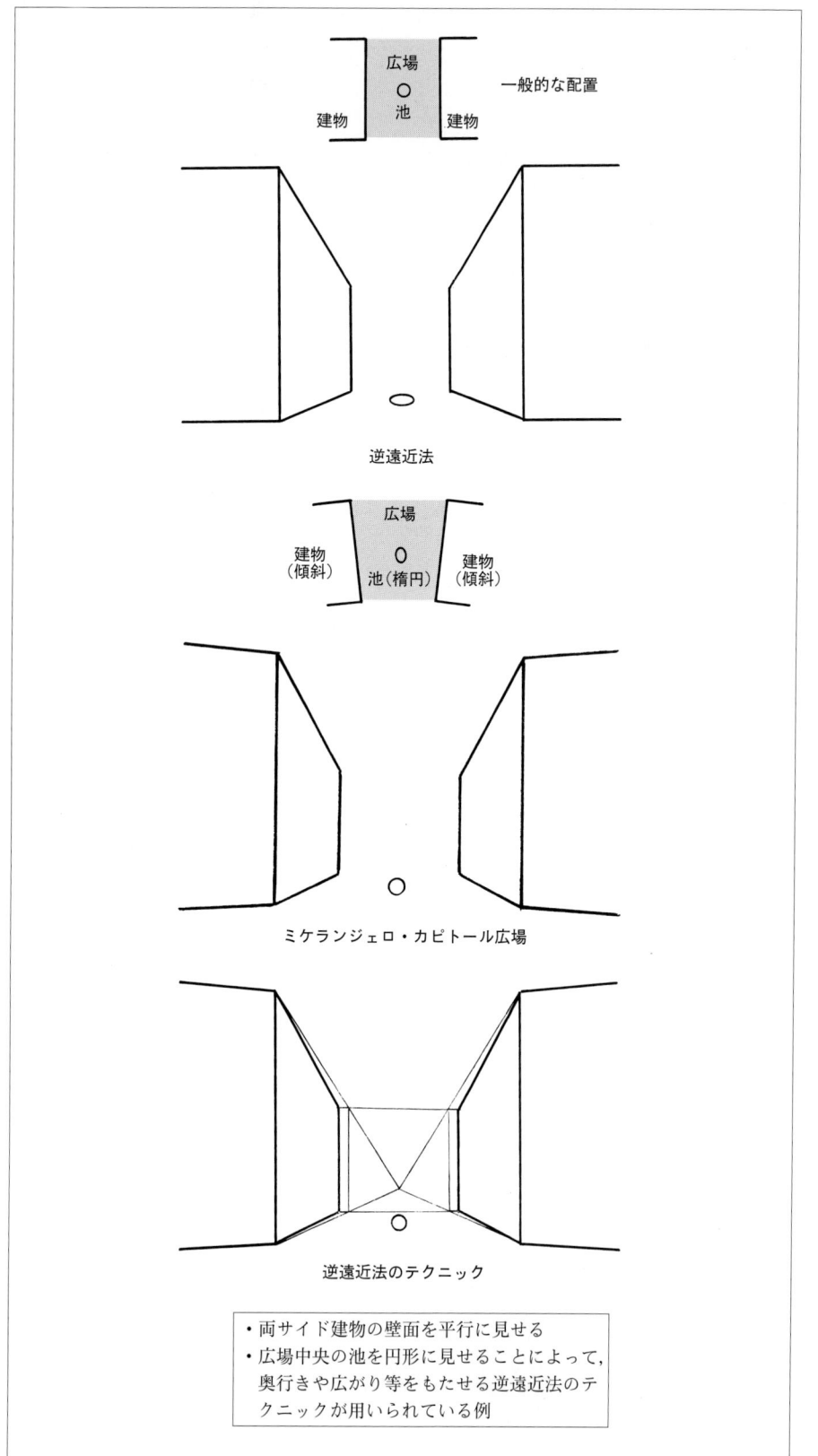

- 両サイド建物の壁面を平行に見せる
- 広場中央の池を円形に見せることによって，奥行きや広がり等をもたせる逆遠近法のテクニックが用いられている例

●視覚の錯誤／錯視

　広い意味での形態は，知覚（五感）のうち，おもに視覚と触覚で認識されるが，とくに視覚による情報がほとんど（80％）を占めている。視覚が形態をとらえるには「ものを見る眼」「見られるもの」「光」の三要素を欠かすことができない。また，人の眼には４つの性能がある。

　① 形を認識する　　…「形態視（覚）」
　② 色を識別する　　…「色彩視（覚）」
　③ 明るさを判別する…「明暗視（覚）」
　④ 動きを識別する　…「運動視（覚）」

　これらの知覚は，必要な空間情報として認識されるが，２次元（平面）のものを３次元（立体）としてとらえたり，斜めのものを真っすぐなものと錯覚して識別することがある。これらの視覚の錯誤を錯視（optical illusion）という。
　錯視のおもなものには
　(1) 角度・方向の錯視
　(2) 分割の錯視
　(3) 明暗の錯視
　(4) 遠近の錯視
　(5) 垂直・水平の錯視
　(6) 対比の錯視
　(7) 上方距離・左右の過大視
　(8) その他の錯視…などがある。
　このほかルビンの壺やシュレーダーの階段のように，反転して２つ以上の見え方をする反転図形・多義図形や無限階段のように不可能な形態なども錯視に含まれる。

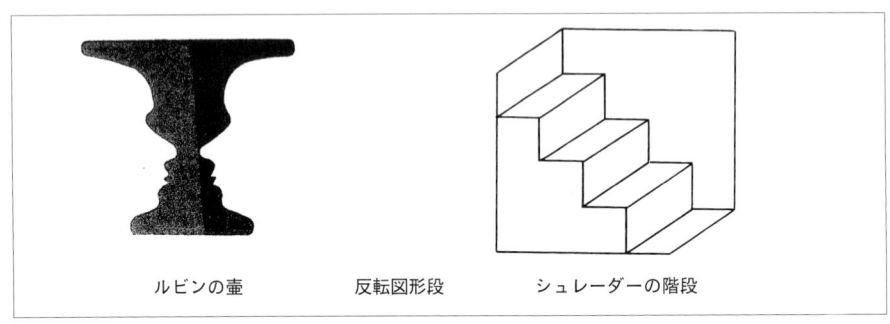

　　　　ルビンの壺　　　反転図形段　　シュレーダーの階段

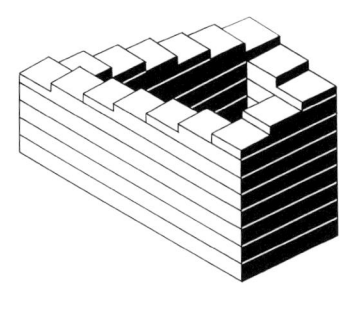

ペンローズの代表作として「無限階段」(1958) がある。階段を一歩一歩昇りながら一周すると，元の階段の位置に戻ってしまう…という無限性を表現している。
有名なエッシャーの「滝」(1961) は，ペンローズの無限階段を展開したもので，垂直に流れ落ちた滝の水が屈折した水路を流れてゆくと，元の滝の上に戻ってしまう不可能形態である。

錯視は歴史的にみても図のように，何世紀も前から興味深い現象としてとらえられている。

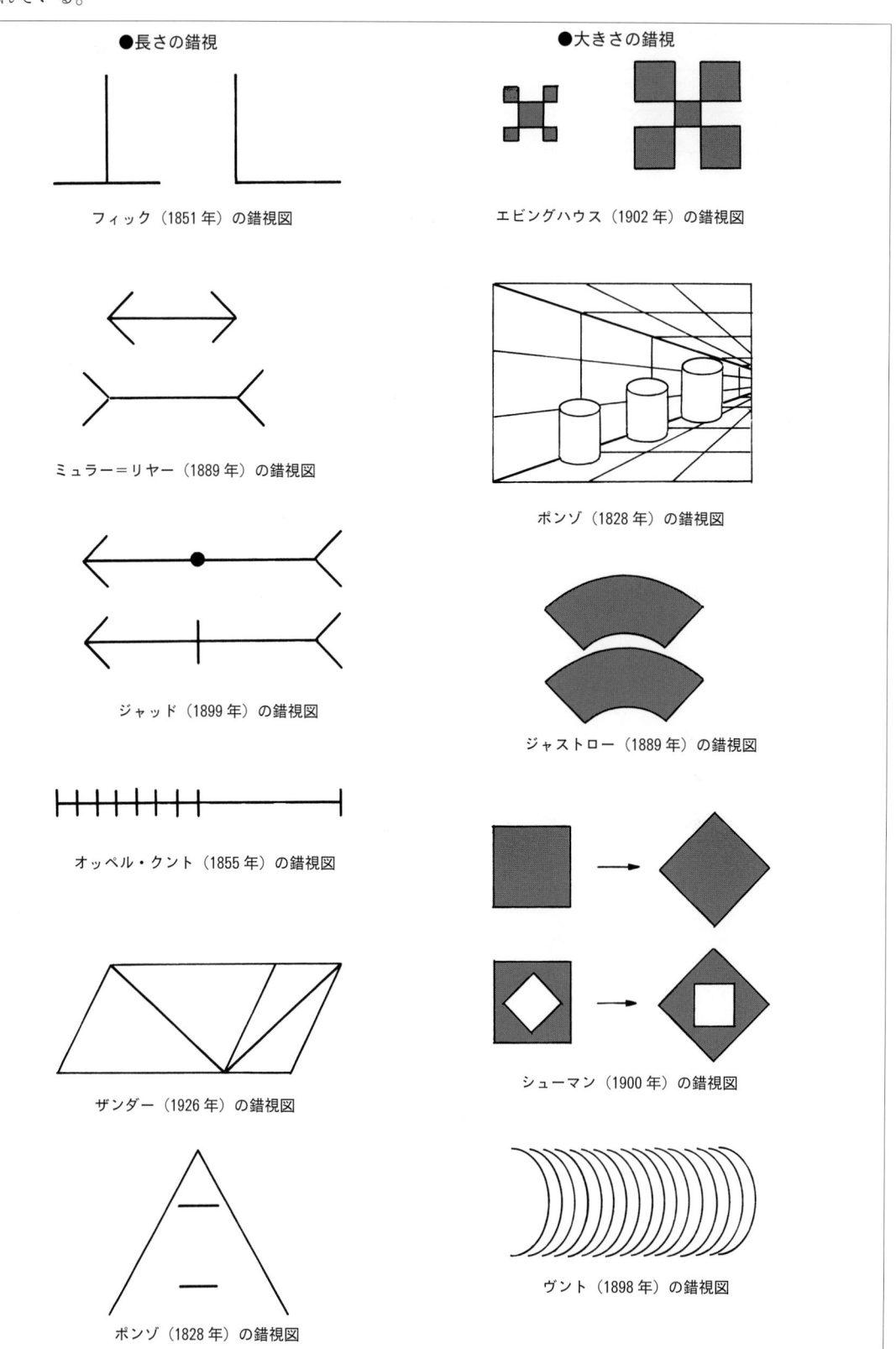

●角度の錯視　　　　　　　●変形の錯視

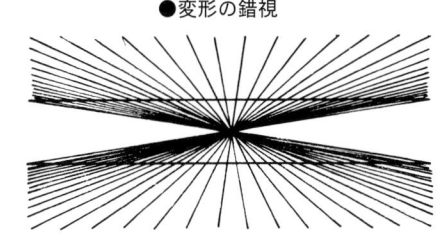

ツェルナー（1860 年）の錯視図

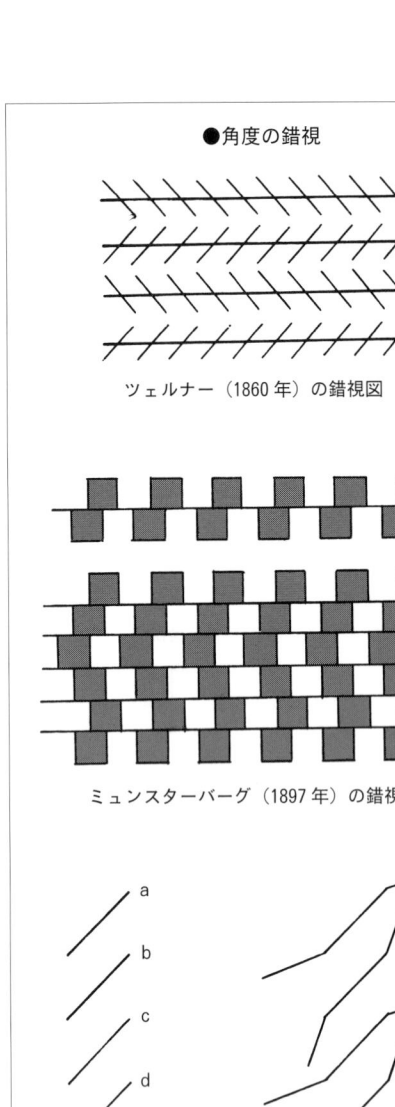

ミュンスターバーグ（1897 年）の錯視図

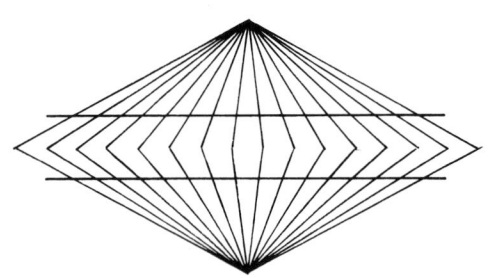

ヴント（1898 年）の錯視図

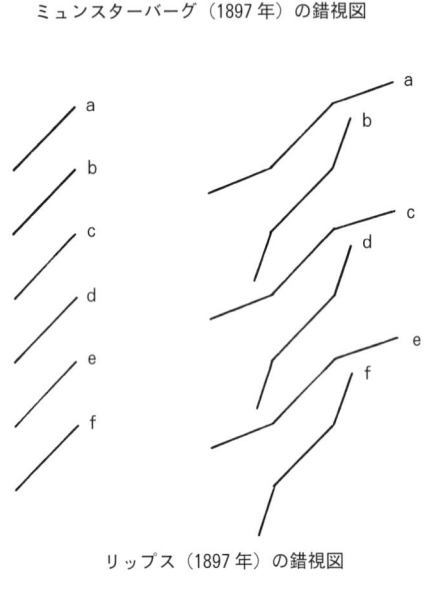

リップス（1897 年）の錯視図

ラッキーシュ（1922 年）の錯視図

黒なのに，毎秒 10〜15 回転させると色があらわれる。時計回りに回すと，中心から赤〜緑〜青〜紫の帯が，反時計回りに回すと，逆の色が見える。

ベンハム（1894 年）のコマ

●変形の錯視

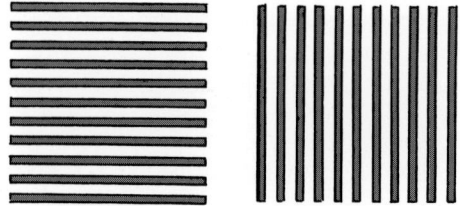

ヘルムホルツ（1856年）の錯視図

●位置の錯視

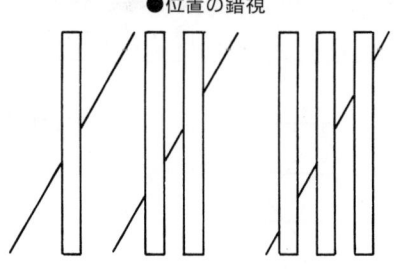

ポッゲンドルフ（1860年）の錯視図

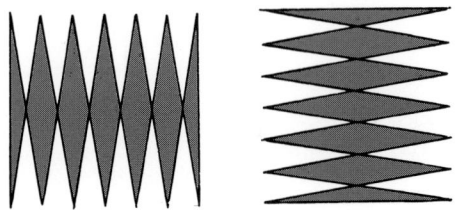

サヴィニー（1905年）の錯視図

●明暗の錯視

ヘルマン（1865年）の錯視図

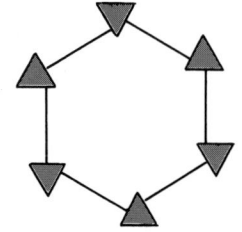

ジェルビーノ（1978年）の錯視図

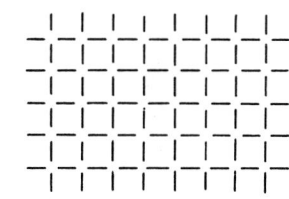

エーレンシュタイン（1941年）の錯視図

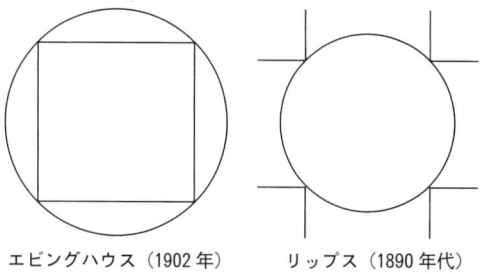

エビングハウス（1902年）　リップス（1890年代）

湾曲の錯視図

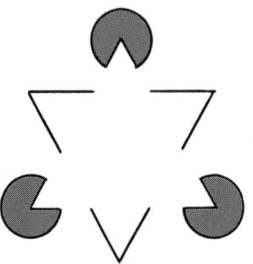

カニッツア（1976年）の錯視図

2.1 角度・方向の錯視

　　直線または平行線は，角度や方向の異なった線が作用することによって，平行感覚を失い，曲がって見える。

　　これは，人の眼は，鋭角を過大に，鈍角を過小に判断する傾向があるためである。

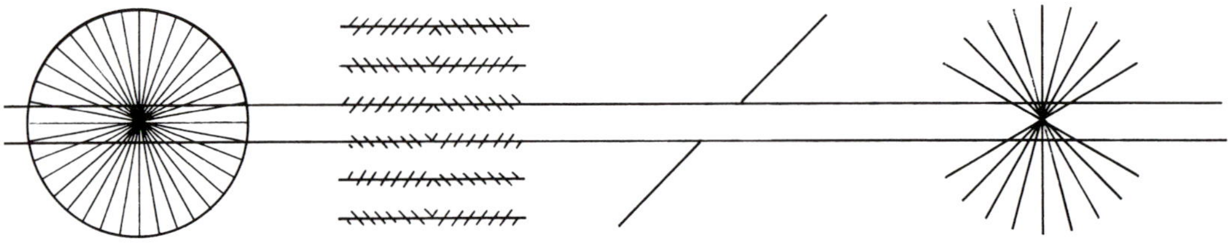

ツェルナーの図形　　　　ポッゲンドルフの図形　　　　ヘリングの図形

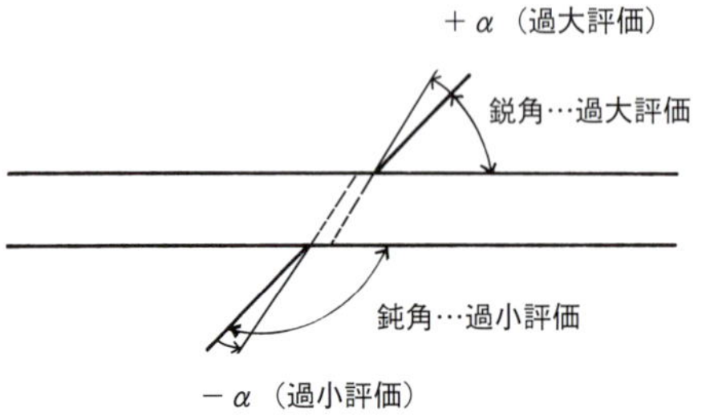

＋α（過大評価）
鋭角…過大評価
鈍角…過小評価
−α（過小評価）

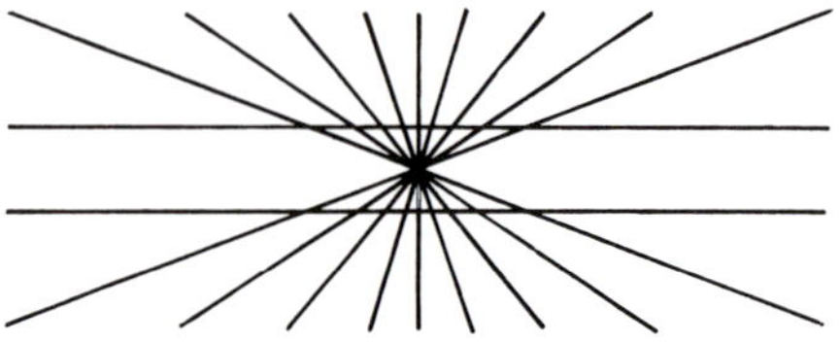

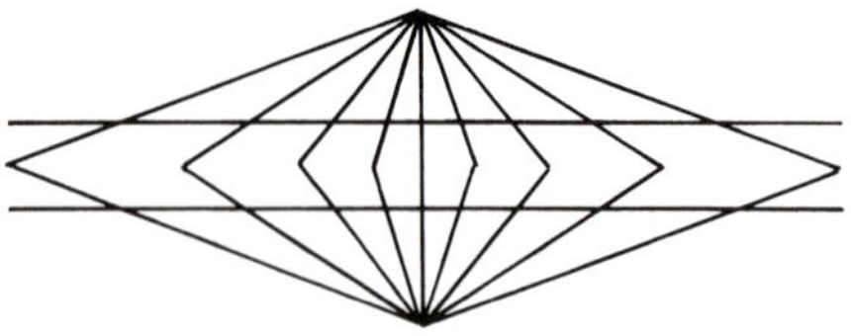

水平の平行線に斜めの線が作用するとずれて見えるのは，上の鋭角のほうは角度を大きく判断し，下の鈍角のほうは角度を小さく判断するので，点線のようにずれて見える。

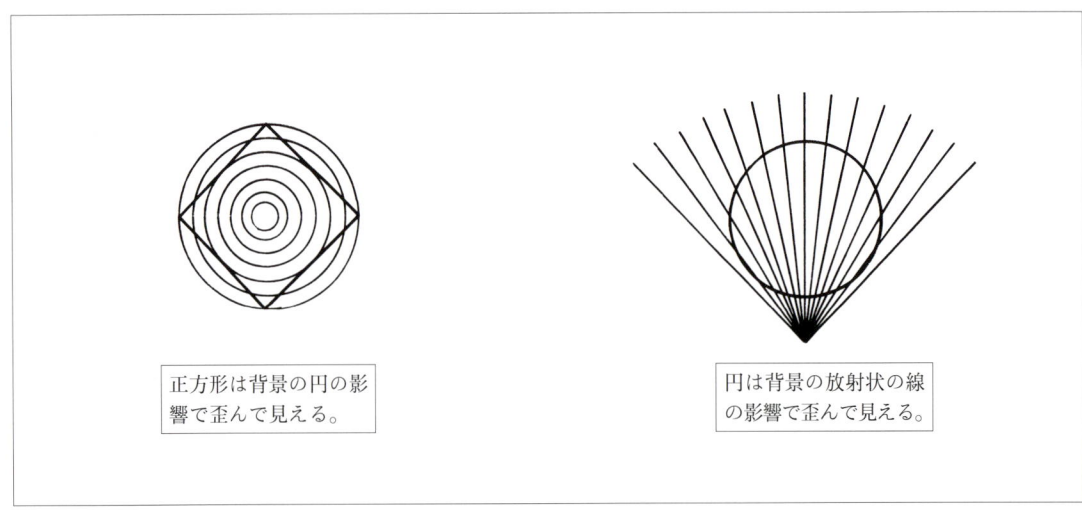

正方形は背景の円の影響で歪んで見える。

円は背景の放射状の線の影響で歪んで見える。

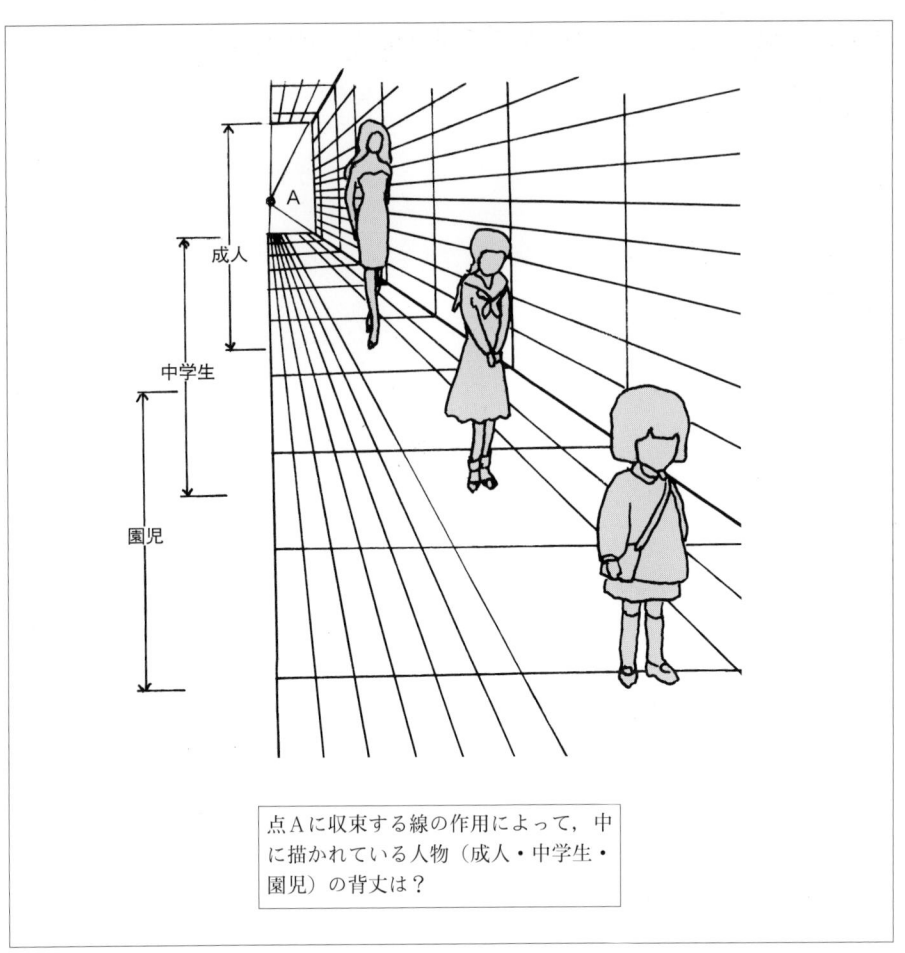

点Aに収束する線の作用によって，中に描かれている人物（成人・中学生・園児）の背丈は？

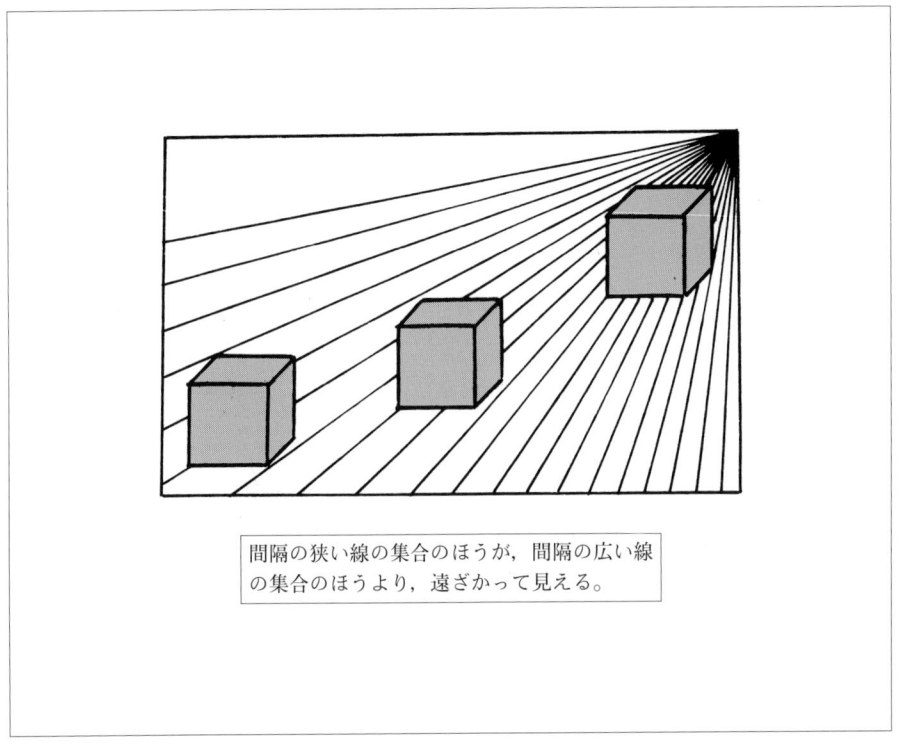

間隔の狭い線の集合のほうが，間隔の広い線の集合のほうより，遠ざかって見える。

7つの円下側全部に接する仮想上の直線が曲がって見えるのは，直線が円の上側の境界に接する曲線に同質化して認識するからである。

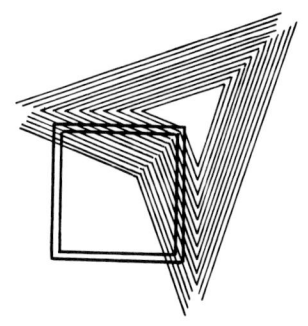

正方形は背景の形の影響で正方形に見えなくなる。

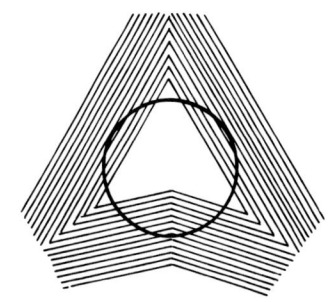

円は背景の斜線のため歪んで見える。

円弧Bは円弧Aより短かく，大きく湾曲して見える。

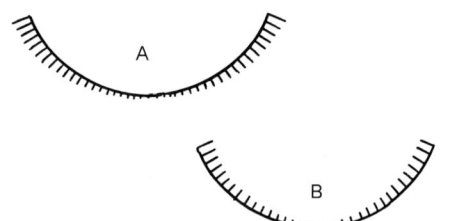

まつ毛のように平行線に近い短かい線分が曲線につけ加えられているが，外側につけ加えられたAの曲線は，外側に弧が引っぱられ，内側につけ加えられたBの曲線の方は，弧の内側に引っぱられるので，湾曲の程度が大きく見える。また，Bはまつ毛状の線の数が少ないので両端の長さは短かく見える。

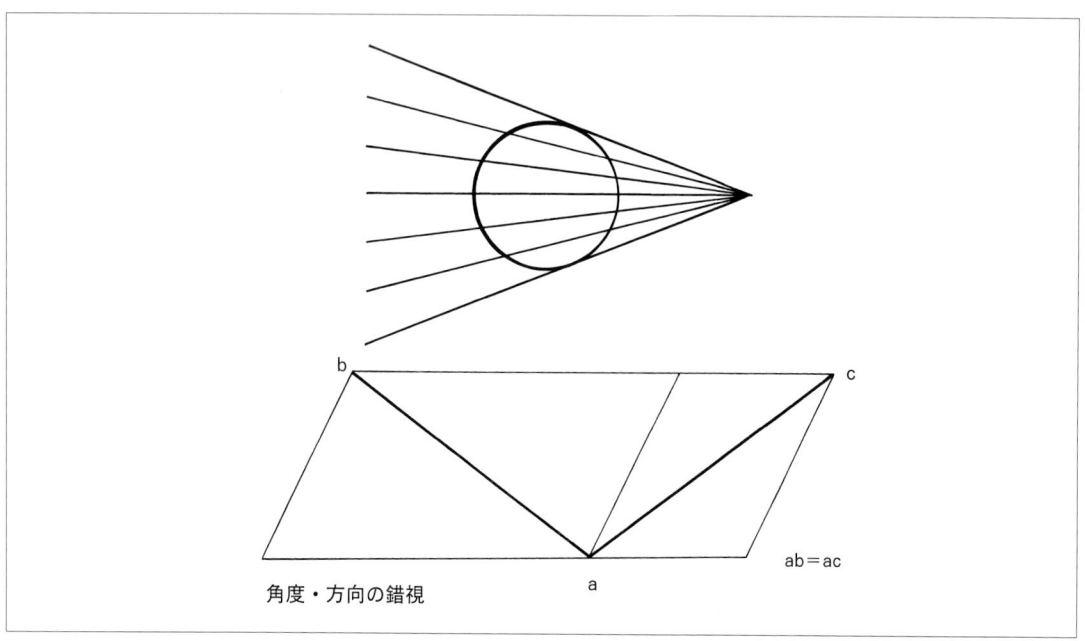

角度・方向の錯視

ab＝ac

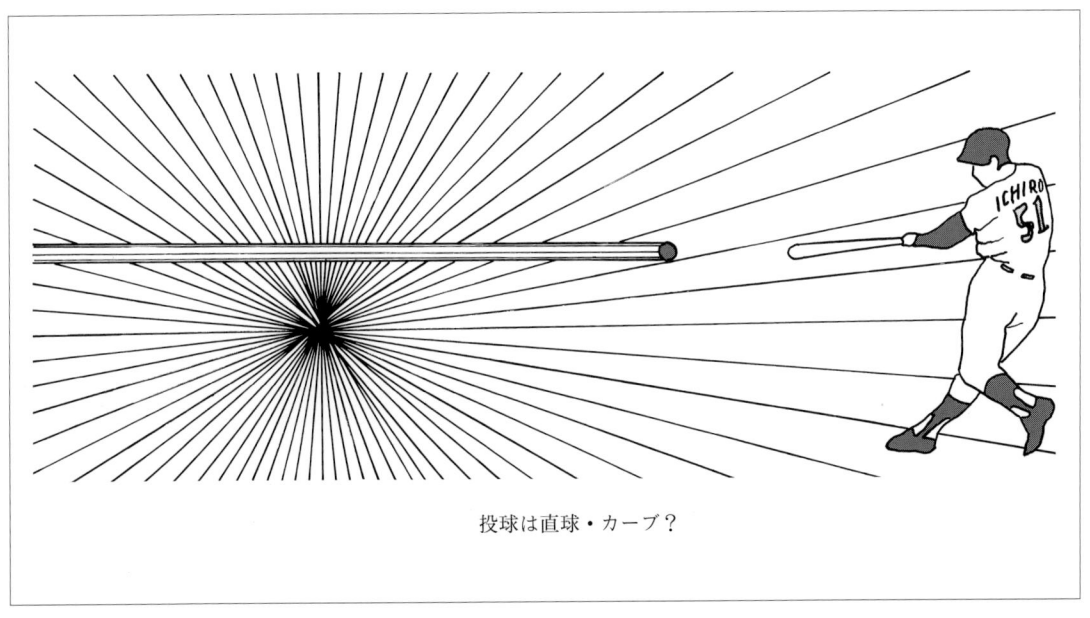

ポールから先の打球の軌跡（行方）は上・下のライン？

投球は直球・カーブ？

2.2 分割の錯視

分割されたものは，分割されないものより大きく見える。

衣服などのボーダー（ストライプ：縞）柄で，太っている人は，タテ縞のものを着たほうがスリムに見えるといわれているが，図をよく見てどちらのほうが幅広く，どちらのほうが幅が狭く見えるだろうか，先入観をすててよく見くらべてみよう。

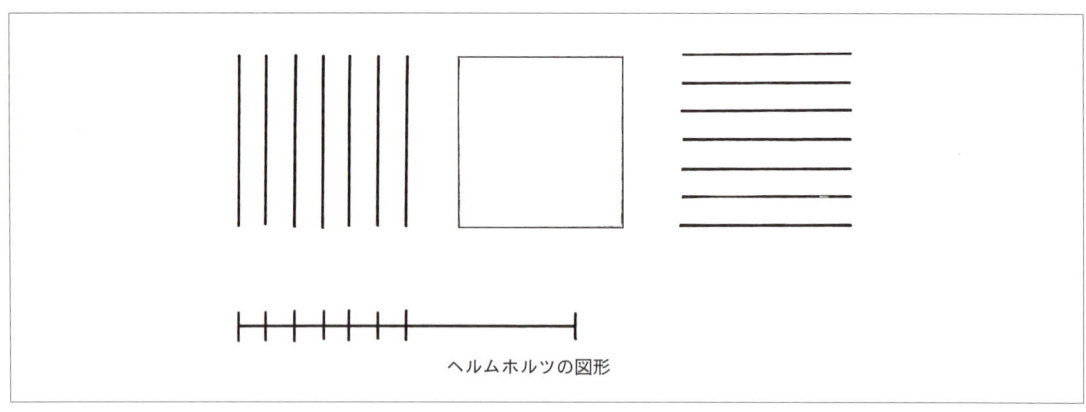

ヘルムホルツの図形

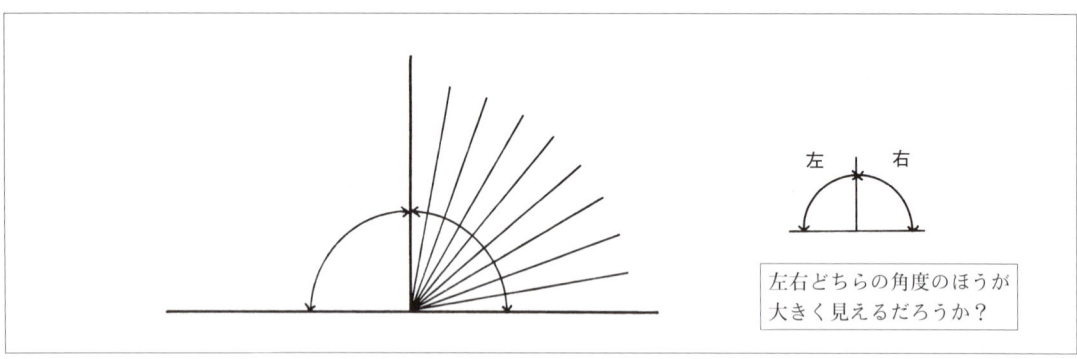

左右どちらの角度のほうが大きく見えるだろうか？

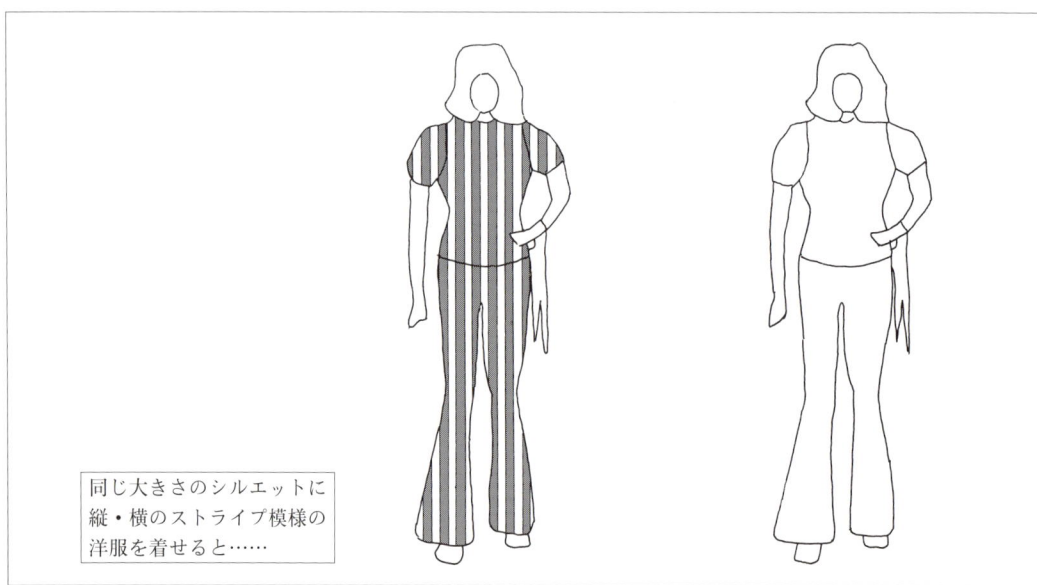

同じ大きさのシルエットに縦・横のストライプ模様の洋服を着せると……

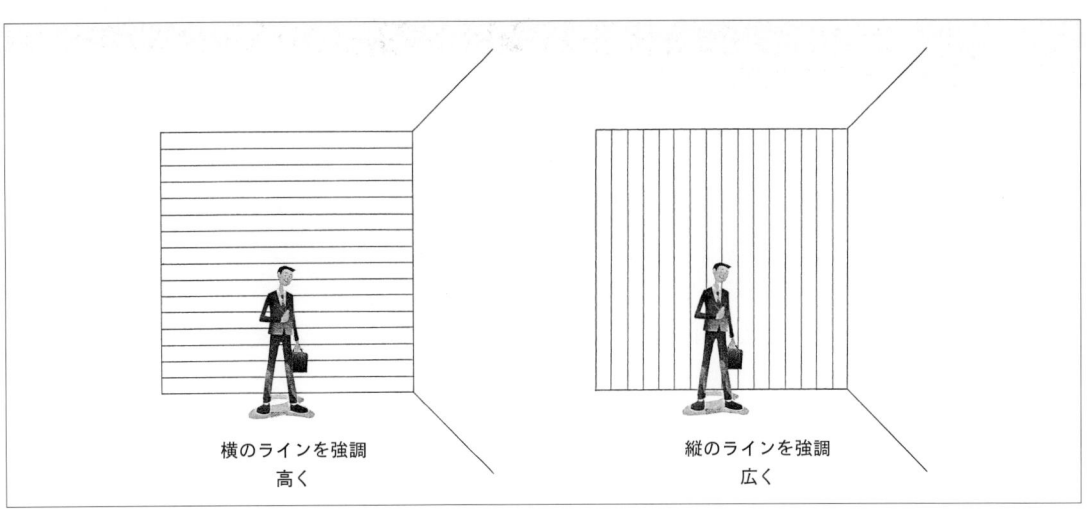

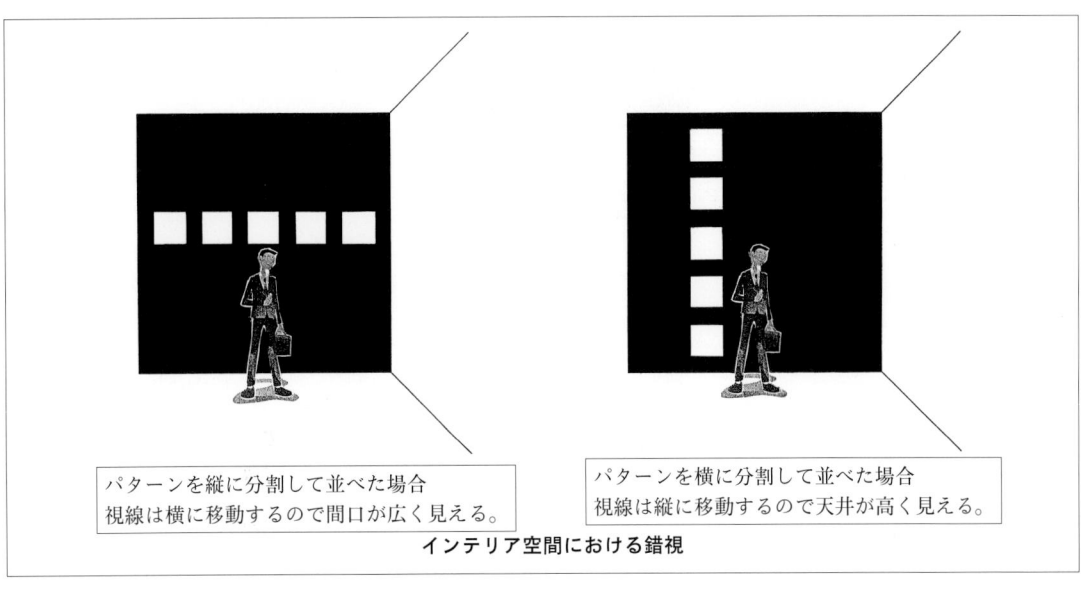

インテリア空間における錯視

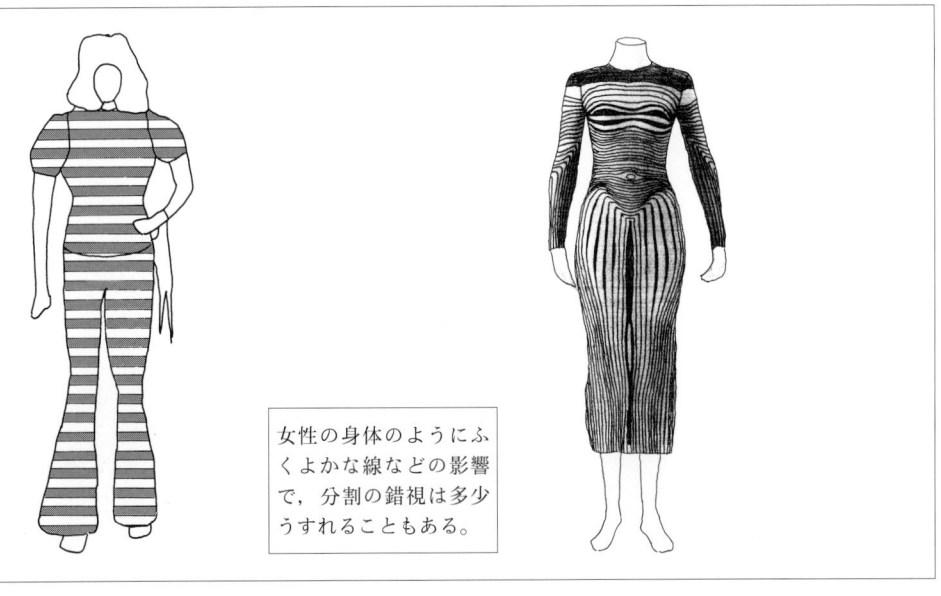

2.3 明暗の錯視

バックより明るいものは，暗いものより大きく見える（量の錯視）。

人の眼は，バックより明るい（淡い：白っぽい）ものを大きく，バックより暗い（濃い：黒っぽい）ものを小さく判断するためである。

ギリシャのパルテノン神殿は，市街地から 70m ほど高いアクロポリスの丘の上に建っている。列柱の四隅の柱はバックが明るい空になっており，他の列柱のバックは内陣の暗い壁になっているので，四隅の柱をすこし太めにして，同じ太さに見えるようにつくられている。また，両端の柱を内側にかすかに傾けて錯視を矯正するなど，紀元前 5 世紀当時からすでに緻密な造形美を配慮してつくられている。

日本でも長野の善光寺の場合，同様の手法が用いられている。

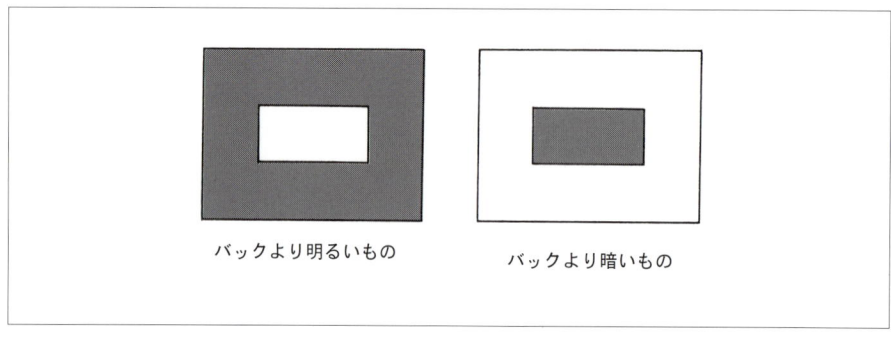

バックより明るいもの　　　バックより暗いもの

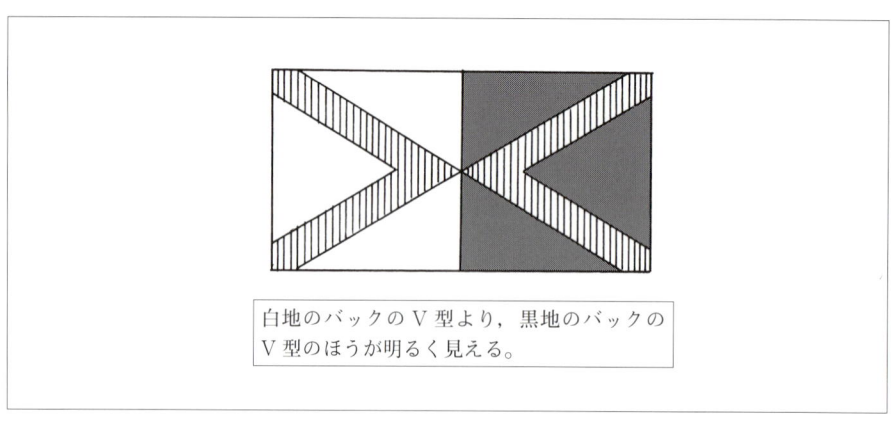

白地のバックの V 型より，黒地のバックの V 型のほうが明るく見える。

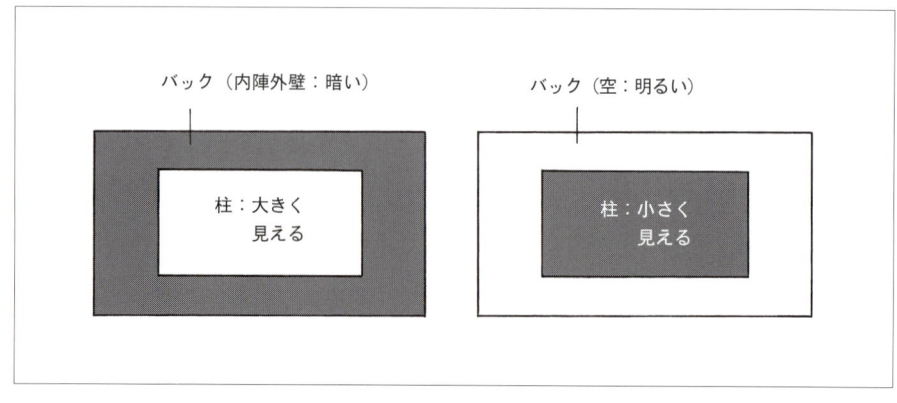

パルテノン神殿（ギリシャ・アテネ）

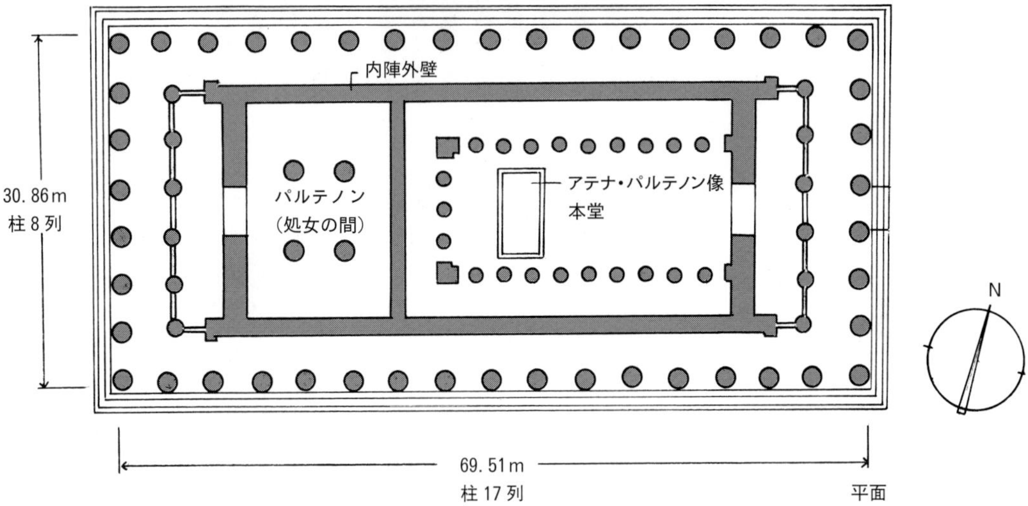

平面 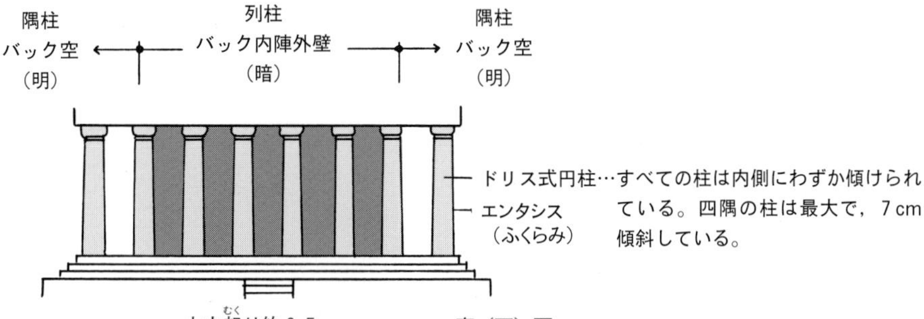
30.86m 柱8列
69.51m 柱17列

内陣外壁
パルテノン（処女の間）
アテナ・パルテノン像
本堂

N

隅柱 バック空（明） ← 列柱 バック内陣外壁（暗） → 隅柱 バック空（明）

ドリス式円柱…すべての柱は内側にわずか傾けられている。四隅の柱は最大で、7cm傾斜している。

エンタシス（ふくらみ）

中央起り約6.5cm　東（西）面

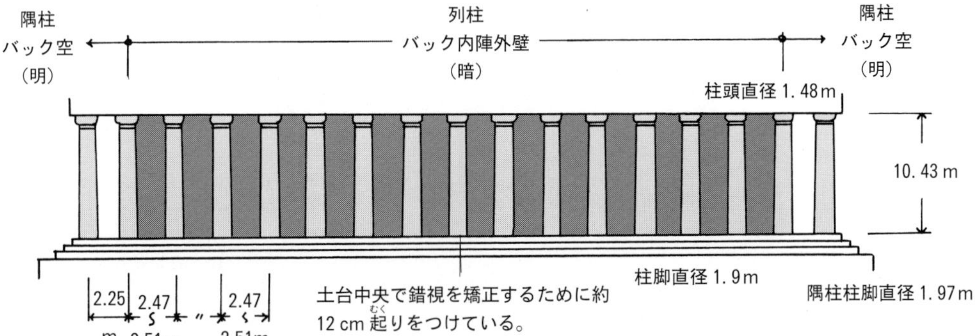

隅柱 バック空（明） ← 列柱 バック内陣外壁（暗） → 隅柱 バック空（明）

柱頭直径1.48m
10.43m
柱脚直径1.9m
隅柱柱脚直径1.97m

2.25　2.47　2.47
m　2.51m　2.51m

土台中央で錯視を矯正するために約12cm起りをつけている。

南（北）面

2 造形と視覚／錯視

縁辺対比

同じ明るさのものでも，より明るいものに接する部分と，より暗いものに接する部分とでは異なって見える。

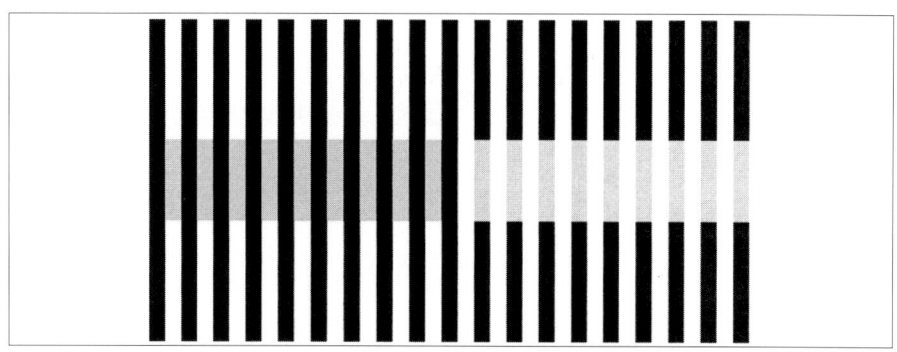

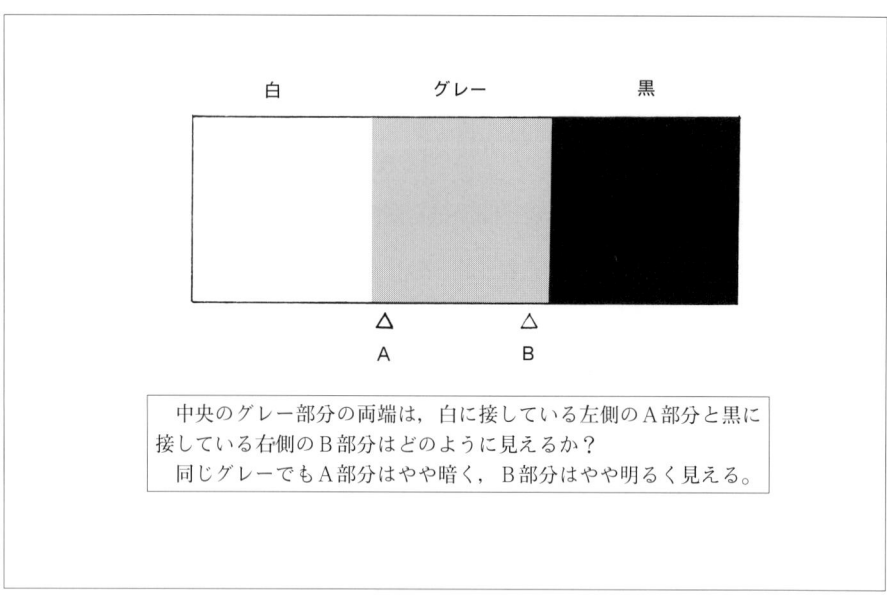

中央のグレー部分の両端は，白に接している左側のA部分と黒に接している右側のB部分はどのように見えるか？
同じグレーでもA部分はやや暗く，B部分はやや明るく見える。

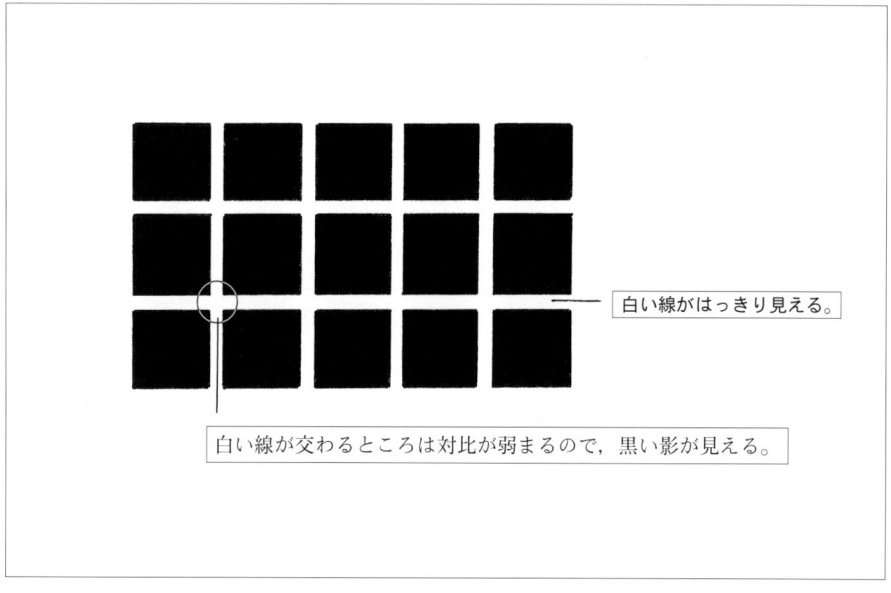

白い線がはっきり見える。

白い線が交わるところは対比が弱まるので，黒い影が見える。

目地の色の謎　目地の色（白・グレー・黒）によってタイルや目地はどのように見えるか？

白い目地

グレーの目地

黒い目地

2.4 遠近の錯視

　壁に小さな淡い柄をちりばめた部屋と，大きな濃い柄の部屋とでは，小さい淡い柄を使った部屋のほうが広く感じる。

　人の眼は遠近法の原理にもとづいて，小さく淡いものを遠く，大きく濃いものを近く感じるからである。

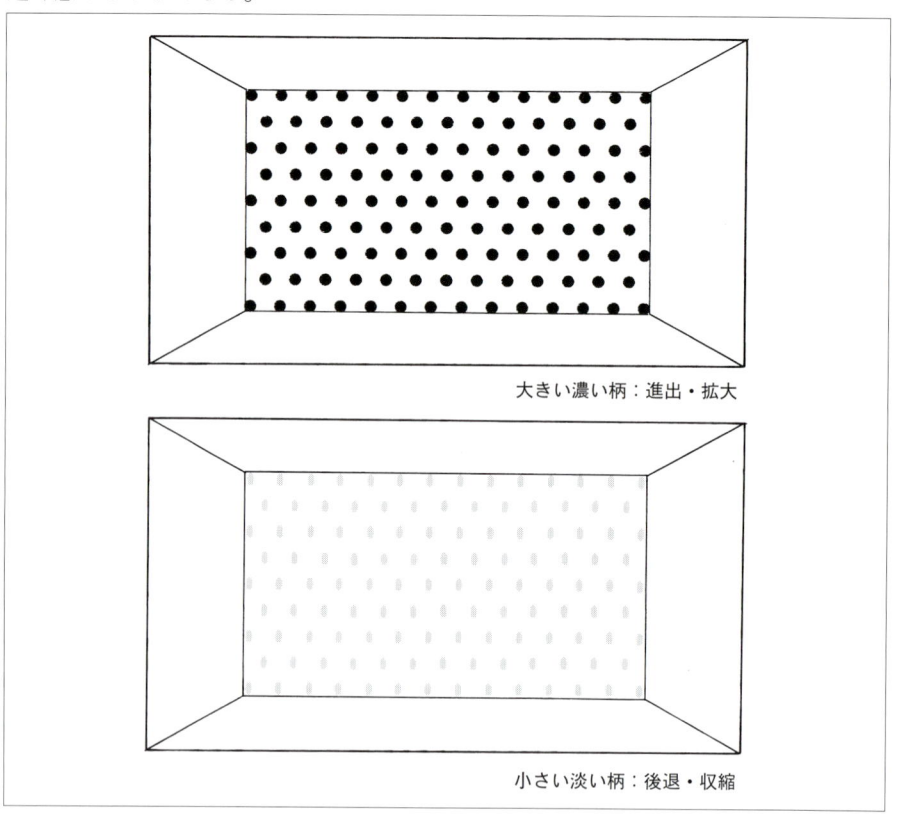

大きい濃い柄：進出・拡大

小さい淡い柄：後退・収縮

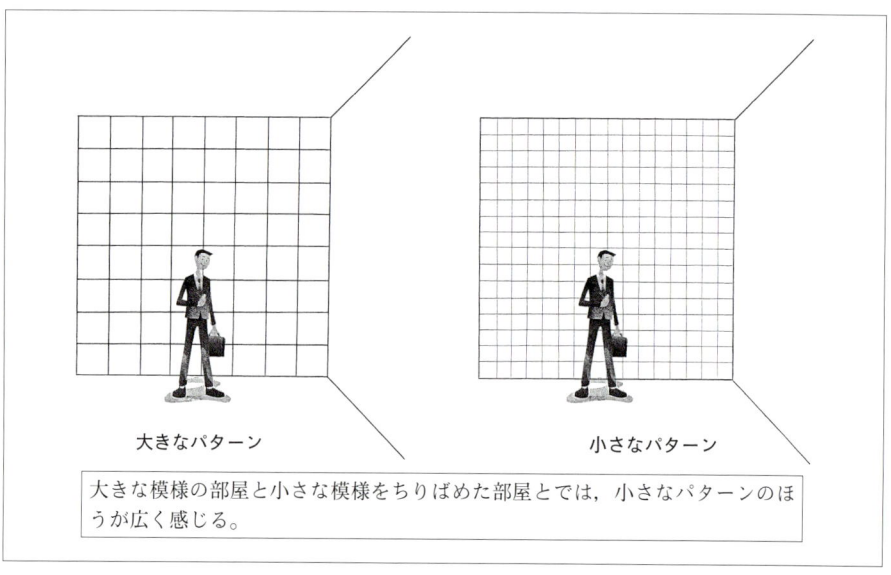

大きな模様の部屋と小さな模様をちりばめた部屋とでは，小さなパターンのほうが広く感じる。

線の濃淡

線の明度によって，線の長さや太さが一定であれば，濃い色の線は淡い色の線より手前にあるように見える。

線と間隔

太さも長さも明暗も淡く，すべての条件が等しい線を配置する場合，間隔の狭い線の集合のほうが，間隔の広い線の集合より遠ざかって見える。

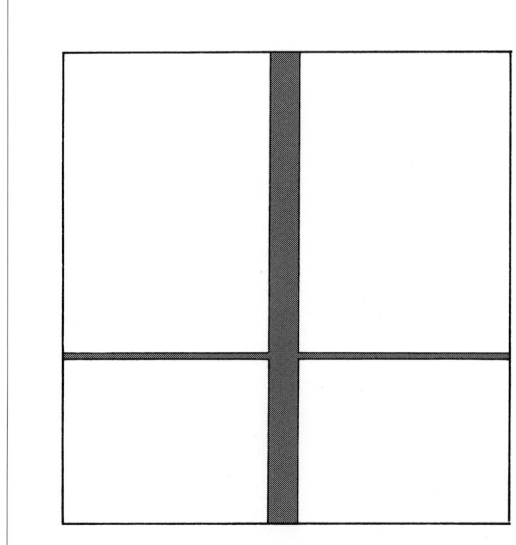

線の太さ

線の太さは遠近感を表す。太い線は手前に，細い線は遠くに見える。

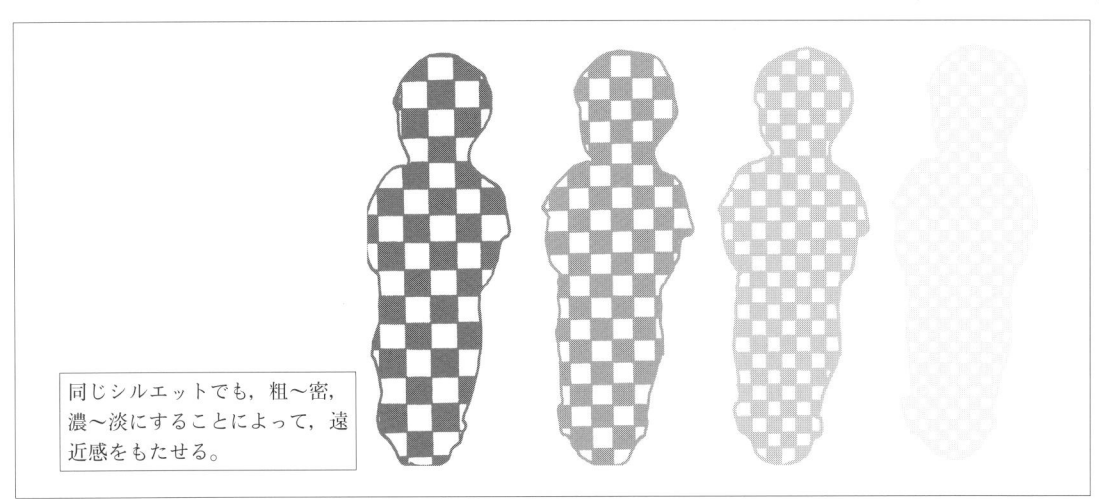

同じシルエットでも，粗〜密，濃〜淡にすることによって，遠近感をもたせる。

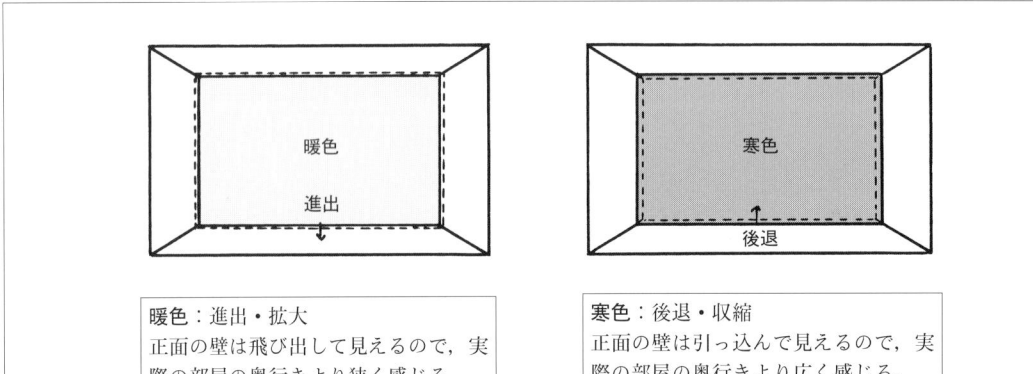

暖色：進出・拡大
正面の壁は飛び出して見えるので，実際の部屋の奥行きより狭く感じる。

寒色：後退・収縮
正面の壁は引っ込んで見えるので，実際の部屋の奥行きより広く感じる。

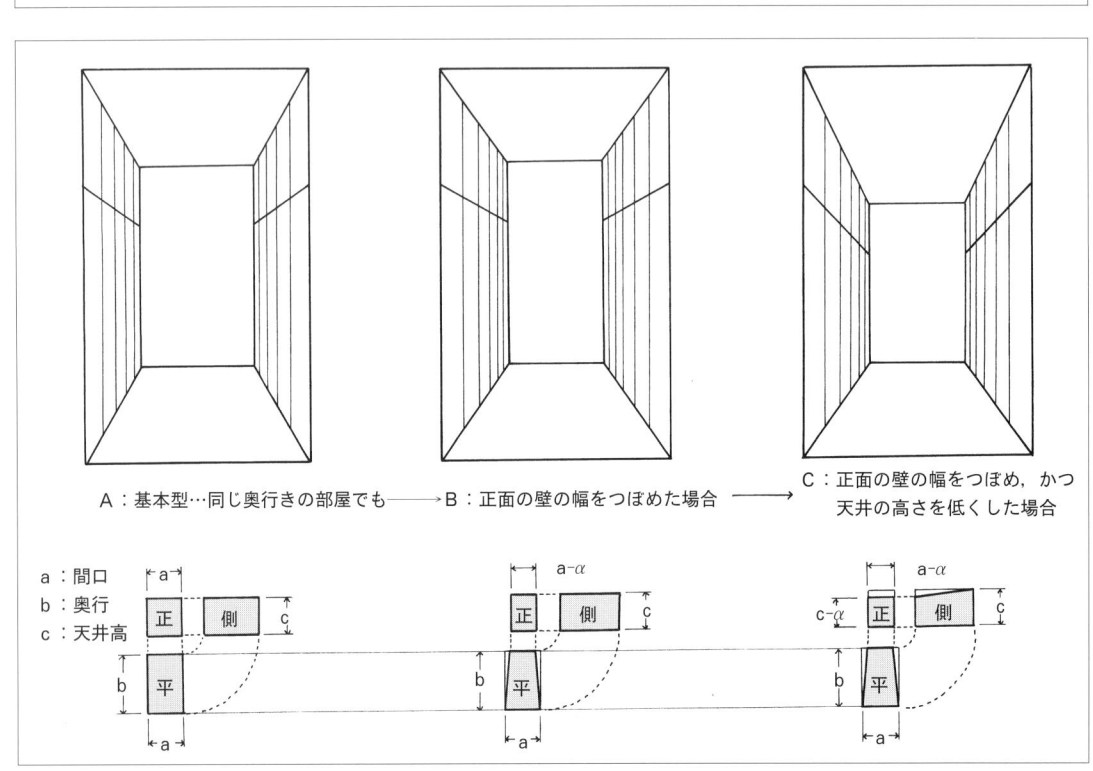

A：基本型…同じ奥行きの部屋でも → B：正面の壁の幅をつぼめた場合 → C：正面の壁の幅をつぼめ，かつ天井の高さを低くした場合

a：間口
b：奥行
c：天井高

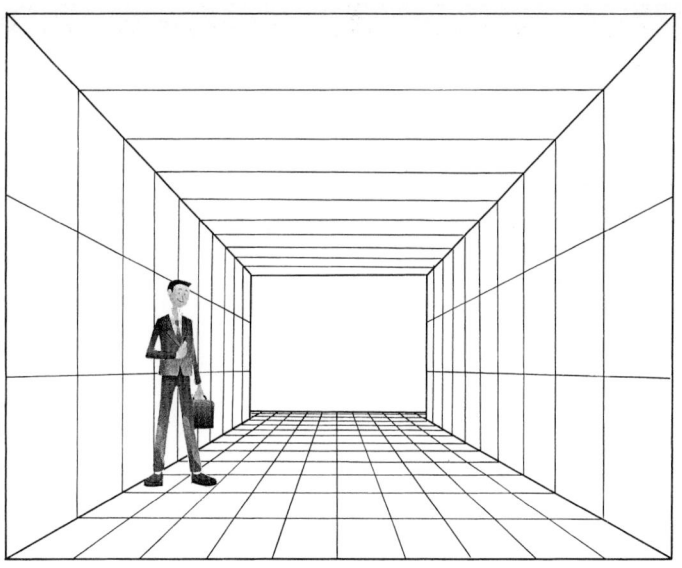

遠近の錯視　前頁下のテクニックを用いた錯視空間

遠近の錯視　奥に人が立つと…

2 造形と視覚／錯視

2.5 垂直・水平の錯視

同じ長さのものでも，垂直のもののほうが水平のものより長く，大きく見える。人の眼は，タテ方向よりヨコ方向に動きやすいためといわれている。

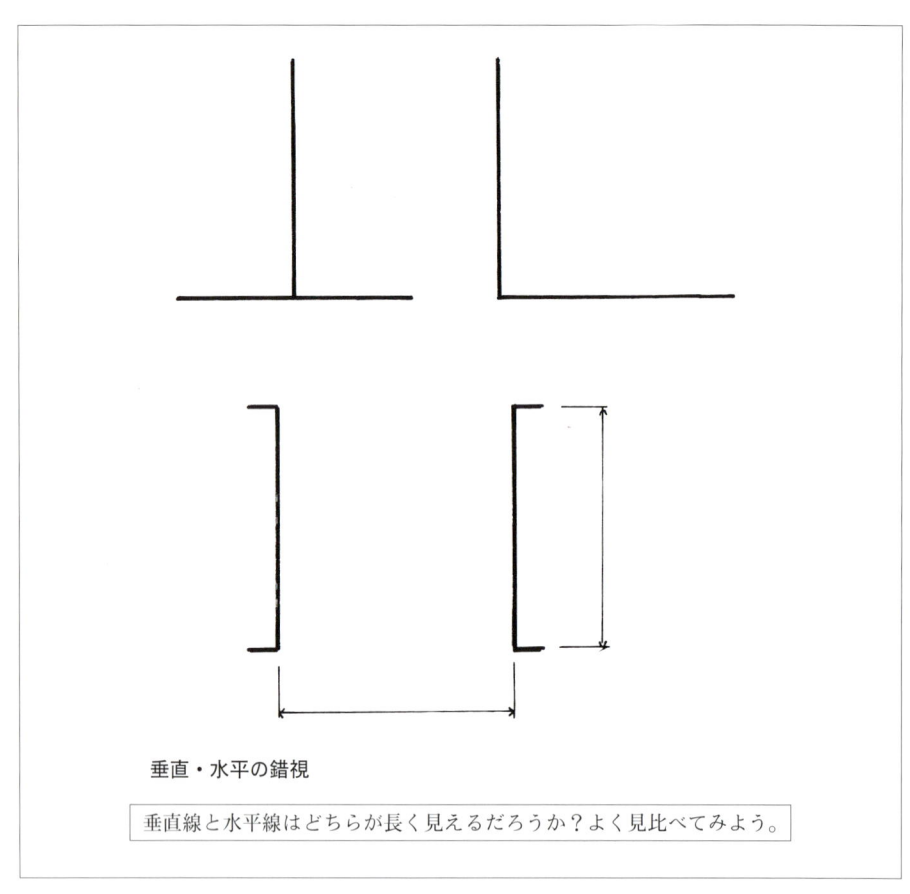

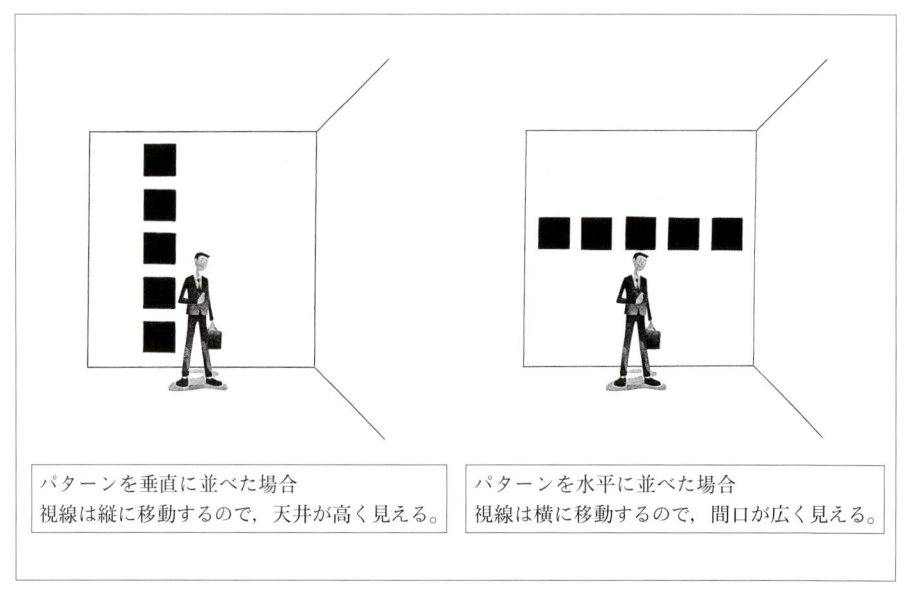

垂直・水平の錯視

垂直線と水平線はどちらが長く見えるだろうか？よく見比べてみよう。

パターンを垂直に並べた場合
視線は縦に移動するので，天井が高く見える。

パターンを水平に並べた場合
視線は横に移動するので，間口が広く見える。

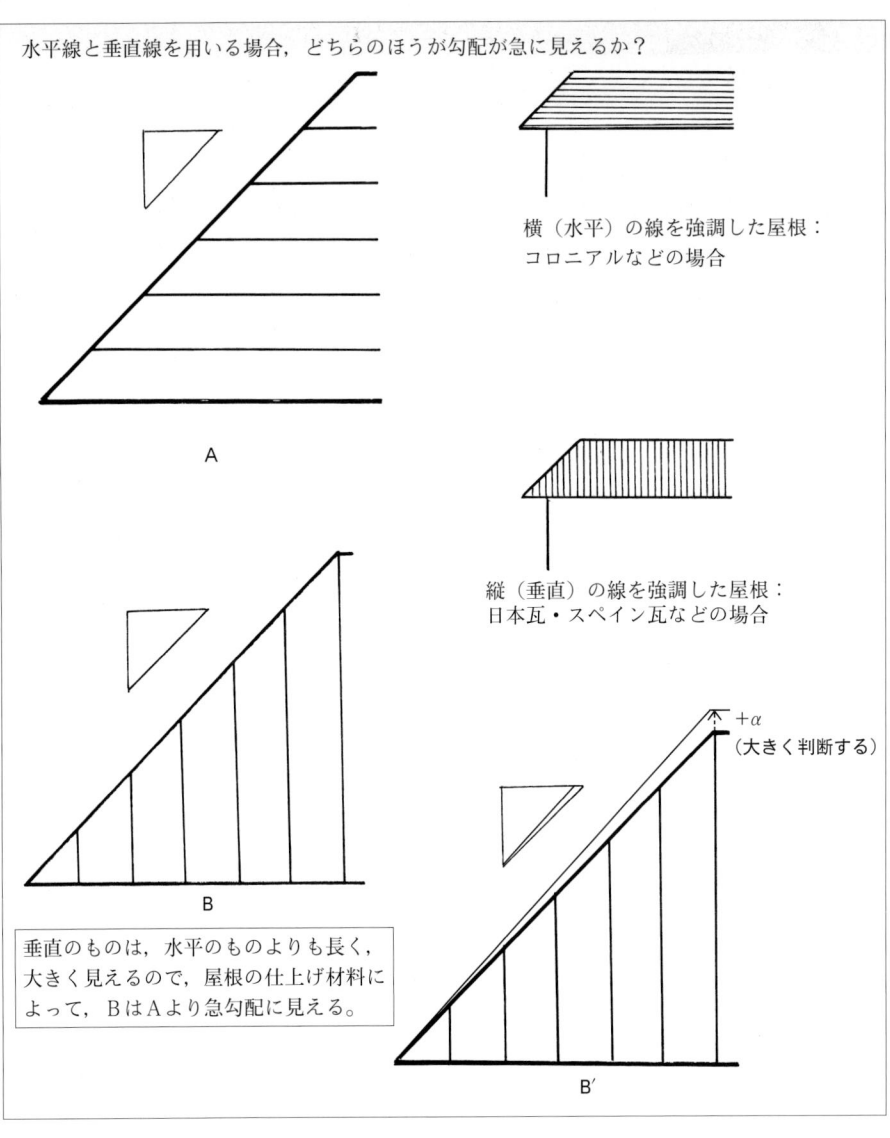

水平線と垂直線を用いる場合，どちらのほうが勾配が急に見えるか？

横（水平）の線を強調した屋根：
コロニアルなどの場合

A

縦（垂直）の線を強調した屋根：
日本瓦・スペイン瓦などの場合

B

垂直のものは，水平のものよりも長く，大きく見えるので，屋根の仕上げ材料によって，BはAより急勾配に見える。

$+\alpha$
（大きく判断する）

B′

演習問題 コインの直径と高さが同じに見えるようにコインを積み重ねてみる。

コインの直径（R）と高さ（H）が感覚的に同じに見えるように描いた場合→実際には15〜20％低い。

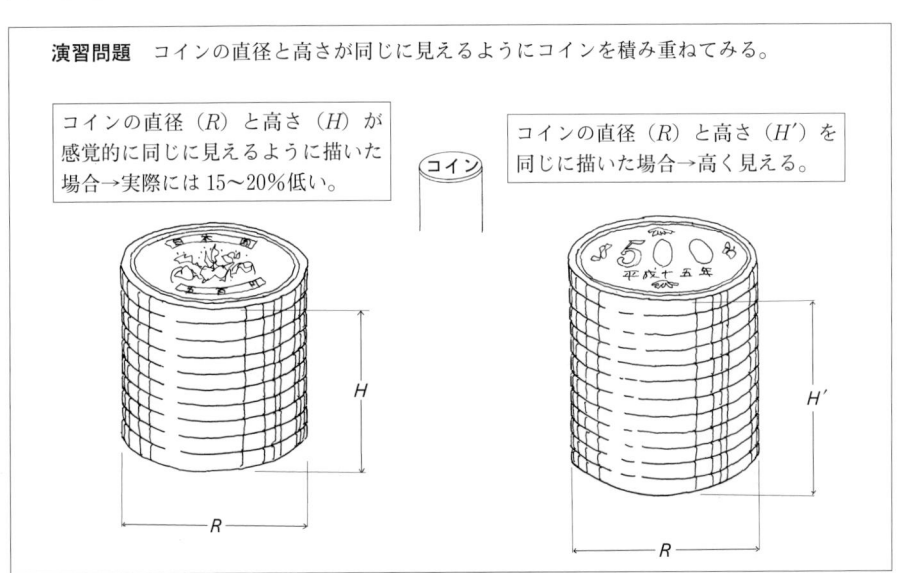

コイン

コインの直径（R）と高さ（H'）を同じに描いた場合→高く見える。

2 造形と視覚／錯視

2.6 対比の錯視

　同じ長さ・大きさのものでも，対比するものの大小によって，対象するものの大きいほうが小さく見える。また，対象するものの位置や形などによって，錯視現象をおこすことがある。

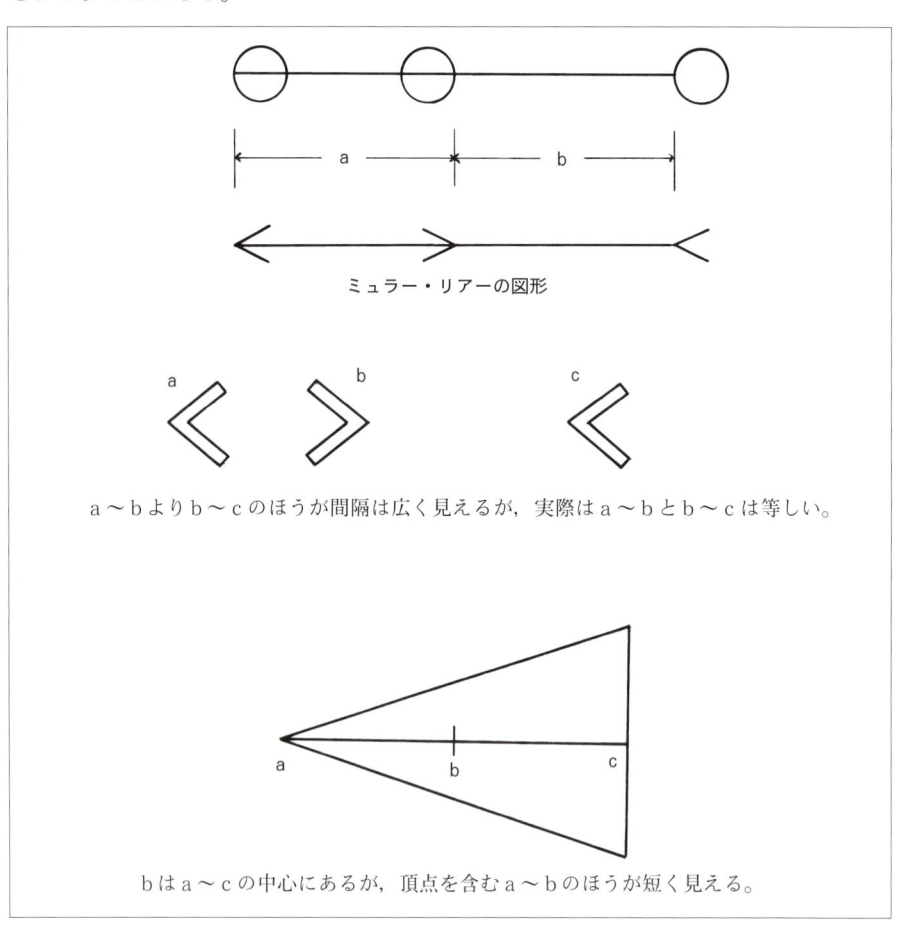

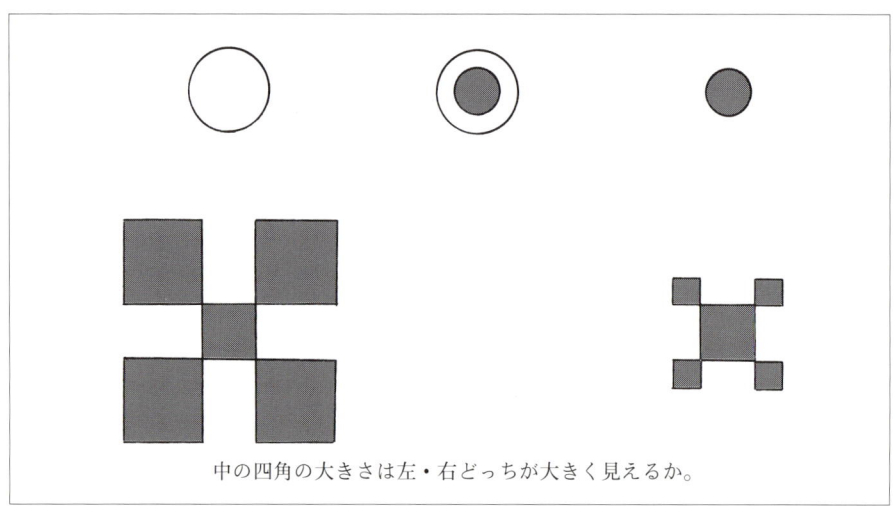

ミュラー・リアーの図形

a〜bよりb〜cのほうが間隔は広く見えるが，実際はa〜bとb〜cは等しい。

bはa〜cの中心にあるが，頂点を含むa〜bのほうが短く見える。

中の四角の大きさは左・右どっちが大きく見えるか。

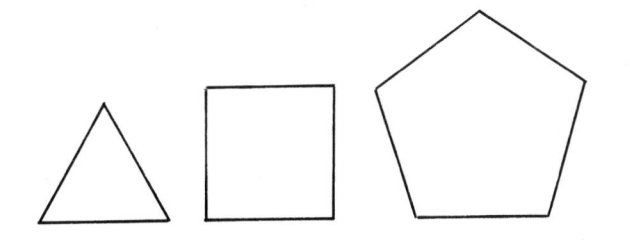

正三角形の1辺，正方形の1辺，正五角形の1辺の長さは？
いずれの線の長さは等しいが，小さい形に属している直線は，大きな形に属している直線よりも短く見える傾向がある。

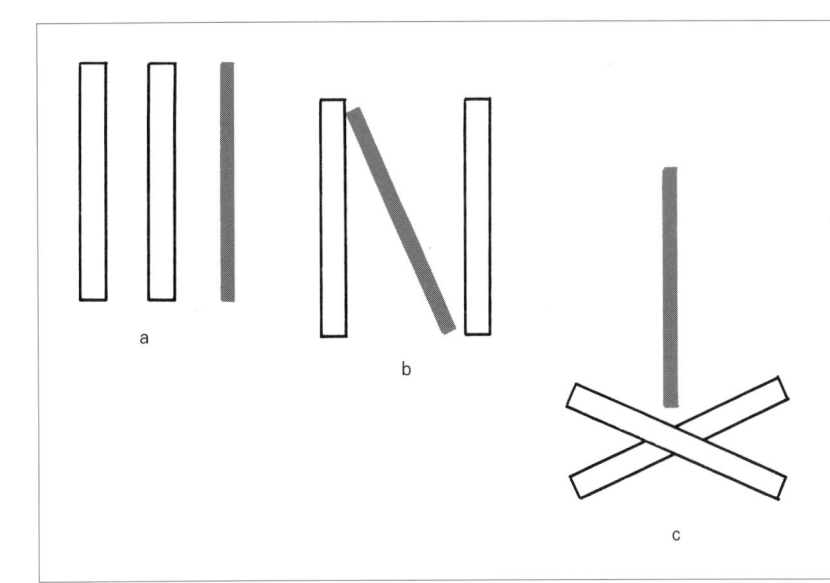

同じ長さの3本の線（a）を（b）・（c）のように並びかえると細い線は長く見える。

a～bとc～dの距離が違って見えるのは点の間の距離を目測する場合，建築やインテリアに携わっている人が，柱の中心から中心（真芯）で測るように，点の形の中心間を結ぶ線の距離で決める傾向があるからである。

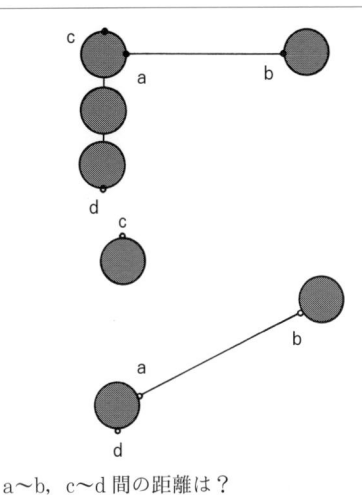

a～b，c～d 間の距離は？
（実際は a～b＝c～d）

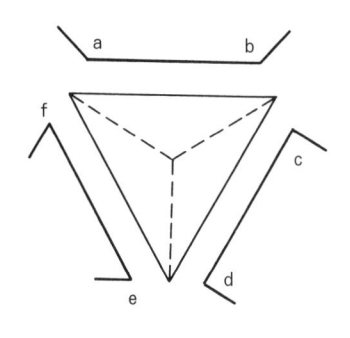

a～b，c～d，e～f の長さは？
（実際は a～b＝c～d＝e～f）

点 a・b・c・d はそれぞれの図（点形）の内部に引っ張られる傾向があるので，a～bよりc～dのほうが短く感じる。

2 造形と視覚／錯視

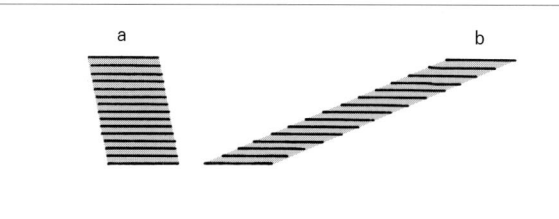

a・bを比較した場合，線の長さ，面積とも同じであるが，線の長さはaのほうが長く，面積はbのほうが大きく見える。

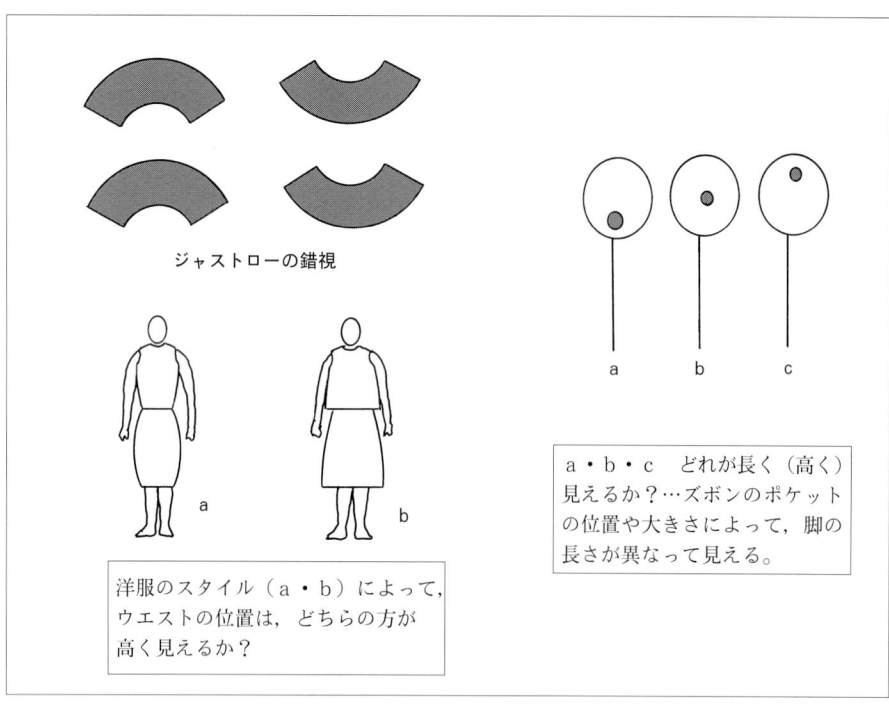

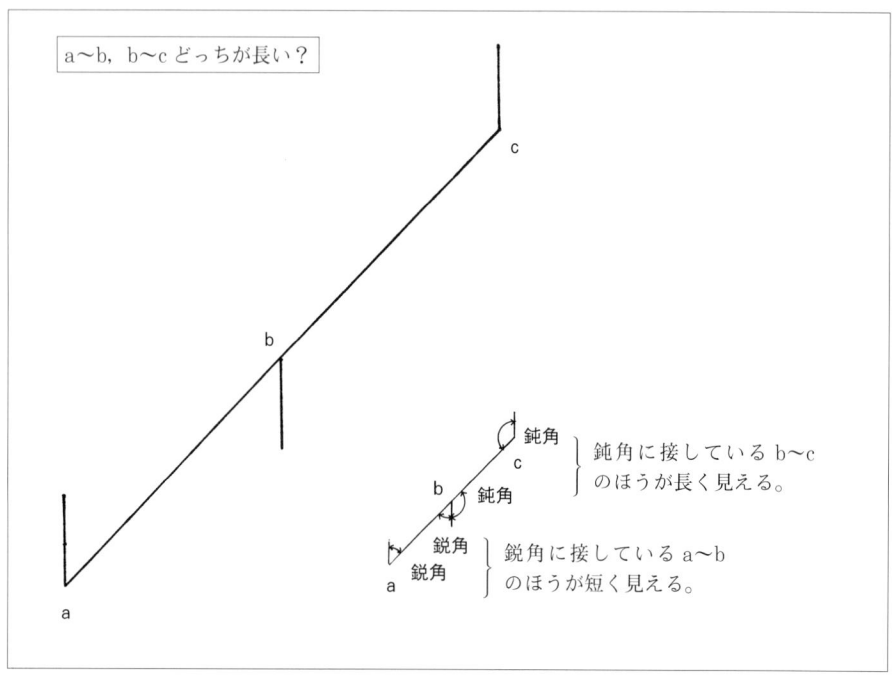

ジャストローの錯視

洋服のスタイル（a・b）によって，ウエストの位置は，どちらの方が高く見えるか？

a・b・c どれが長く（高く）見えるか？…ズボンのポケットの位置や大きさによって，脚の長さが異なって見える。

a～b，b～c どっちが長い？

鈍角に接しているb～cのほうが長く見える。

鋭角に接しているa～bのほうが短く見える。

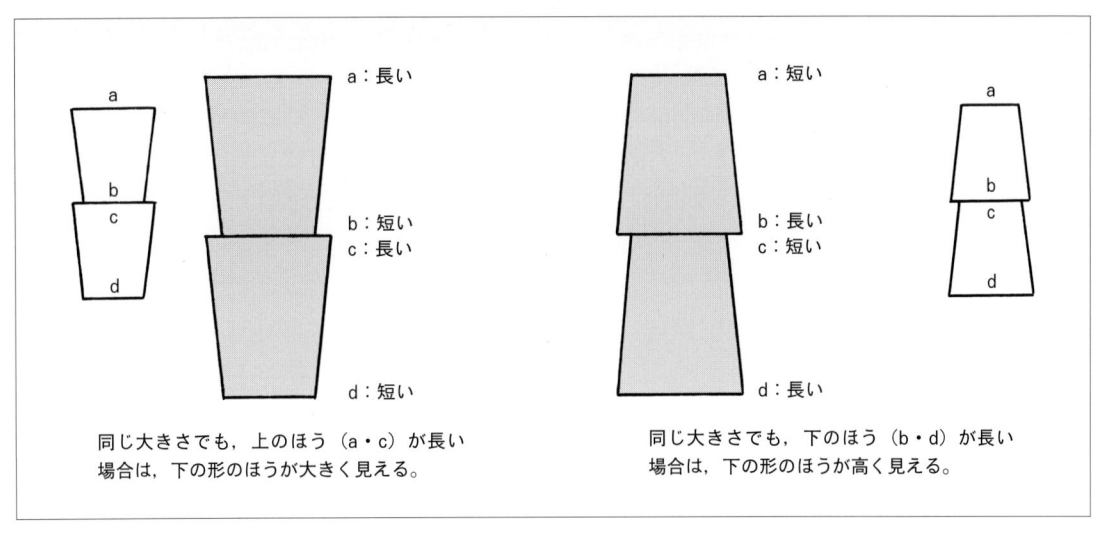

a：長い
b：短い
c：長い
d：短い

同じ大きさでも，上のほう（a・c）が長い場合は，下の形のほうが大きく見える。

a：短い
b：長い
c：短い
d：長い

同じ大きさでも，下のほう（b・d）が長い場合は，下の形のほうが高く見える。

演習問題

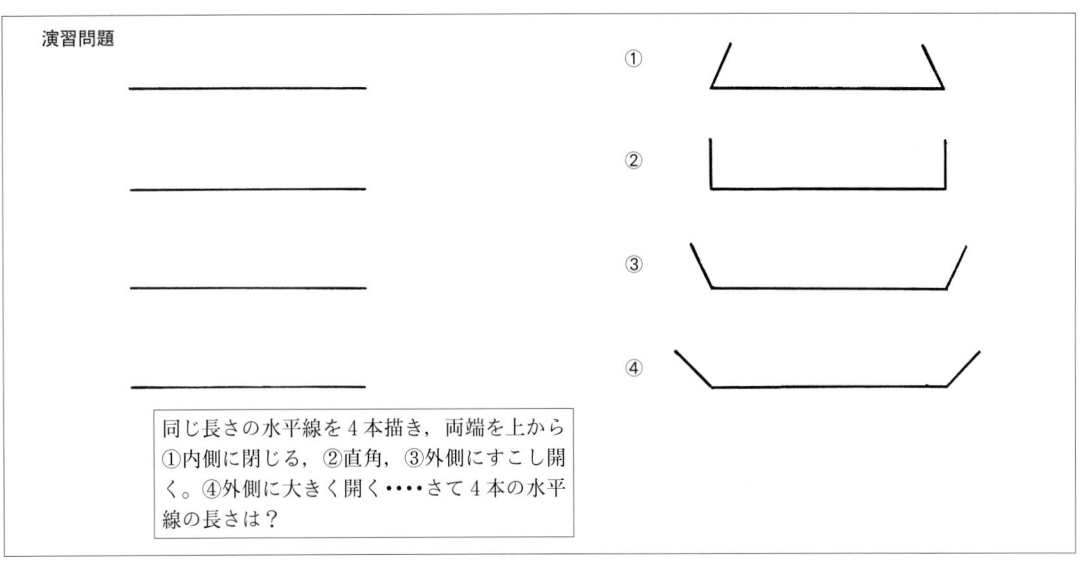

① ② ③ ④

同じ長さの水平線を4本描き，両端を上から①内側に閉じる，②直角，③外側にすこし開く。④外側に大きく開く・・・・さて4本の水平線の長さは？

壁の出隅と入隅の天井高さは？

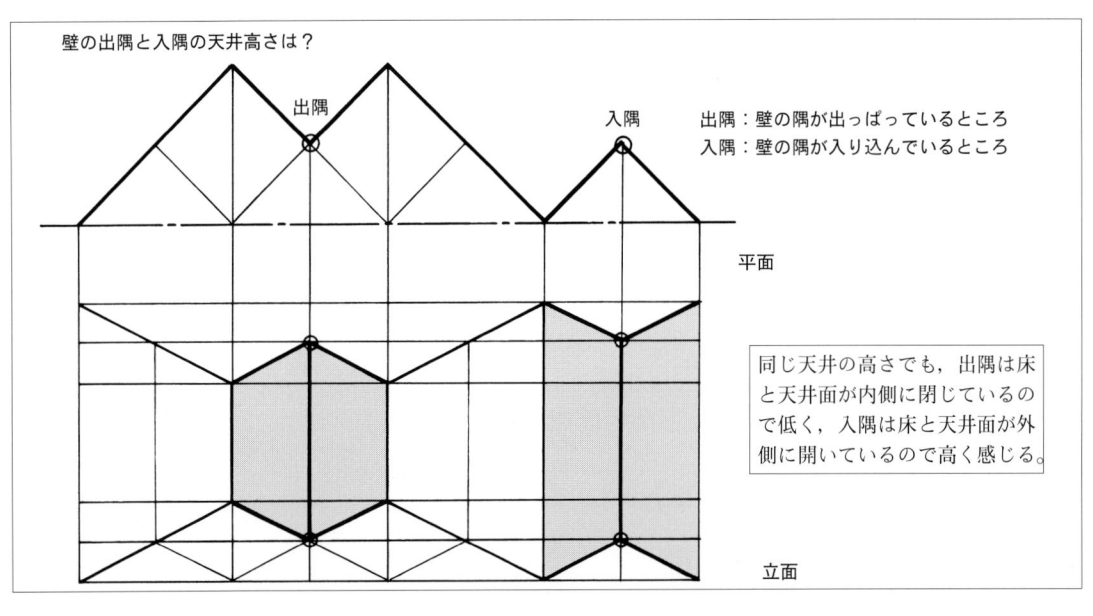

出隅　　　入隅

出隅：壁の隅が出っぱっているところ
入隅：壁の隅が入り込んでいるところ

平面

立面

同じ天井の高さでも，出隅は床と天井面が内側に閉じているので低く，入隅は床と天井面が外側に開いているので高く感じる。

2 造形と視覚／錯視

2.7 上方距離の過大視・左右の過大視

　同じ大きさのものでも視野の上方にあるもののほうが，下方にあるものより大きく，右側にあるもののほうが左側のものより大きく感じる。ただし，これは眼の高さに近いもののことで，超高層ビルなど高い位置のものには適用しない。

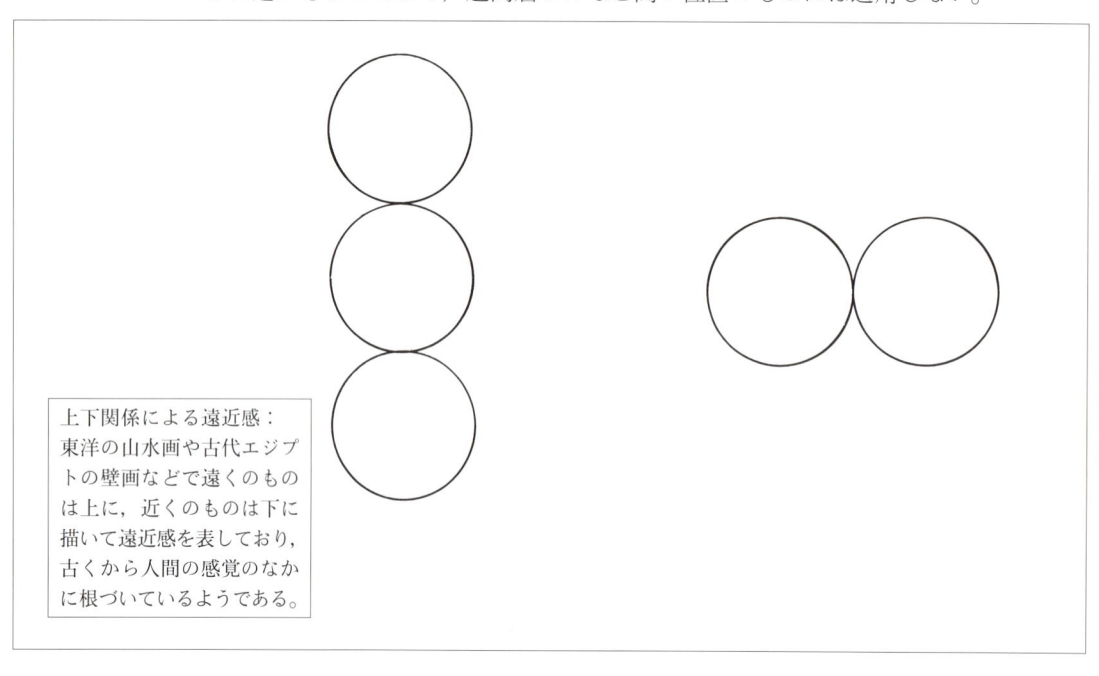

上下関係による遠近感：東洋の山水画や古代エジプトの壁画などで遠くのものは上に，近くのものは下に描いて遠近感を表しており，古くから人間の感覚のなかに根づいているようである。

同じ大きさでも，図のように

b：長い
a：短い
場合は，

上の形の方が小さく見える。

2.8 その他の錯視

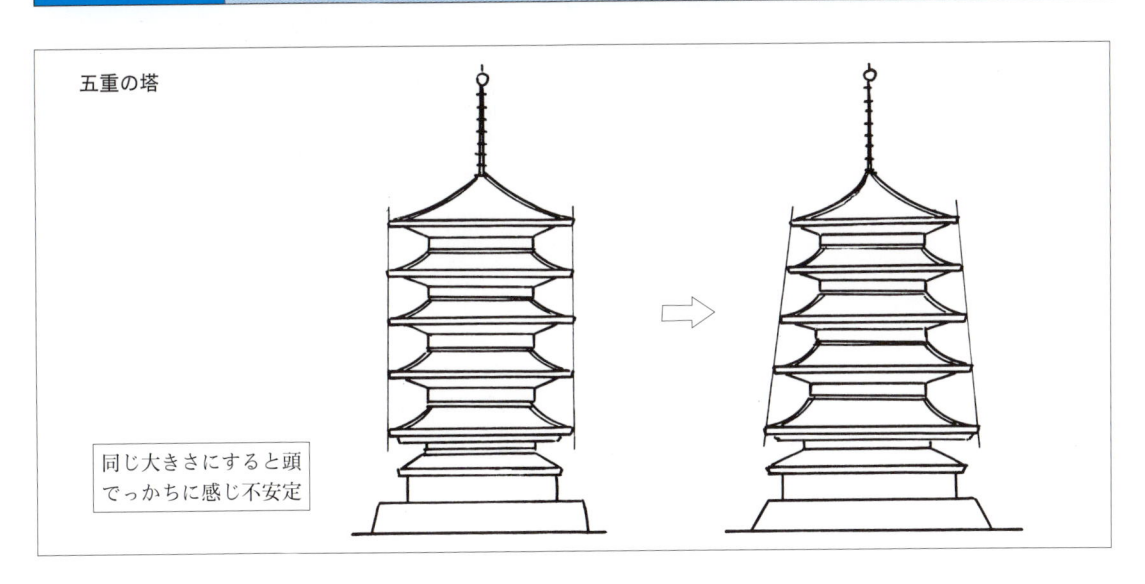

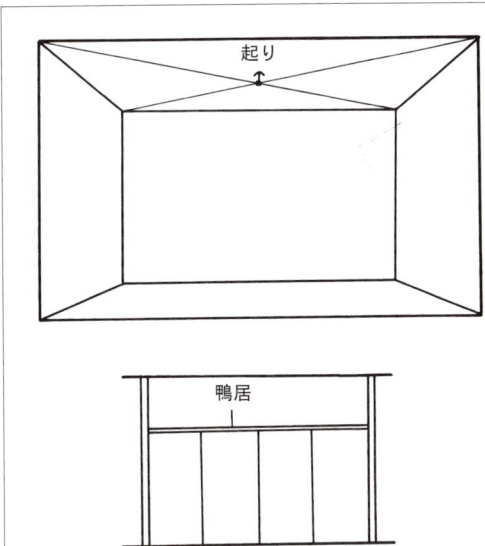

五重の塔

同じ大きさにすると頭でっかちに感じ不安定

起り

起り（camber）：線や面の中央を上方に曲線状にふくらませたもの

天井はフラット（真平ら）？
真平らにすると中央が下がって見えるので起りをつけてある。

鴨居

長い鴨居は水平？
水平にすると中央がさがって見えるので建具の開閉に支障ない範囲で起り（長さの 0.16％程度）をつけてある。

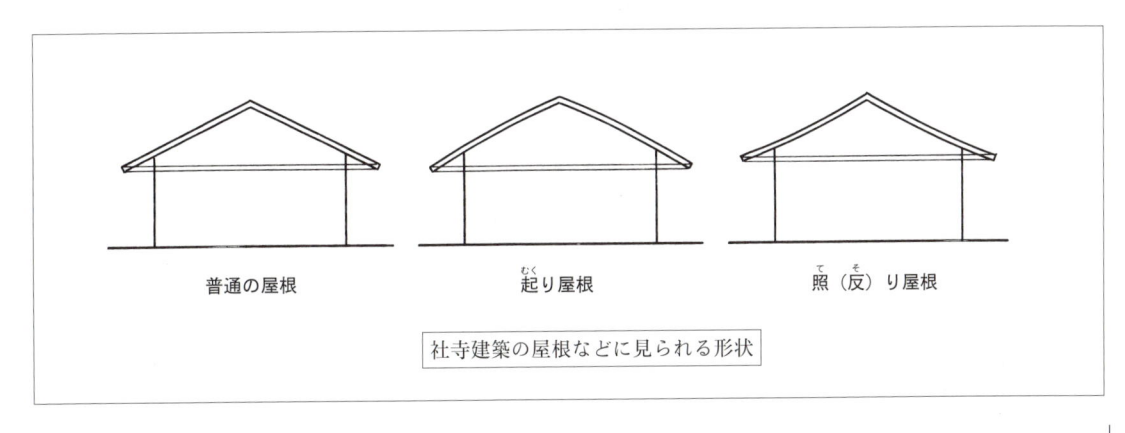

普通の屋根　　起り屋根　　照（反）り屋根

社寺建築の屋根などに見られる形状

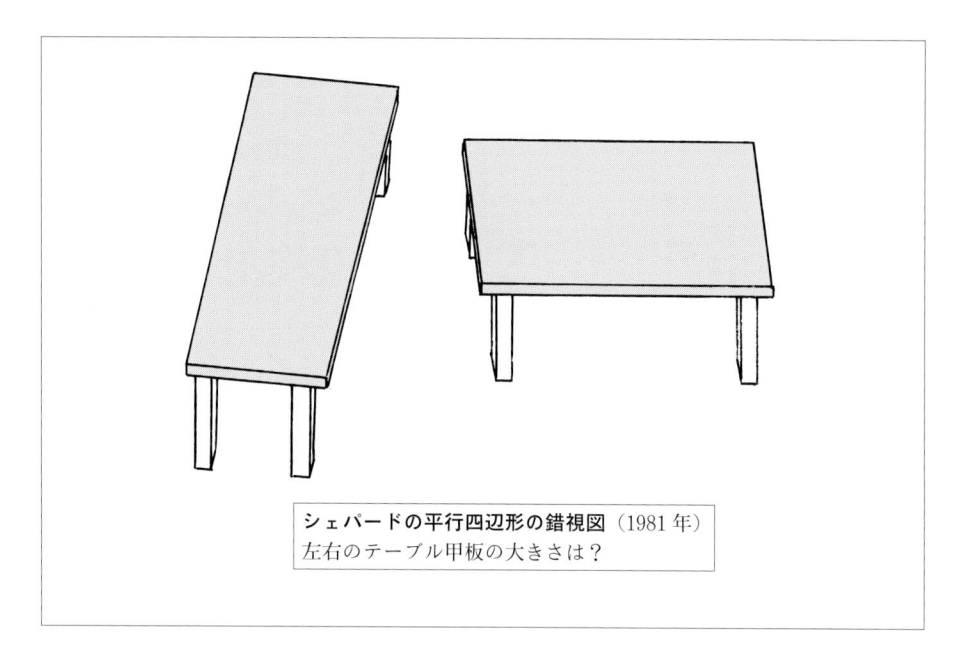

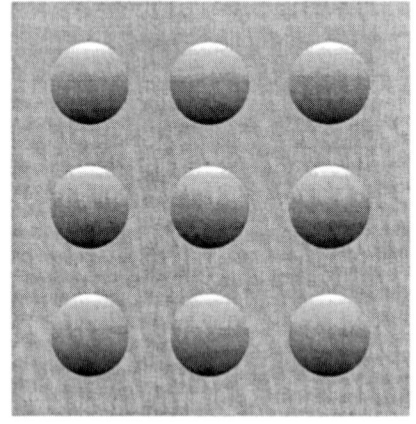

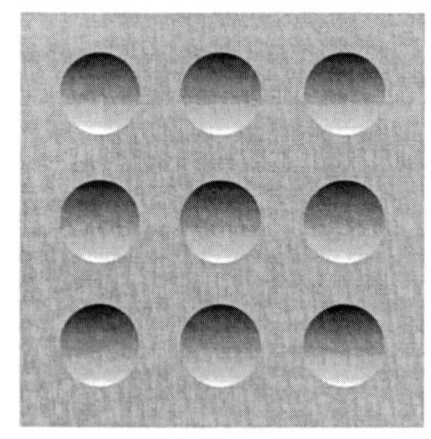

シェパードの平行四辺形の錯視図（1981年）
左右のテーブル甲板の大きさは？

クレーターの錯視

逆さまにしてみると….

月の表面

3
線の構成と面の構成・立体と空間
THE FOUNDATION OF INTERIOR DESIGN

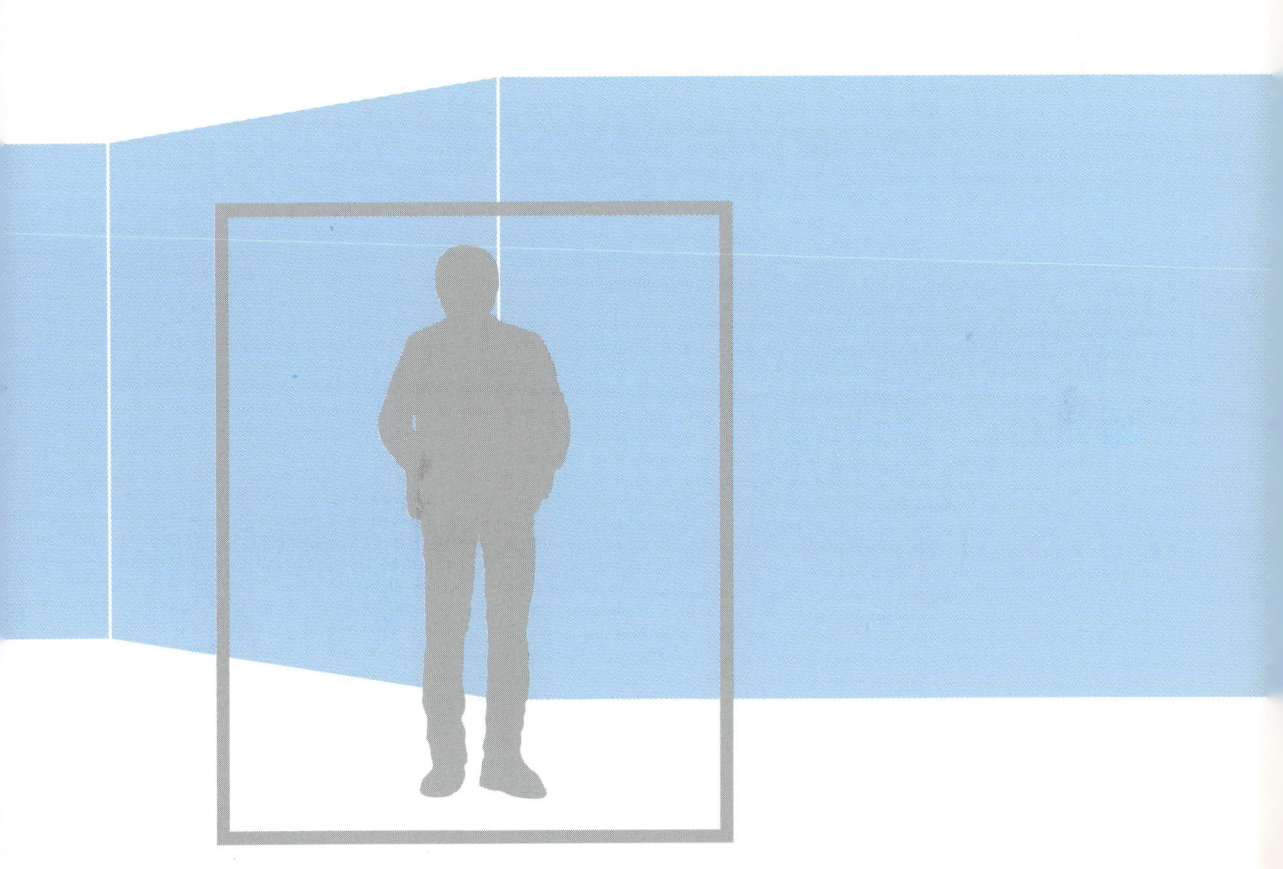

3.1 線の種類と集合による表情

点と点を結ぶと線になり、線で囲むと面となり、面は立体・空間を構成する。

(1) 点

1つの点が面または空間のなかにおかれると、注意力はそこに集中する。点が2つあると、その間に目に見えない線ができ、互いに引っ張り合う力が生じる。2つの点が同じ大きさの場合は均等な力になるが、点の大きさが異なると、注意力は大きい点から小さい点に心理的な力が流れ、大きい点のほうが小さい点を引き寄せるように感じられる。

このように点の扱い方によって、静的な感じにも動的な感じにもなることがある。

●————————● …2つの点の間に暗示される線が生じる。

● ————▶ …大きな点から小さな点に注意力が流れる。

(2) 線

線も点と同様に、面の上にあるときは幅があり、空間のなかにあるときは太さを感じる。また、線の幅が広くなれば面に、太くなれば立体に見えてくる。

線には直線と曲線があり、さまざまな組合せによって形がつくられていく。

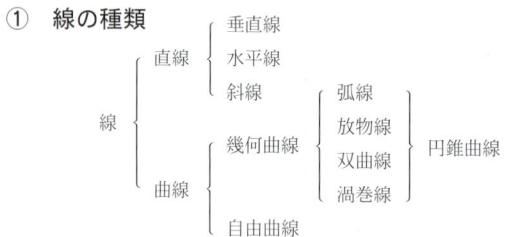

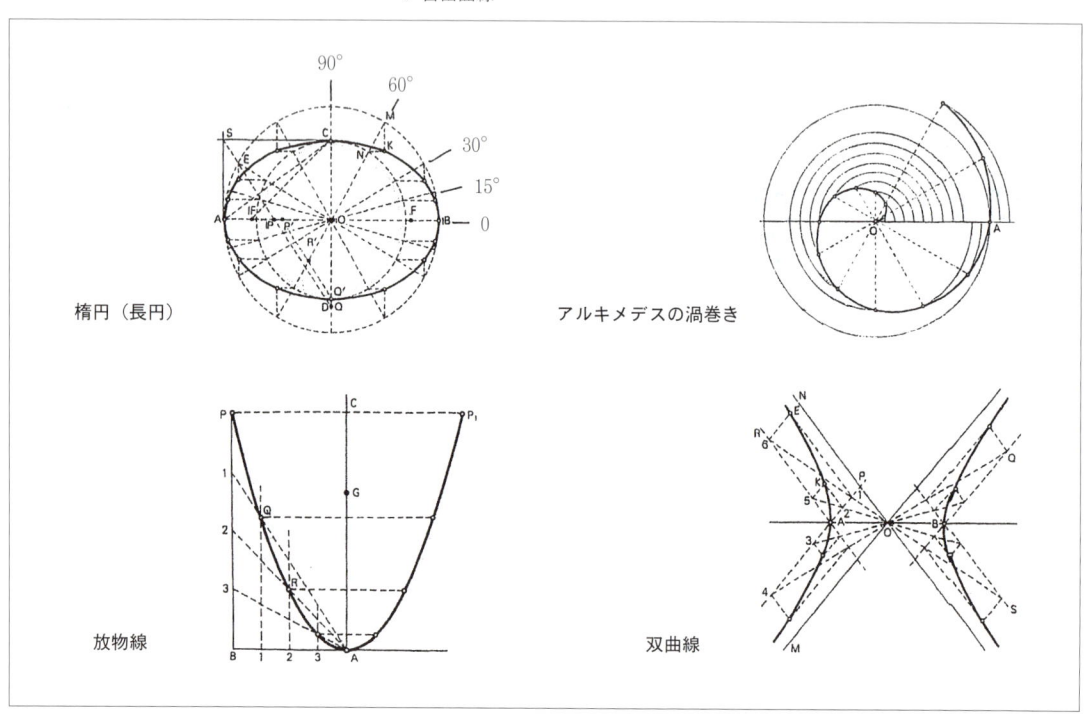

① 線の種類

```
        ┌ 直線 ┬ 垂直線
        │      ├ 水平線
        │      └ 斜線
線 ─────┤              ┌ 弧線  ┐
        │      ┌ 幾何曲線 ┤ 放物線 ├ 円錐曲線
        │      │       ├ 双曲線 │
        └ 曲線 ┤       └ 渦巻線 ┘
               │
               └ 自由曲線
```

楕円（長円）

アルキメデスの渦巻き

放物線

双曲線

② 線の表情
- 直線：形態を形づける直線は，硬直・単純・明快な感じを与え，男性的な力強さ・厳しさ・冷たさ・スピード感などがある。反面，扱い方によっては，変化に乏しく，単純な感じを与える場合もある。
  —— 細線：軽い・鋭い・神経質→女性的
  —— 太線：重い・力強い・鈍重→男性的
    垂直線：垂直線は鋭さとともに，重力に対する力強さ，上昇感をはじめ厳粛・端正・希望などを感じさせる。
    水平線：水平線は優しく，おとなしく，静的で安定感があり，扱い方によっては左右への広がりを感じさせる。
    斜線：斜線は活動的で注目性があり，組合せ方によって，鋭さや鈍さ・不安定・変化などを感じさせる。
- 曲線：曲線は直線にくらべて，優雅で温和・優しさがあり，柔軟・複雑・動的な感じをいだかせる。
  〜〜 幾何曲線（円・楕円・放物線など）：単純・明快・充実感・理知的
    自由曲線（唐草模様など）：奔放・複雑・リズム感・感情の豊かさ
    カテナリー（垂縄線：すいじょうせん）：懸垂線ともいい，ひもや縄の両端をもったときに自然に垂れ下がるなだらかで美しい曲線で，インテリア空間の天井や壁の形，屋根の軒反りなどに用いられる。
    サイクロイド：擺線（はいせん）ともいい，円が直線上を滑ることなく転がるときの円周上の軌跡で，伝統的な寺院の屋根の曲線などに用いられる。
      サイクロイド曲線の屋根の場合，どこからものを落としても同時に軒先についたり，雨が一番早くはけるなどの利点がある。
    スパイラル（螺旋）：渦巻線ともいい，緊張した美しさをもった渦巻き状の曲線で，発展性を表している。
- 水平線と垂直線：水平線と垂直線を組み合わせると，バランスのとれた適度な安定感が生まれる。
- 直線と曲線：垂直線と水平線で構成されたものの一部に曲線が加わると，優しさや柔らかさが表現される。
- 円：円はすべての方向に対して対称になるので，最も均整がとれた形であり，円満で豊かな感じをもっている。
- 楕円：円と長方形の中間的存在の楕円は円の変形で，動的・変化・柔軟性に富んでいる。

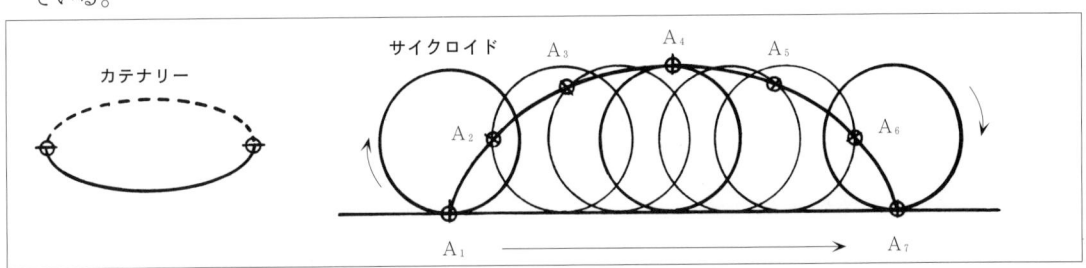

線の種類と集合による表情 （線の種類に合わせて人物を入れてみると線の表情・性格がつかみやすい。）

水平平行線

等間隔に分割　　　　　　　　　　　　ランダム（広い・狭い）に分割…表情豊か

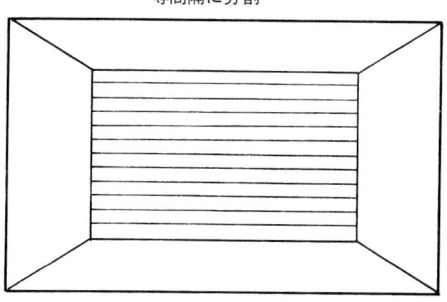

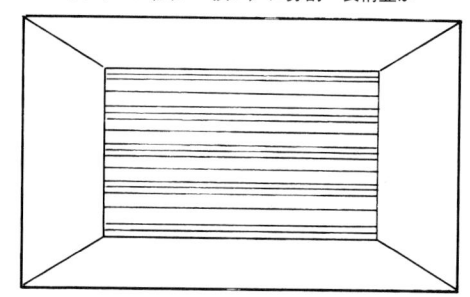

居間・寝室向き

横臥：水平→重力に従って大地（床）に沿う
　　　安定感，モダン，静かさ，やすらぎ…

垂直平行線

等間隔に分割　　　　　　　　　　　　ランダム（広い・狭い）に分割…表情豊か

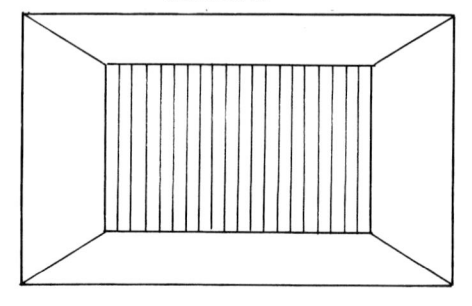

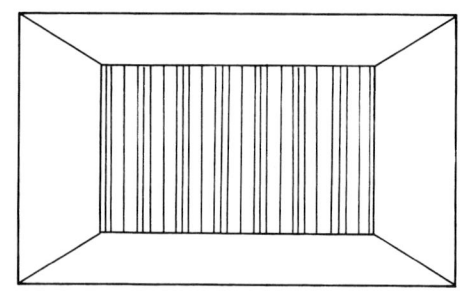

ワークルーム（勉強・作業室）向き

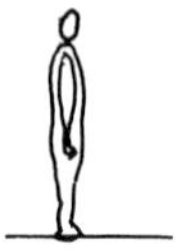

直立：垂直→重力に逆らって大地（床）に立つ
　　　緊張感，クラシック，暖かさ…
　　　神殿（ギリシャ時代）の列柱

直交格子

小さく分割　　　　　　　　　　　　大きく分割

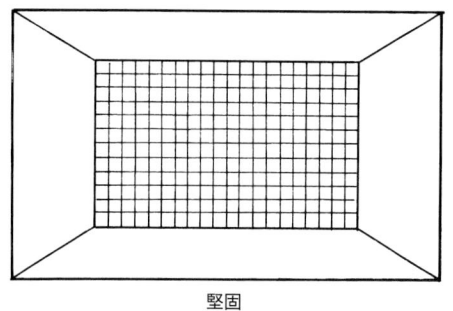

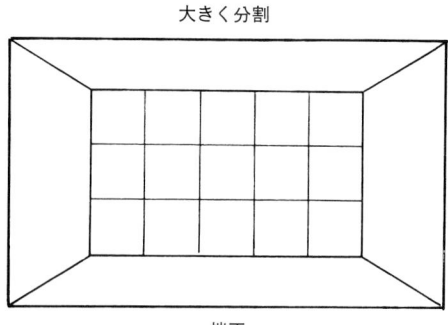

堅固　　　　　　緊張感　　　　　端正

和室：格天井・建具の組子

斜平行線　　　右上がり　　　　　　　　　両端下がり

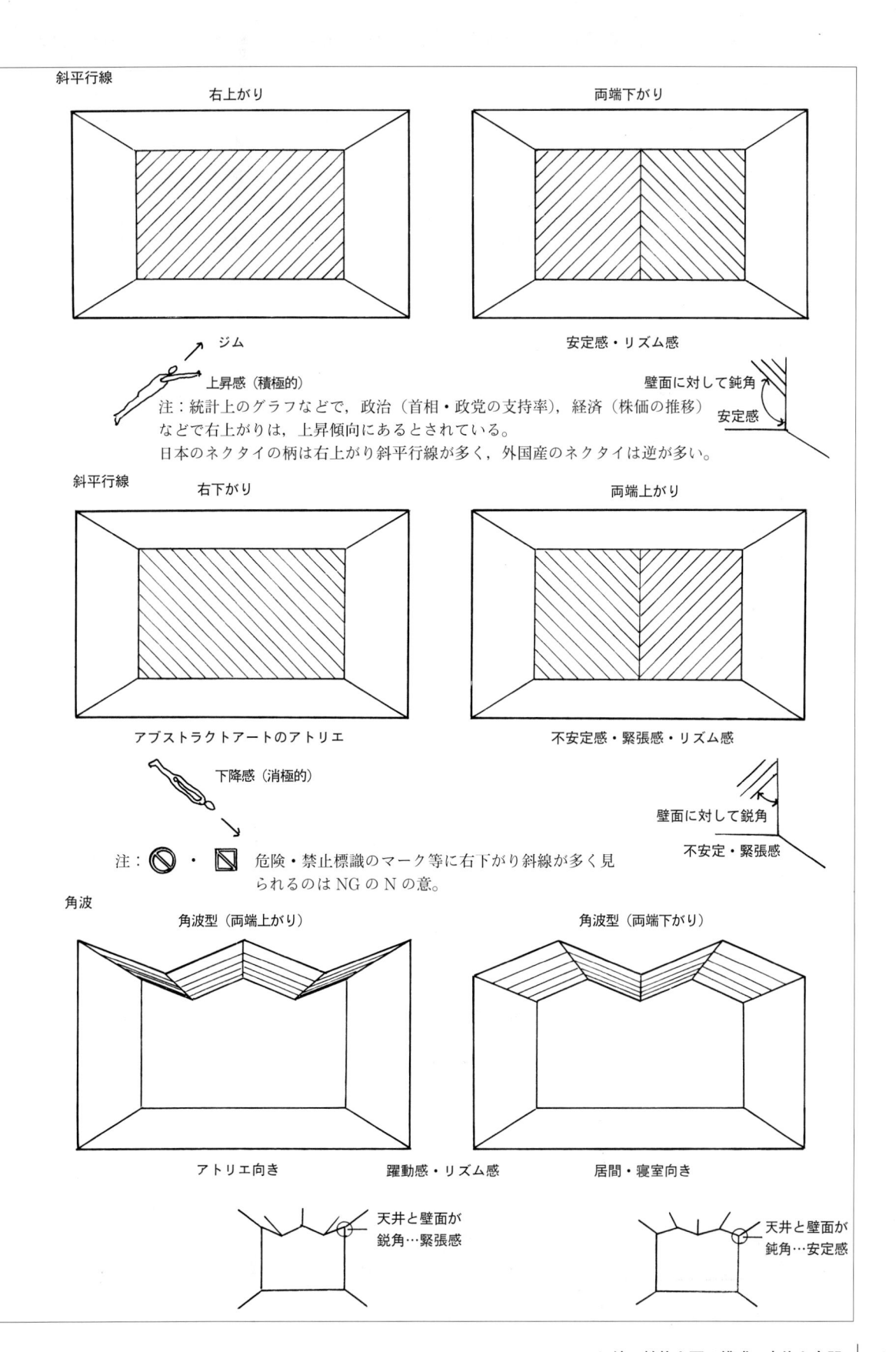

ジム　上昇感（積極的）　　　　　　　　安定感・リズム感

壁面に対して鈍角
安定感

注：統計上のグラフなどで，政治（首相・政党の支持率），経済（株価の推移）
などで右上がりは，上昇傾向にあるとされている。
日本のネクタイの柄は右上がり斜平行線が多く，外国産のネクタイは逆が多い。

斜平行線　　　右下がり　　　　　　　　　両端上がり

アブストラクトアートのアトリエ　　　　不安定感・緊張感・リズム感

下降感（消極的）

壁面に対して鋭角
不安定・緊張感

注：🚫・🚷　危険・禁止標識のマーク等に右下がり斜線が多く見
られるのはNGのNの意。

角波

角波型（両端上がり）　　　　　　　　　角波型（両端下がり）

アトリエ向き　　躍動感・リズム感　　　居間・寝室向き

天井と壁面が
鋭角…緊張感

天井と壁面が
鈍角…安定感

3 線の性格と面の構成・立体と空間

線の種類と集合による表情・演習

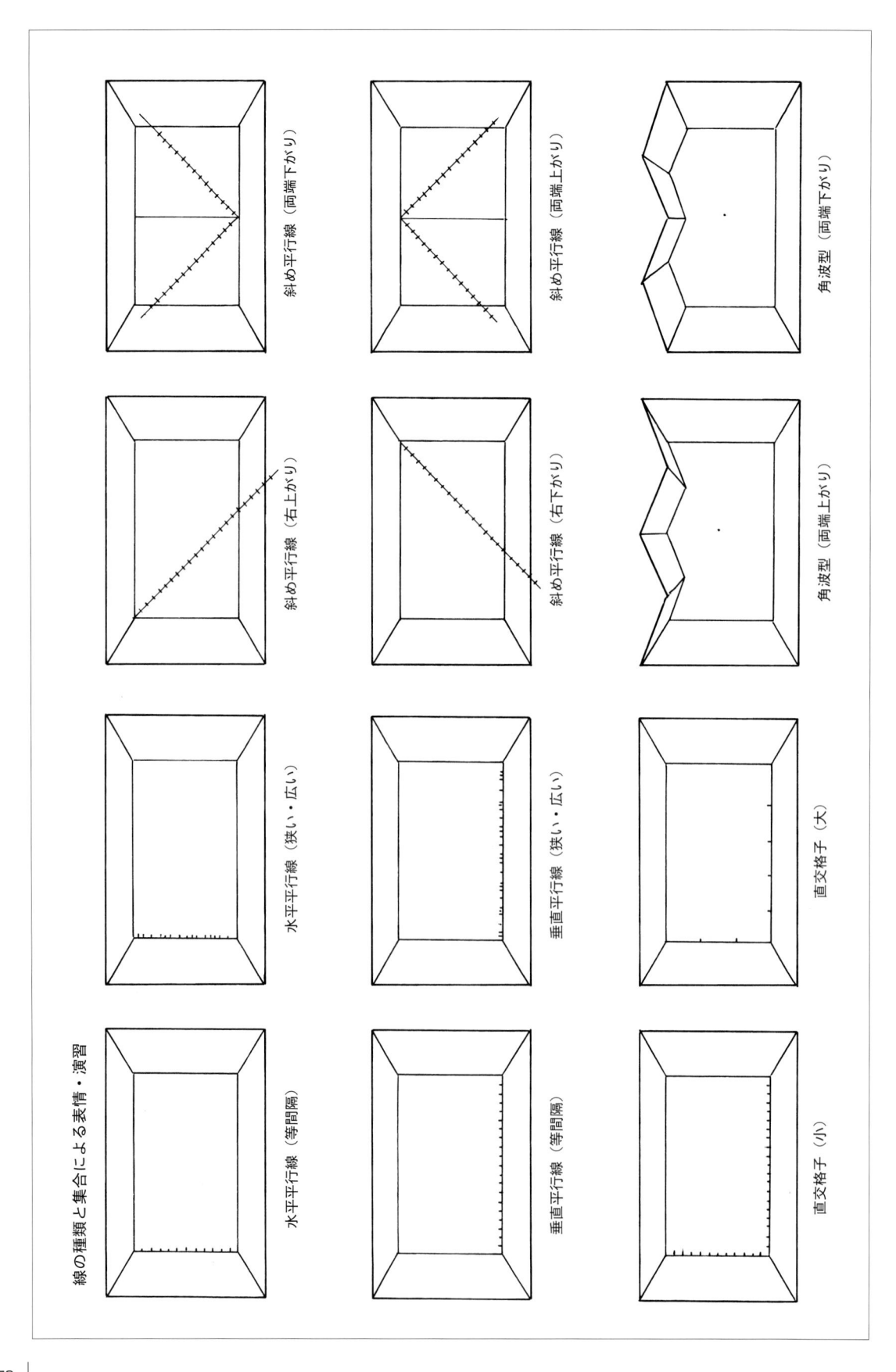

水平平行線（等間隔）　水平平行線（狭い・広い）　斜め平行線（右上がり）　斜め平行線（両端下がり）

垂直平行線（等間隔）　垂直平行線（狭い・広い）　斜め平行線（右下がり）　斜め平行線（両端上がり）

直交格子（小）　直交格子（大）　角波型（両端上がり）　角波型（両端下がり）

50

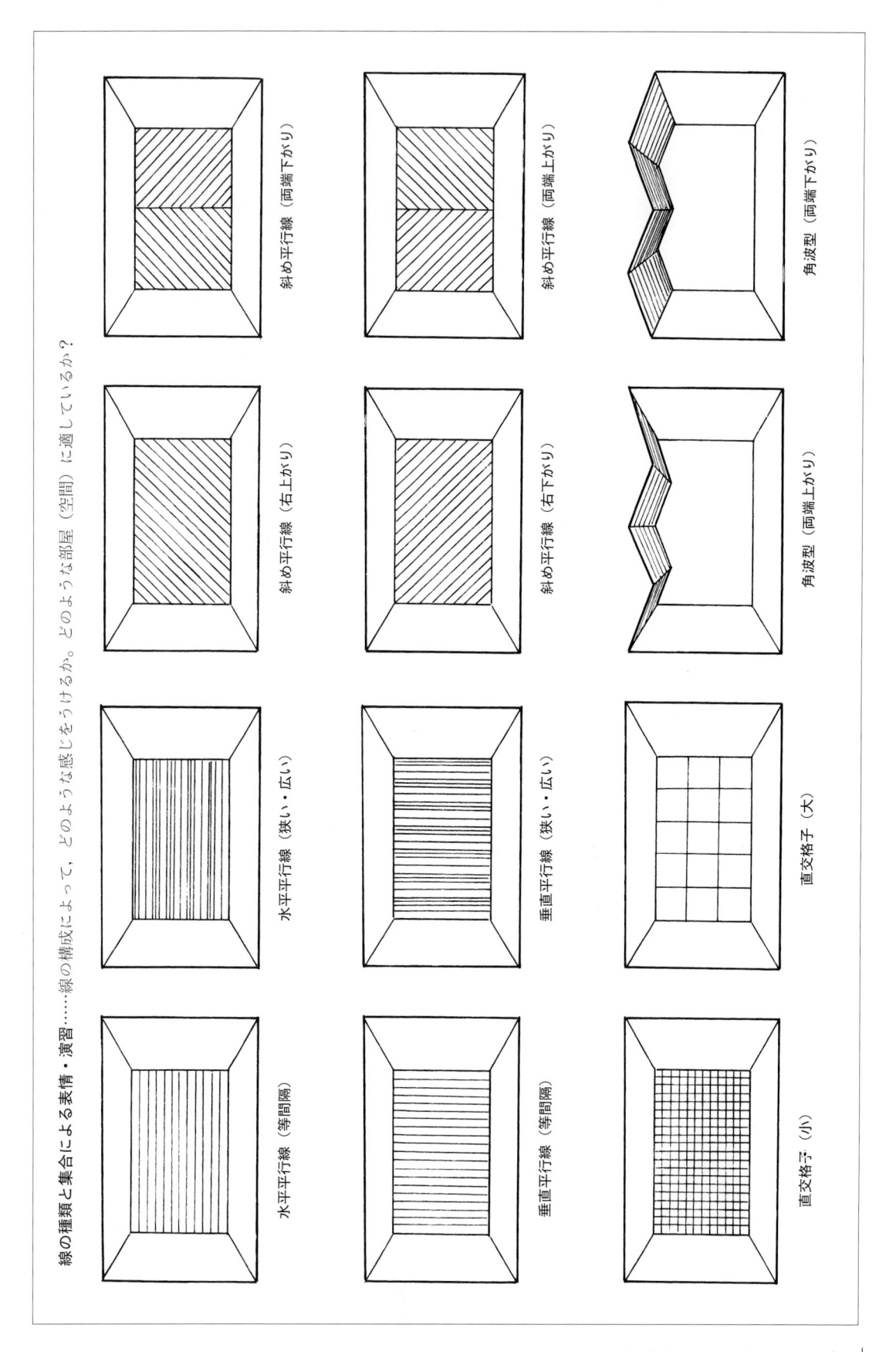

線の種類と集合による表情・演習……線の構成によって、どのような感じをうけるか。どのような部屋（空間）に適しているか？

水平平行線（等間隔）

水平平行線（狭い・広い）

斜め平行線（右上がり）

斜め平行線（両端下がり）

垂直平行線（等間隔）

垂直平行線（狭い・広い）

斜め平行線（右下がり）

斜め平行線（両端上がり）

直交格子（小）

直交格子（大）

角波型（両端上がり）

角波型（両端下がり）

3 線の性格と面の構成・立体と空間

水平波型平行線を使った例

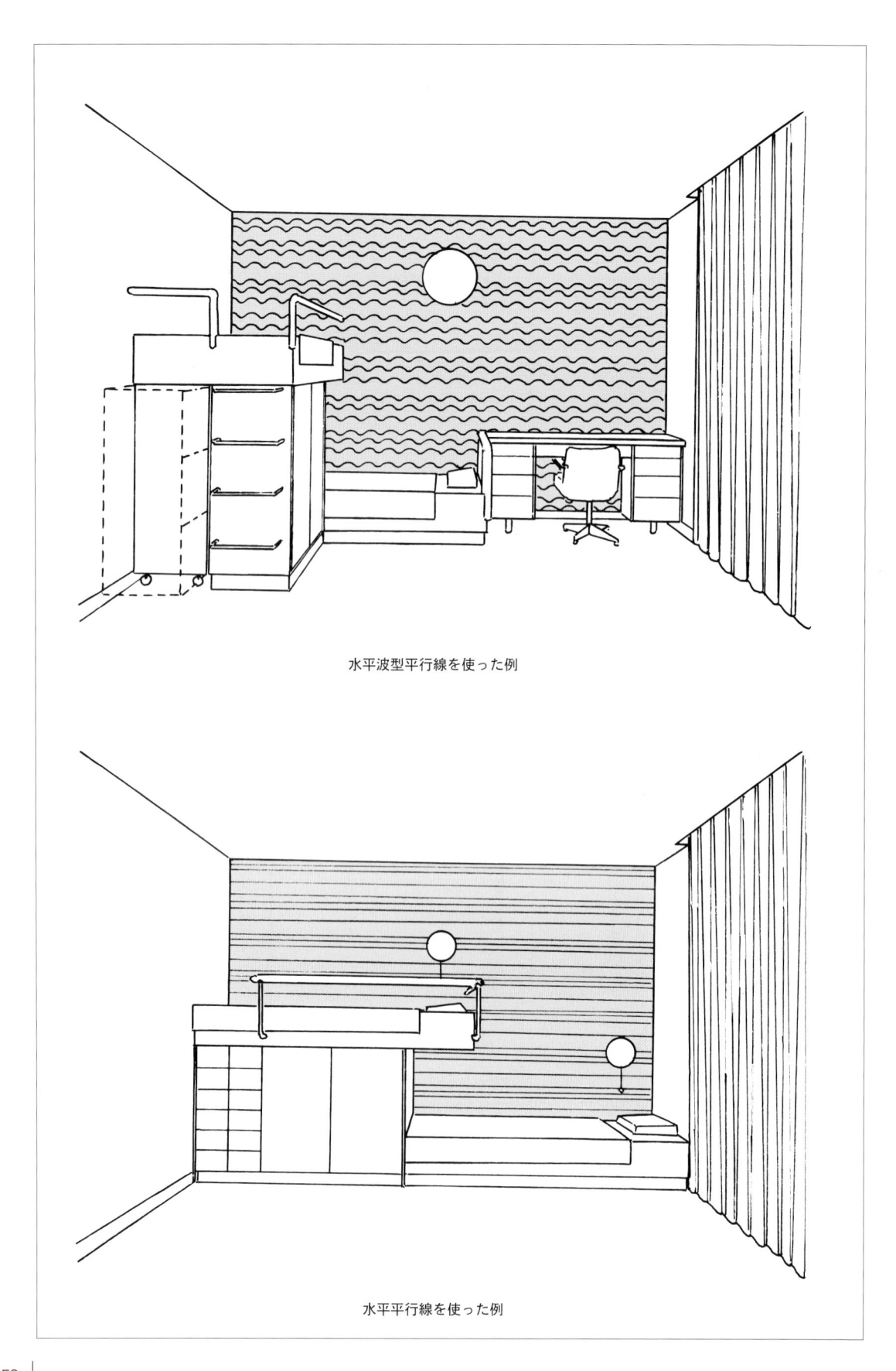

水平平行線を使った例

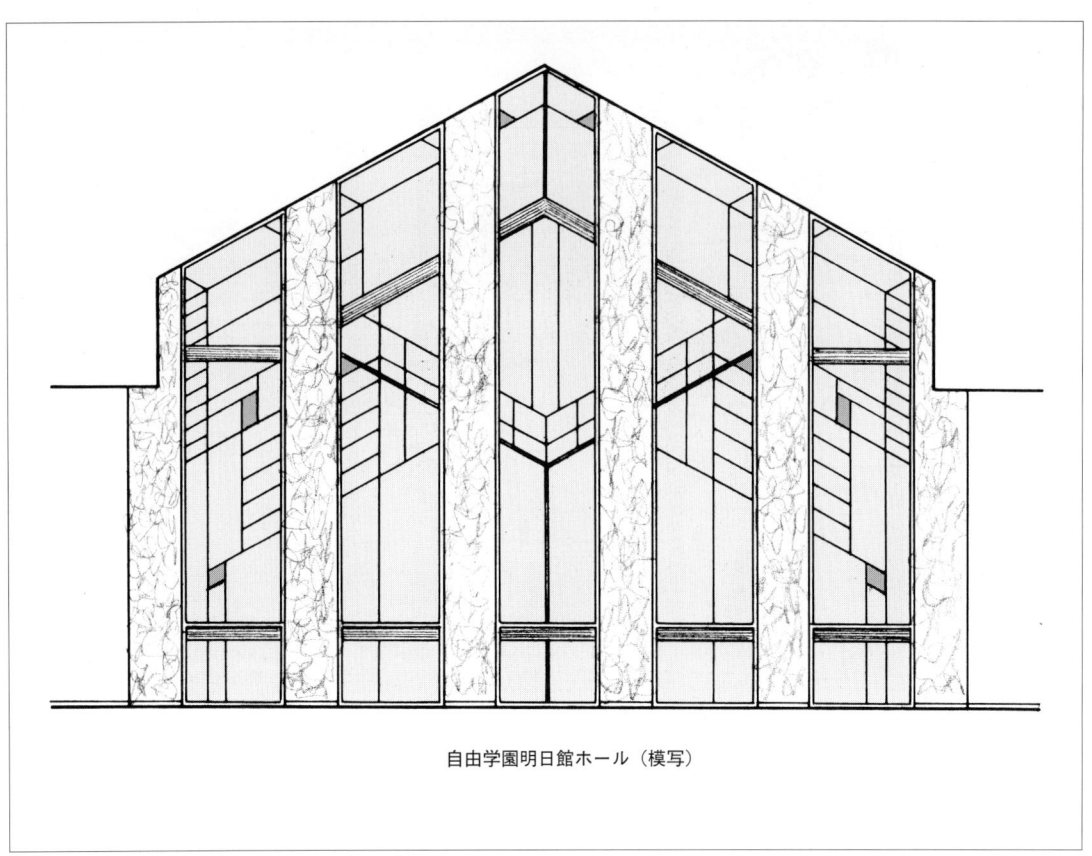

自由学園明日館ホール（模写）

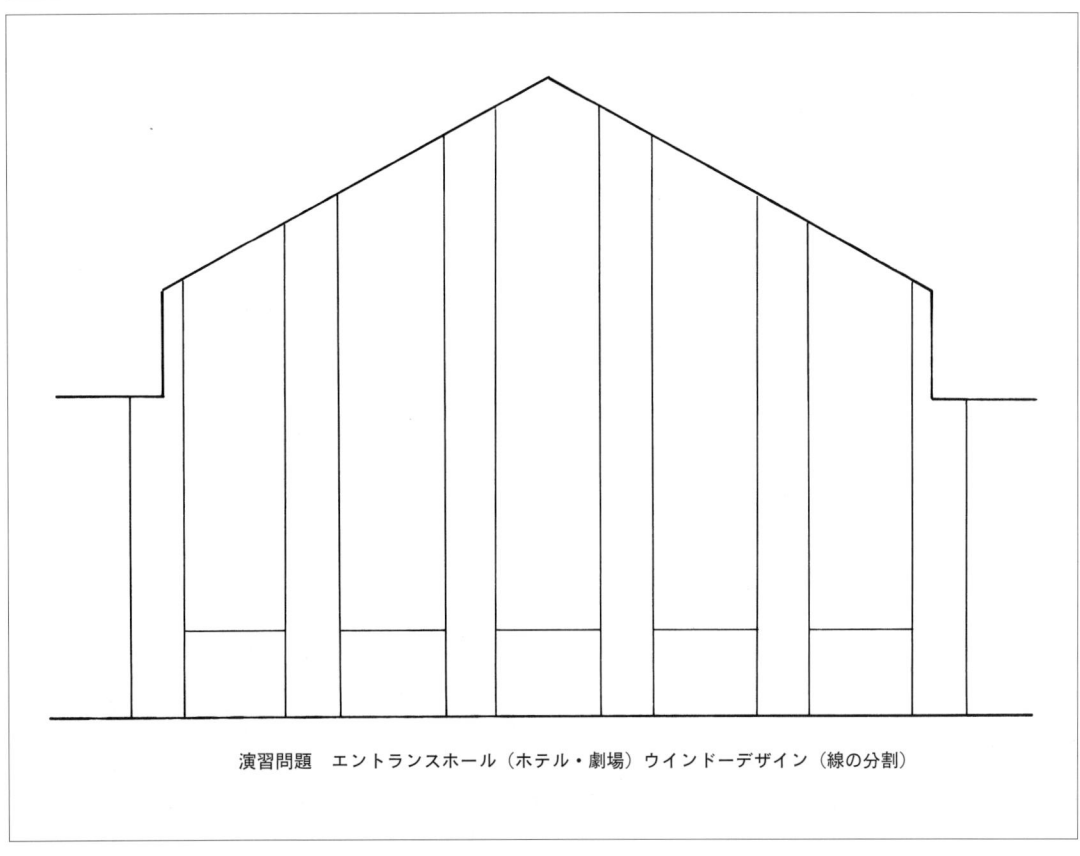

演習問題　エントランスホール（ホテル・劇場）ウインドーデザイン（線の分割）

3 線の性格と面の構成・立体と空間

ベルリンのゾンマーフェルト邸

ステンドグラス
着色半透明ガラスなどの小片を使って，モザイク状の絵や模様を表したもの。金属酸化物の顔料を着色し，グリザイユ（黒褐色の釉）で輪郭線や陰影を施して焼き上げたガラス片をⅠ型断面の鉛縁で接合した装飾ガラス。

ベルリンのオッテ邸

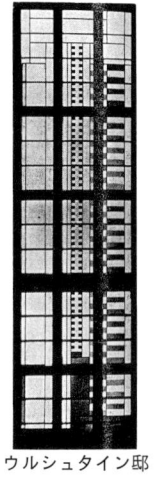

ステンドグラス
ヨーゼフ・アルベルス作　　ウルシュタイン邸　赤の多色窓

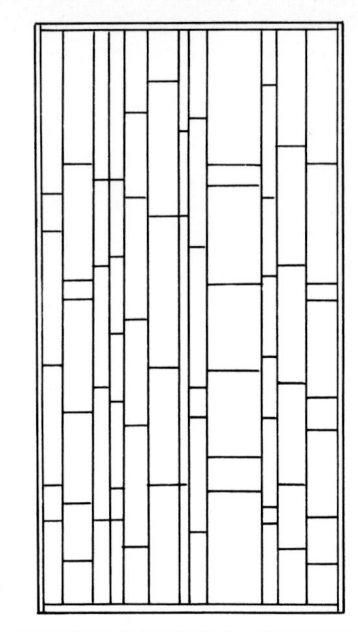

障子

和風建具の一つで，四周を框（かまち）で組み，桟をタテ・ヨコに組んで和紙を張り，一部にガラスをはめ込んだりして，部屋の仕切りと明りを取り入れられるようにしたもの。桟の組み方によってさまざまな障子がある。

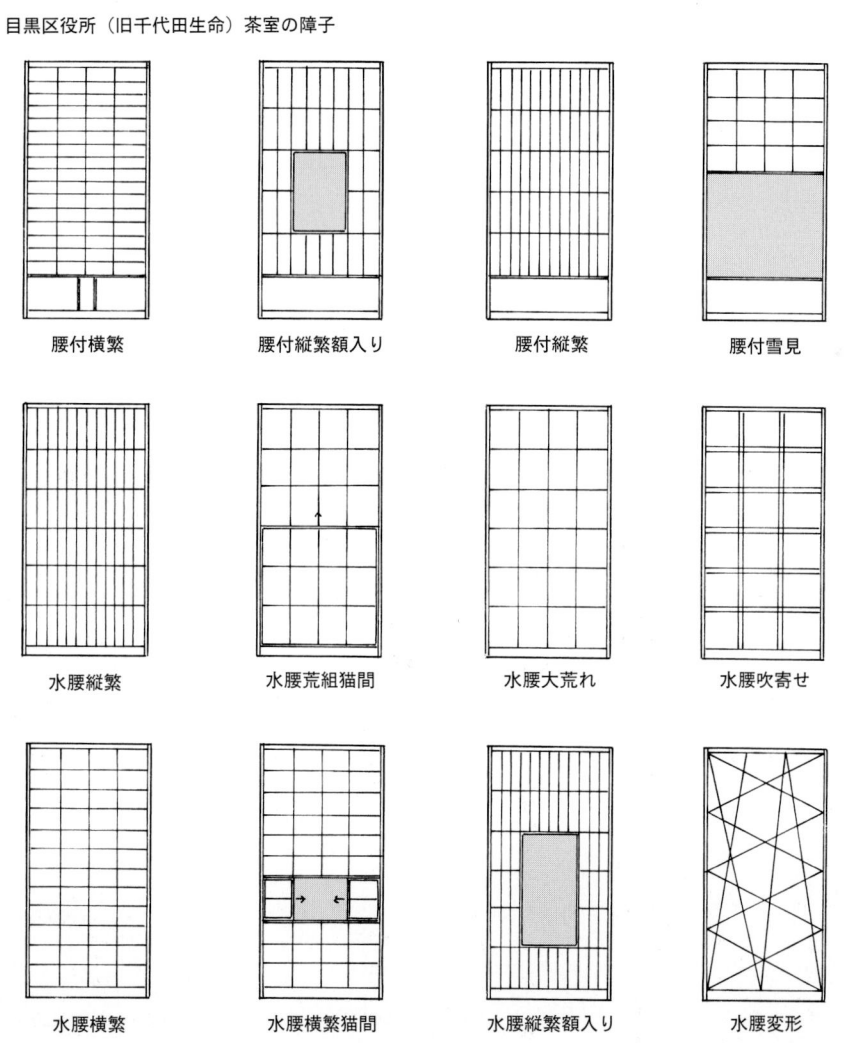

目黒区役所（旧千代田生命）茶室の障子

| 腰付横繁 | 腰付縦繁額入り | 腰付縦繁 | 腰付雪見 |

| 水腰縦繁 | 水腰荒組猫間 | 水腰大荒れ | 水腰吹寄せ |

| 水腰横繁 | 水腰横繁猫間 | 水腰縦繁額入り | 水腰変形 |

3 線の性格と面の構成・立体と空間

3.2 面の構成/壁・天井

面は，点を拡大・集合させた場合，線を移動・集合させた場合，立体を切断した場合につくられる。

① 面の種類

```
        ┌ 平面 ┌ 垂直面
        │      ├ 水平面
        │      └ 傾斜面
面 ─────┤
        │      ┌ 幾何曲面
        └ 曲面 ┤
               └ 自由曲面
```

② 面の表情

・平面：単純・明快
　　垂直面：厳粛・緊張感・意図的
　　水平面：安定感・静的・広がり
　　傾斜面：不安定・動的・変化
　　三角形の面 ┌ 底辺が大きい場合：安定・不動
　　　　　　　 ├ 正三角形：まとまり
　　　　　　　 └ 逆三角形：不安定
　　四角形の面 ┌ 長方形：端正
　　　　　　　 └ 正方形：厳格・窮屈
　　多角形の面：豊かさ・温和

・曲面：温和・柔軟・動的
　　幾何曲面：理知的・まとまり
　　自由曲面：奔放・豊かな表情・面白さ・変化

箱根プリンス・樹木園
（設計：村野藤吾　撮影：新建築写真部）

3.3 立体と空間

(1) 立体

立体は面を移動・回転，面の集積または面に囲まれて構成されている。

① 立体の種類

$$立体\begin{cases}平面体：立方体・角柱・角錐\\ 曲面体：球・円柱・円錐\end{cases}$$

② 立体の表情

- 平面体

    立方体：端正

    角柱：端正（方向性がある）

    角錐：安定感（逆にすると不安定）

    多面体：多彩（構成する平面の表情が反映される）

- 曲面体

    球：端正・重み

    卵形：優雅・動的

    円柱：威厳・動的（方向性がある）

    円錐：安定感・上方への運動感（軽快さ・逆にすると不安定）

さらに色彩・材質・光などの要素が加わると表情は変化する。

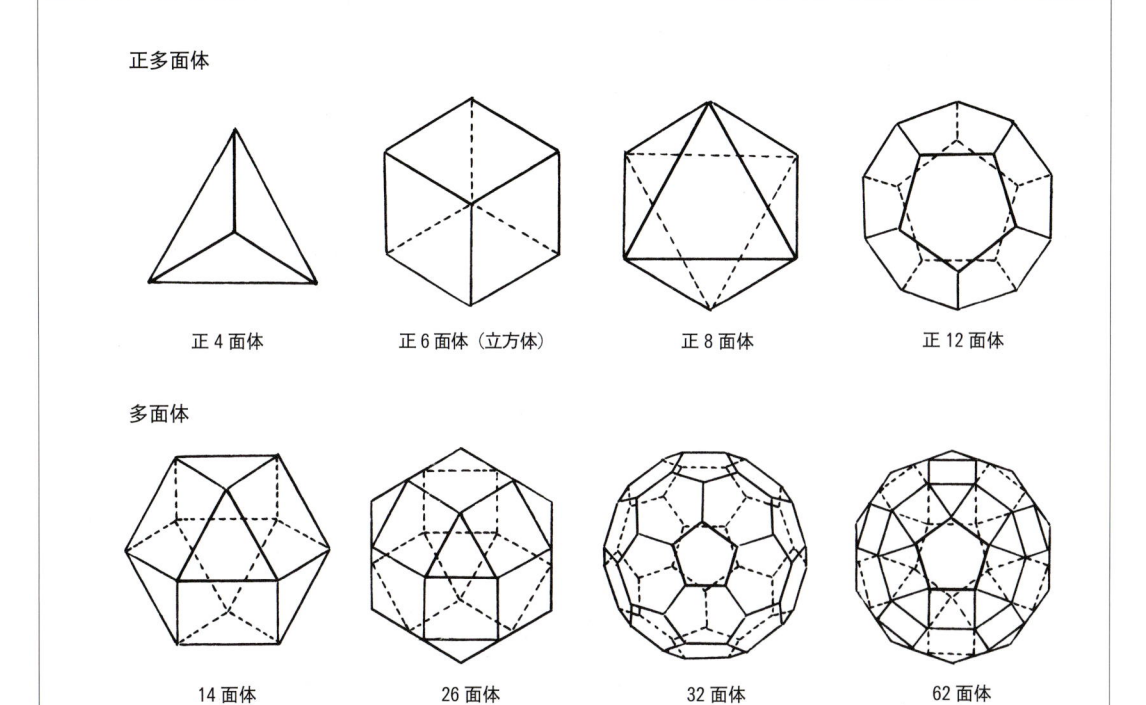

正多面体

| 正4面体 | 正6面体（立方体） | 正8面体 | 正12面体 |

多面体

| 14面体 | 26面体 | 32面体 | 62面体 |

(2) 空間の形

インテリア空間は，一般に床・壁（4面）・天井の6つの平面で構成される場合が多いが，曲面が加わると，その表情に深みや変化が見られるようになる。さらに色彩・材質感や光と陰影の扱い方によって，同じ空間でも表情は一層強調される。

壁・天井の形によって変化する空間の表情（面の構成：壁の形状・天井の形状）

① 面の構成：壁の形状

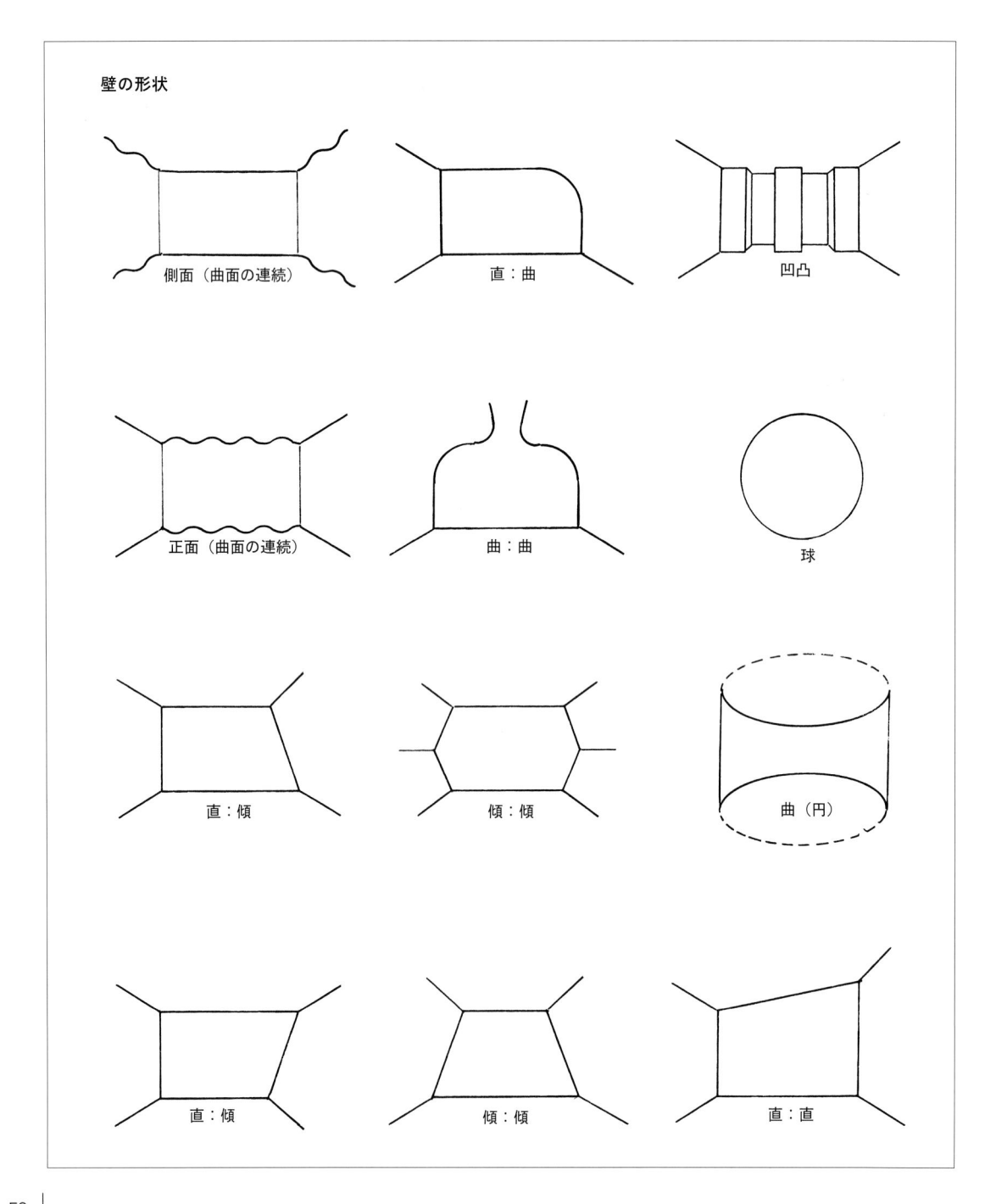

壁の形状

側面（曲面の連続）　　直：曲　　凹凸

正面（曲面の連続）　　曲：曲　　球

直：傾　　傾：傾　　曲（円）

直：傾　　傾：傾　　直：直

② 面の構成：おもな天井の形状

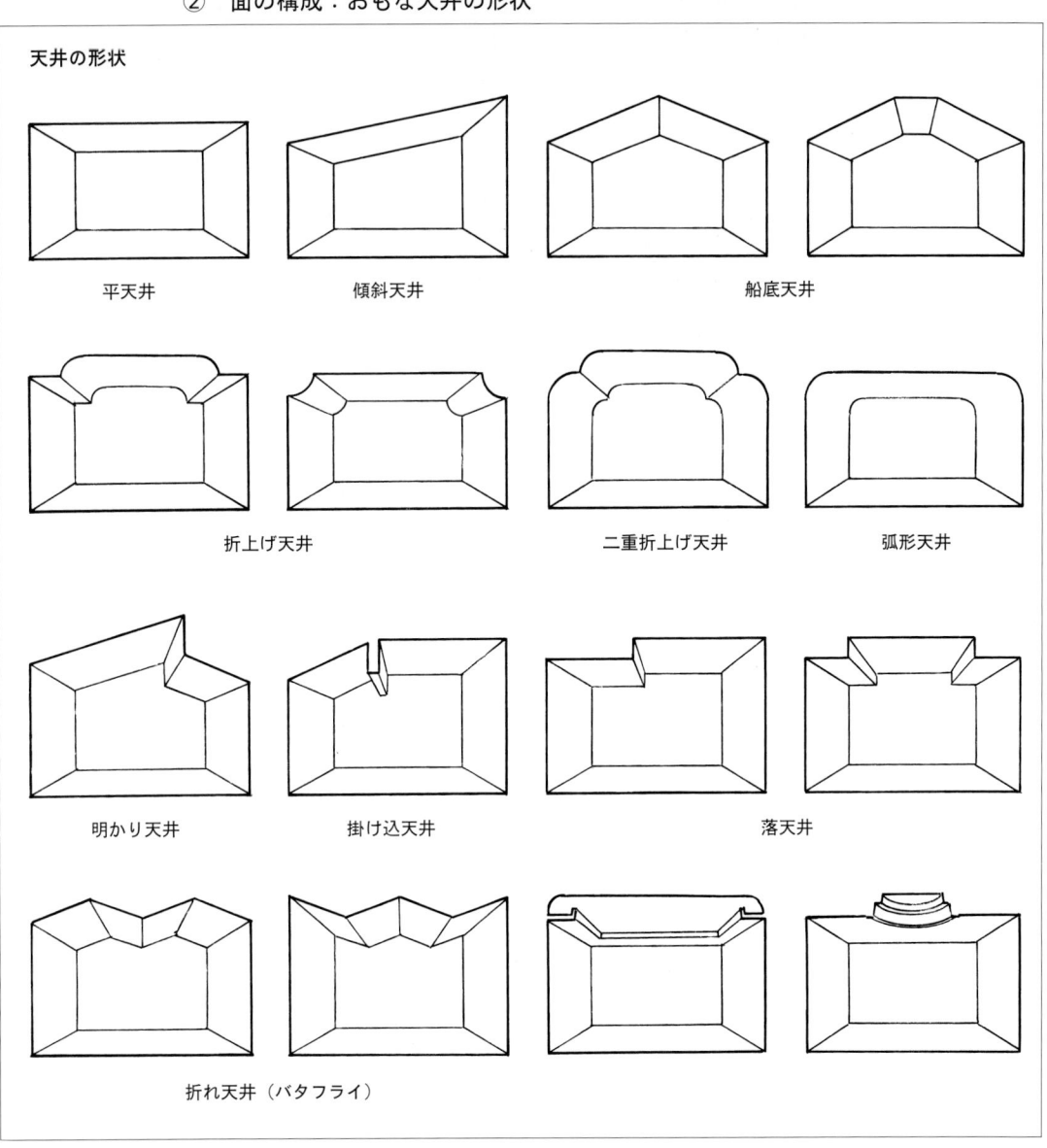

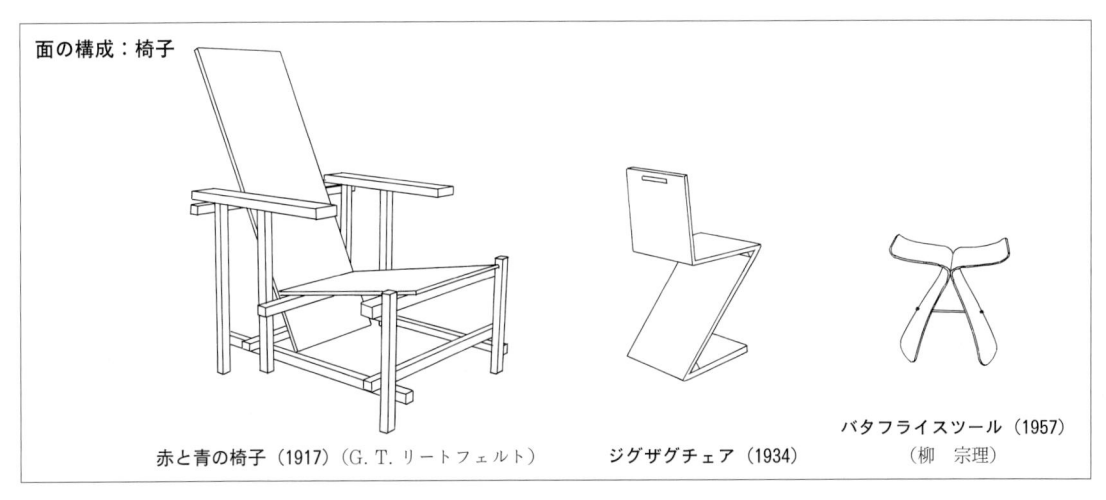

天井の形状

平天井　　　傾斜天井　　　船底天井

折上げ天井　　　二重折上げ天井　　　弧形天井

明かり天井　　　掛け込天井　　　落天井

折れ天井（バタフライ）

面の構成：椅子

赤と青の椅子（1917）（G. T. リートフェルト）　　　ジグザグチェア（1934）　　　バタフライスツール（1957）（柳　宗理）

3 線の性格と面の構成・立体と空間

広々とつらなる田畑などに見られる美しさは平面的な構成で、水平線に通じる安定感がある。山や丘陵などの凹凸、川の流れのカーブなど曲線状のものは、人の本能的な自然に対する憧れから、ほのかな暖かさを感じる。

人がインテリア空間に接するとき、無意識のうちに感じている安定性は、緻密な造形の基本からつくられているのである。

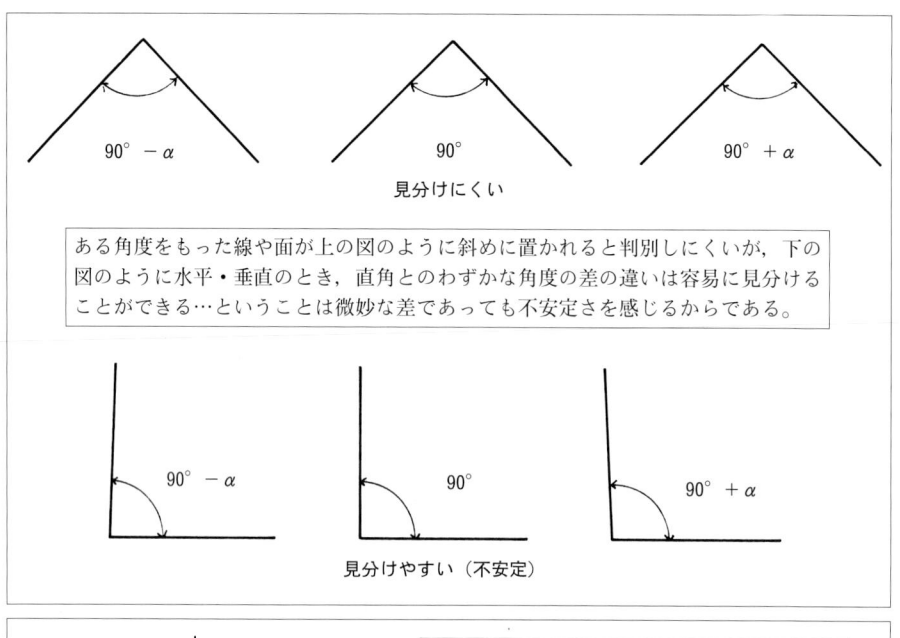

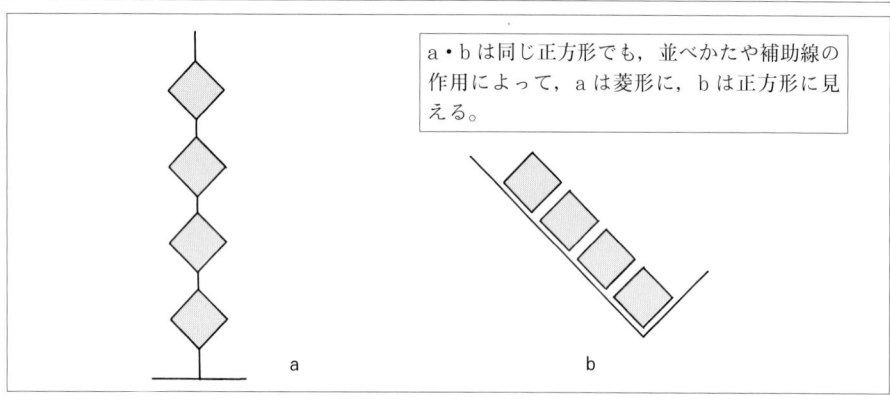

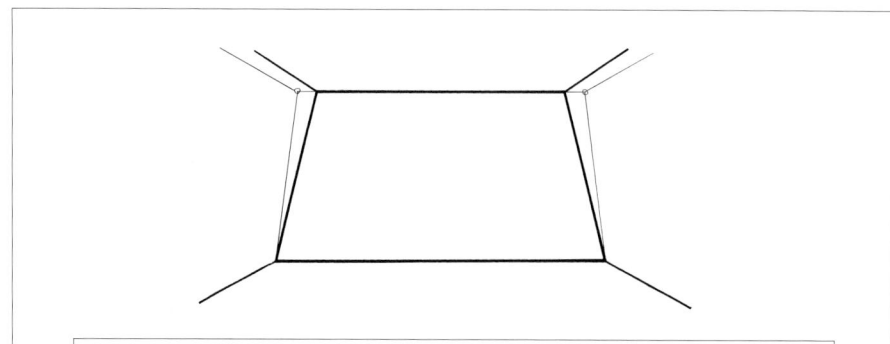

$90°-α$　　　$90°$　　　$90°+α$

見分けにくい

ある角度をもった線や面が上の図のように斜めに置かれると判別しにくいが、下の図のように水平・垂直のとき、直角とのわずかな角度の差の違いは容易に見分けることができる…ということは微妙な差であっても不安定さを感じるからである。

$90°-α$　　　$90°$　　　$90°+α$

見分けやすい（不安定）

a・bは同じ正方形でも、並べかたや補助線の作用によって、aは菱形に、bは正方形に見える。

a　　　b

傾斜された壁面など、本来、直角に交わるべきものが斜めの角度で交わると、直感的に直角に交わろうとする圧力によって、中に置かれたものを曲げて見せようとする錯覚が生じ、ゆがんで見えたり、圧迫感や異質感をうけることがある。

4 造形の原理

THE FOUNDATION OF INTERIOR DESIGN

美しいインテリアを演出するために，客観的にとらえられる造形美の原理を理解し，いかに応用発展させるかが重要である。

　インテリアを構成する要素として，室内の部分と部分，部分と室内全体について，秩序ある安定感をもたせ，美しいと感じさせることが大切である。造形心理に基づく視覚的なインテリアデザインのテクニックには，次に述べる基本的な原理がいくつかある。

日生劇場ホワイエ／階段　（設計：村野藤吾　撮影：川澄明男）

4.1 統一性（Unity）／統一と変化

- **統一**：造形美の基本ともいえる統一は，秩序をもたせる第一の原理で，室内の形や色・材質感などを統一性のある調和でまとめることによって，視覚的に力のまとまりをもった落ち着きや，安らかな雰囲気をもたせるテクニックである。一般に統一の度合いが高く，整然になりすぎると自由な感じが失われ，単調な印象を与える傾向がある。
- **変化**（Variety）：統一という秩序のなかで，部分的に変化に富んだ構成をもたせるテクニックである。あまり統一にこだわると，かたよった単調さが出てくることがあるので，適当に変化をつけて単調さを避ける。変化の度合いが高いと自由で気楽な感じになるが，度をこすと乱雑になってしまう傾向がある。

インテリアデザインにおいて，秩序のある統一による堅さや単調さなどを，ほどよい変化をもたせることによって和らげることが多い。

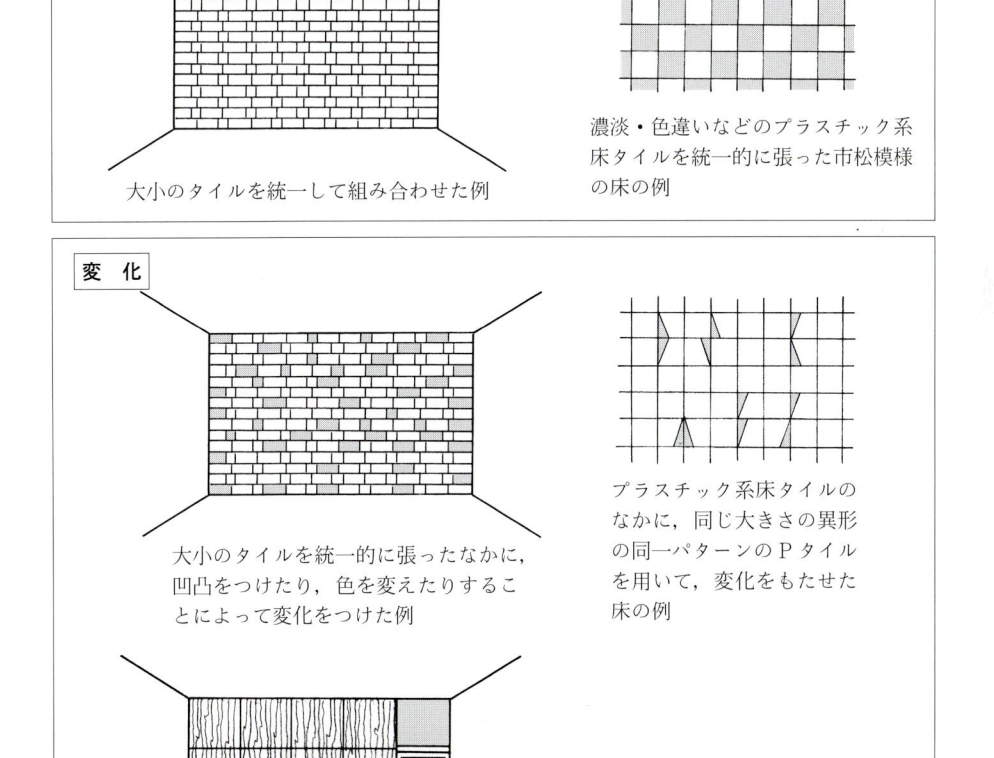

統一

大小のタイルを統一して組み合わせた例

濃淡・色違いなどのプラスチック系床タイルを統一的に張った市松模様の床の例

変化

大小のタイルを統一的に張ったなかに，凹凸をつけたり，色を変えたりすることによって変化をつけた例

プラスチック系床タイルのなかに，同じ大きさの異形の同一パターンのPタイルを用いて，変化をもたせた床の例

統一された目地割りのなかで，壁とドアを適切に変化をつけた例

4 造形の原理

4.2 調和性（Harmony）／類似と対比

　形や色・材質感などを始め，部分と部分，部分と全体の間に，最も安定した関連性をもたせ，それらが好ましい状態で融合し快く感じるとき，調和しているというテクニックである。

- **類似**（Comparison, Similarity）：同質の要素（同系色・同材質・同一寸法など）の組合せ，繰返しなど視覚的な力の類似による調和で，女性的で安定感のあるおとなしい感じをもったテクニックである。扱い方によっては単調になりやすい傾向もある。
- **対比**（Contrast）：質・量ともに大きく異なる要素（直線：曲線，明：暗，大：小，長：短，高：低，剛：柔，軽：重，粗：密，広：狭，暖：寒，水平：垂直，太：細，凹：凸，厚：薄，強：弱，動：静，＋：－，清：濁，上：下）の組合せなど，視覚的な力の強弱によって，互いをひきたてあって美しさを出す効果で，個性的・男性的で力強い感じをもったテクニックである。

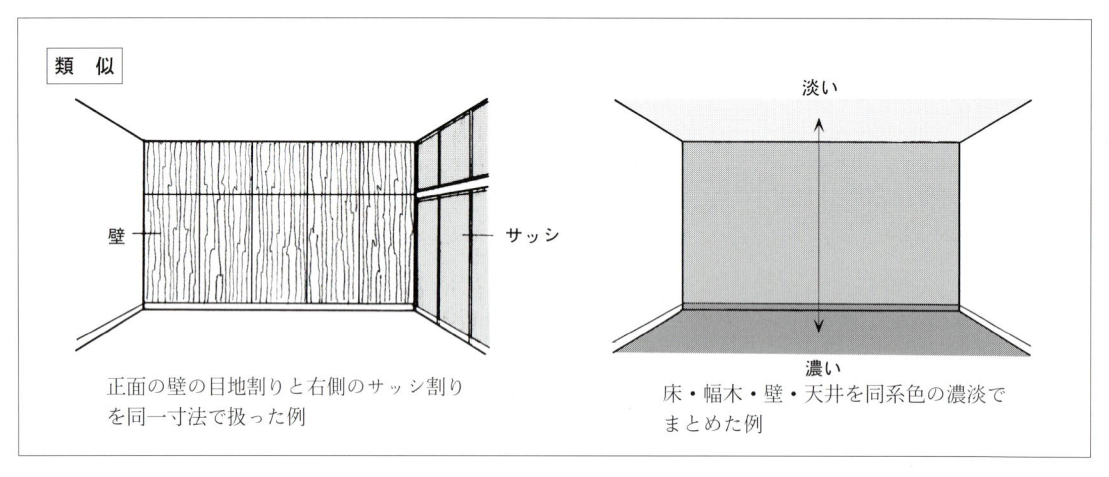

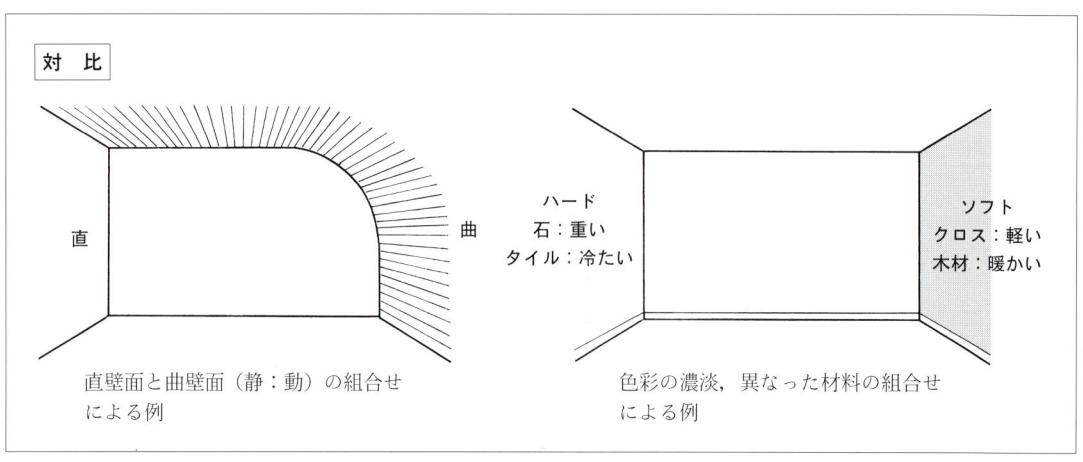

類似

正面の壁の目地割りと右側のサッシ割りを同一寸法で扱った例

床・幅木・壁・天井を同系色の濃淡でまとめた例

対比

直壁面と曲壁面（静：動）の組合せによる例

色彩の濃淡，異なった材料の組合せによる例

4.3 均衡（平衡）性（Balance）／均衡と不均衡

- 均衡：インテリアを構成する各部分の形や色などの重量（ウエイト）感が視覚的に，つり合っている表現テクニックで，モビールなどは均衡の典型的な例である。
- 不均衡（Unbalance）：あえて各部分のつり合いをデザイン的に崩し，その効果を表現するテクニックである。

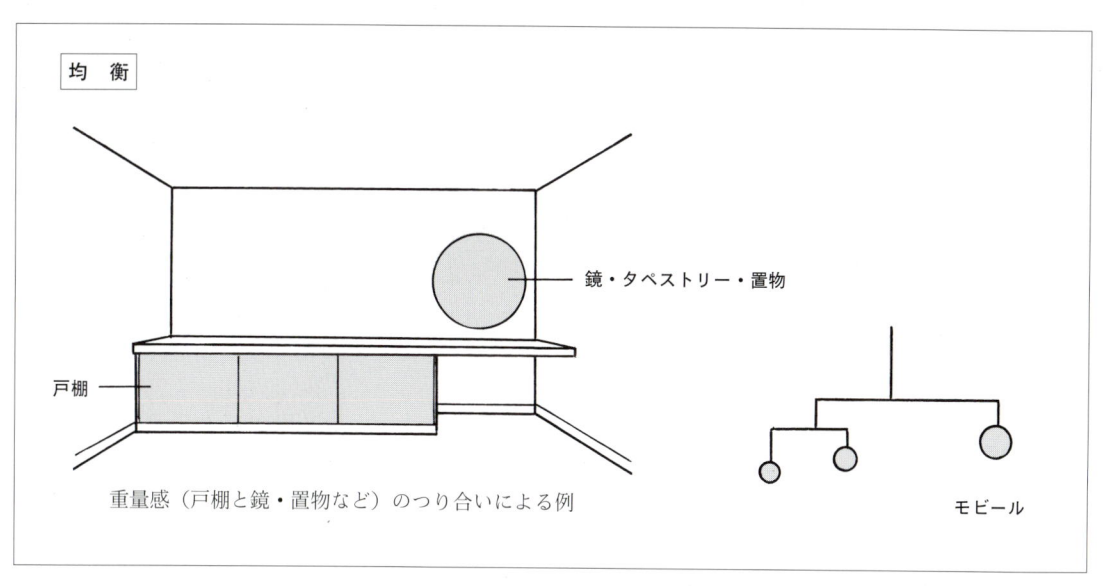

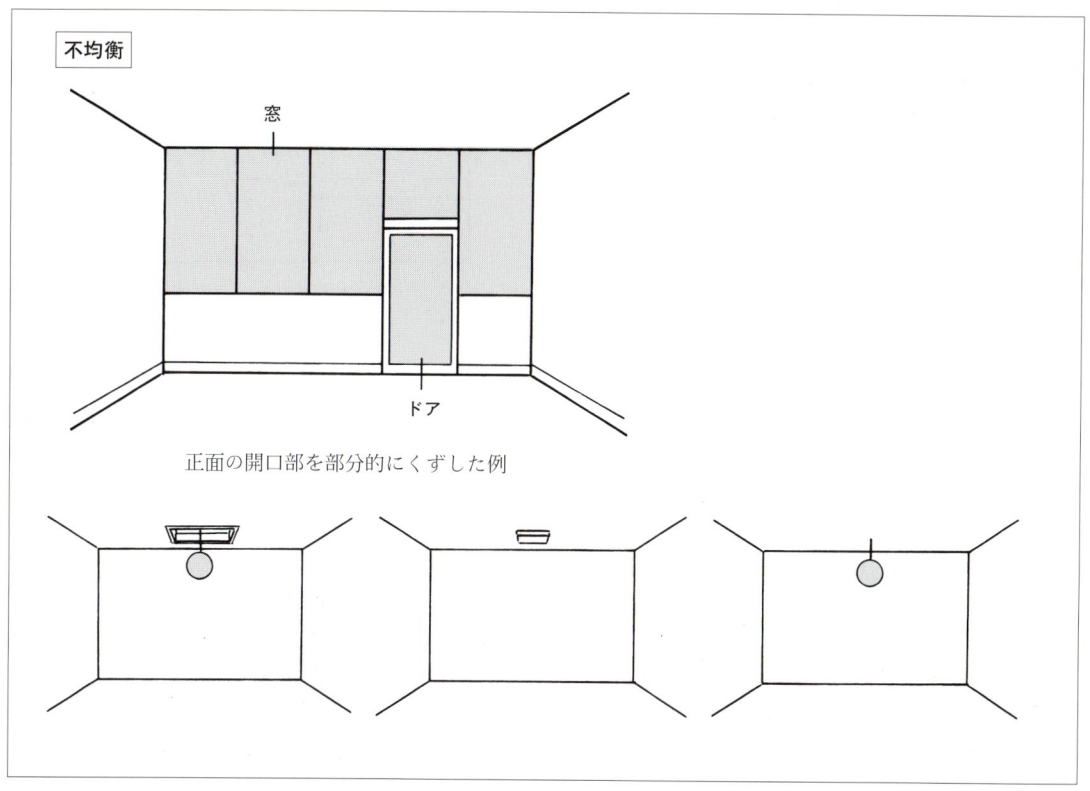

均衡

鏡・タペストリー・置物

戸棚

重量感（戸棚と鏡・置物など）のつり合いによる例

モビール

不均衡

窓

ドア

正面の開口部を部分的にくずした例

4 造形の原理

4.4 対称(相称・均斉)性(Symmetry)/対称と放射対称・非対称

- **対称**:ある軸を中心に,上下または左右を対称させて,美的効果をもたせるテクニックで相称・均斉ともいう。上下または左右が同じ形になるので,おとなしく静的で威厳を表現することができる。バランス的には一番安定しているが,反面,扱い方によっては,おとなしすぎて単調で平凡な感じになる傾向がある。
- **放射対称**:180°回転させて対称させる逆対称のテクニックで,動的な表情が強く変化に富んでいる。
- **非対称**:対称の手法に統一性のある変化をもたせたもので,ある軸を中心に,上下または左右のものを対称させないで,自由な発想や反規則性,動的な安定感などと変化のある個性的な効果をもたせるテクニックである。

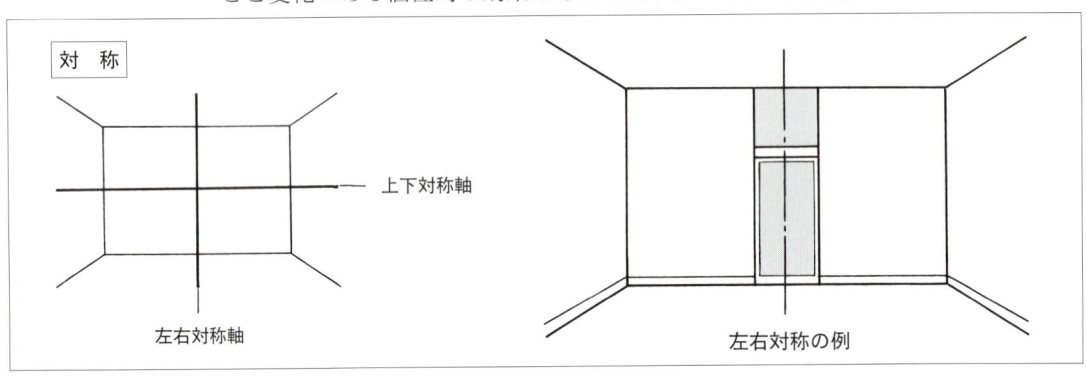

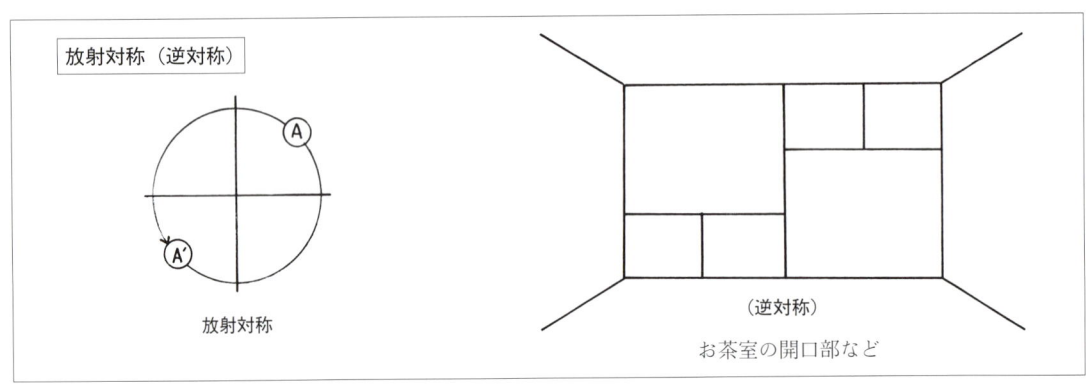

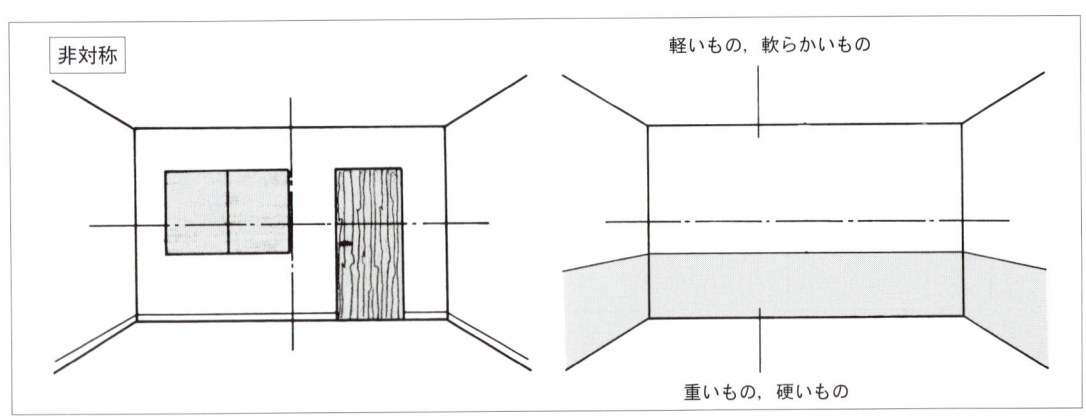

対 称

上下対称軸

左右対称軸

左右対称の例

放射対称(逆対称)

放射対称

(逆対称)
お茶室の開口部など

非対称

軽いもの,軟らかいもの

重いもの,硬いもの

4.5 律動性（Rhythm）／繰返しと階調

　室内を構成する各要素が一定の間隔で，規則的に配列されると動的で活気のある表情を表し，美的効果をあげるテクニックである。

- 繰返し（反復）（Repetition）：単調になりがちな大きな面積のものや，長い面を構成する場合に，部分を繰り返すことによって美しさを感じさせるテクニックである。同一の形や色などの各要素が，ある間隔で規則的に繰り返され，秩序のある動きや連続感をもった，視覚的に活気のある美的効果をだすテクニックで，ファブリックス等の模様などにも見られる。
- 階調（漸増）（Gradation）：形とか色を大から小へ，濃から淡へすこしずつ変化させて心地よい効果をもたせ，繰返しにくらべ動的で，視線にリズム感を与えるテクニックである。特に色彩の扱い方にこの手法がしばしば用いられている。

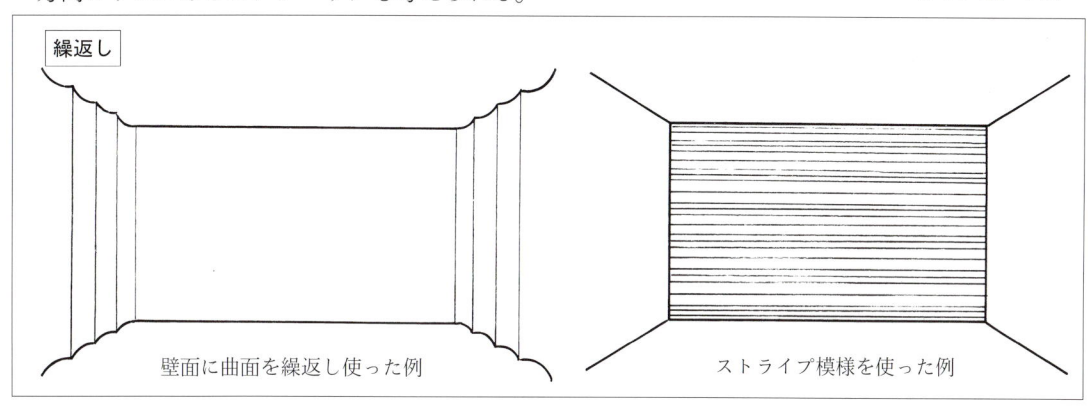

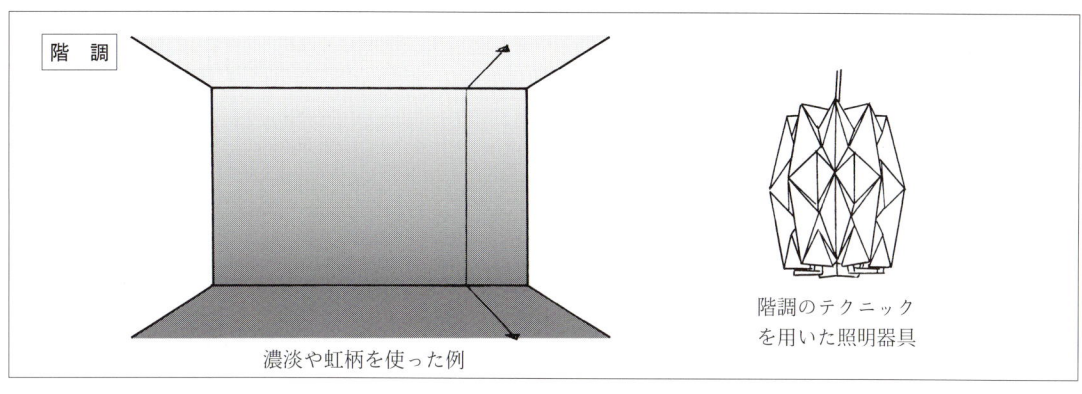

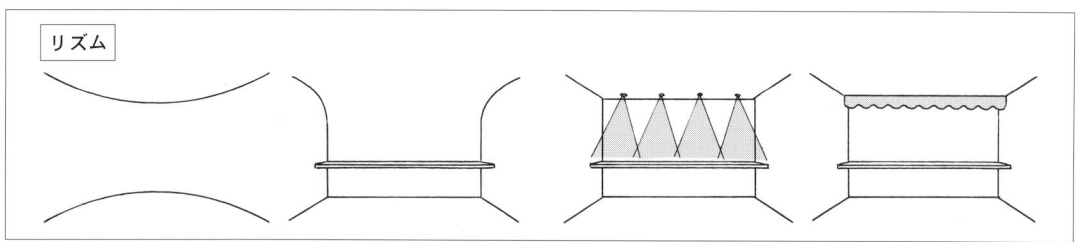

　律動性のなかには，ダイナミックな感じをもつ広がるリズム，流れるリズム，方向のリズムなどのテクニックも考えられる。

バルーンスタイル（風船）

オーストリアンスタイル（チリチリカーテン）

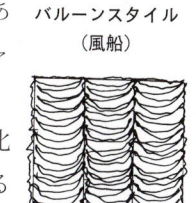

繰返し

壁面に曲面を繰返し使った例　　　ストライプ模様を使った例

階　調

濃淡や虹柄を使った例　　　階調のテクニックを用いた照明器具

リズム

4　造形の原理

4.6 抑揚性（Accent）

部分的なものを強調することによって，全体をひきしめる効果をもたせるテクニックである。

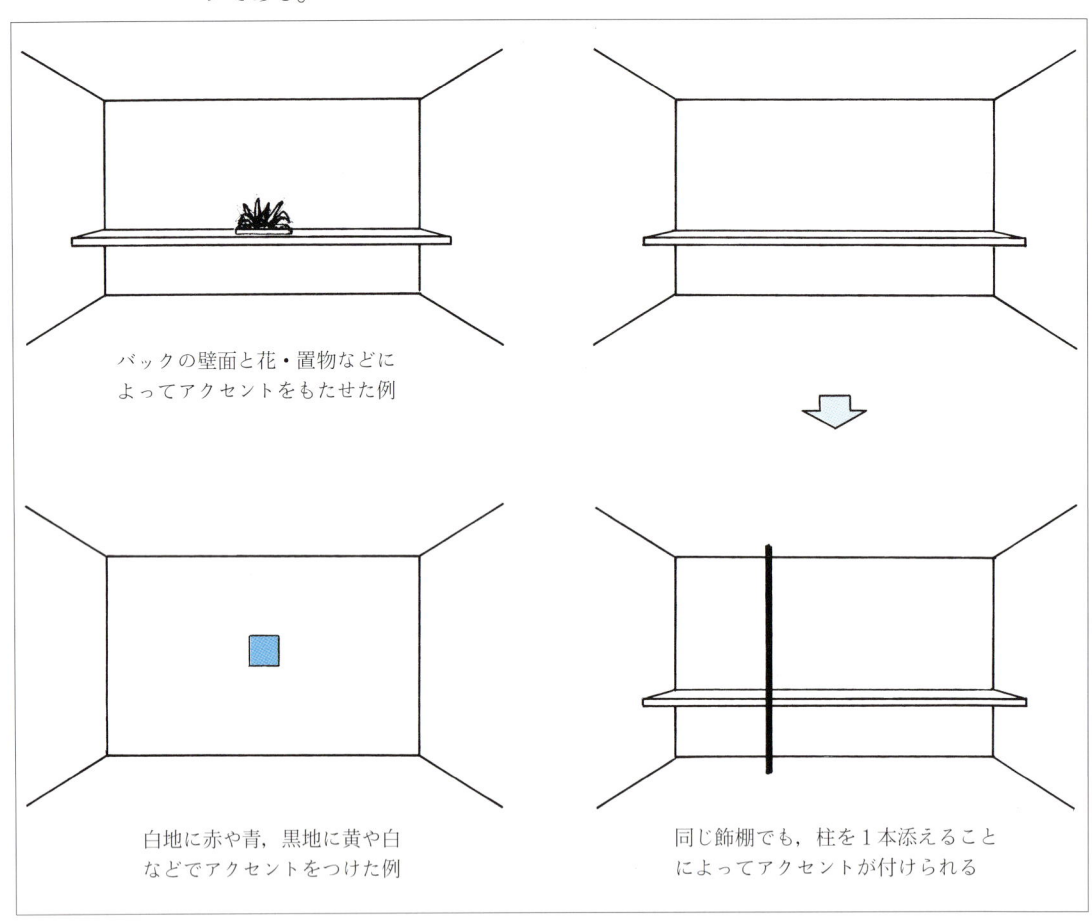

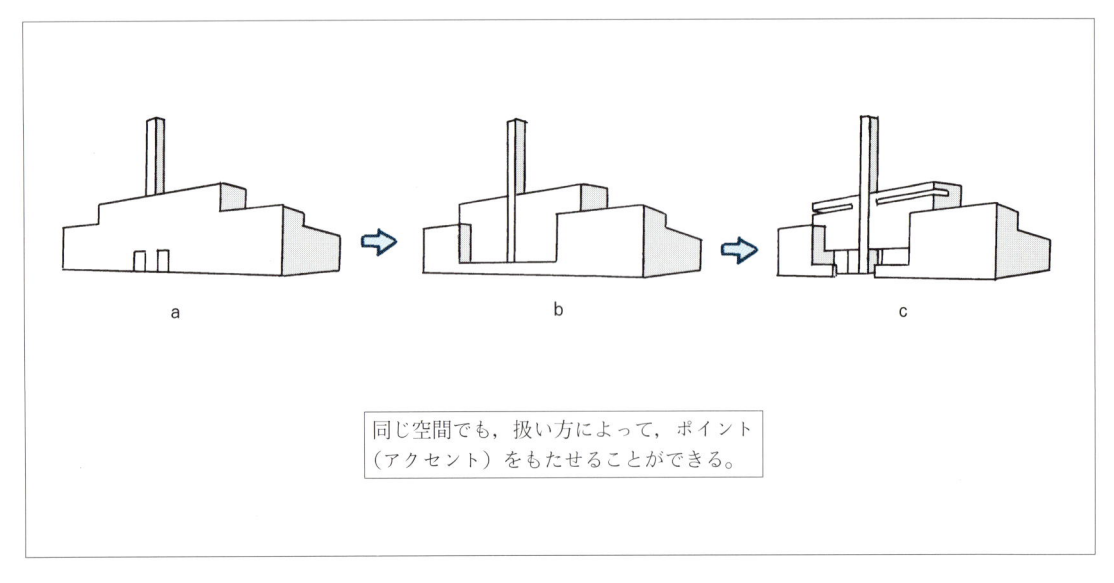

バックの壁面と花・置物などによってアクセントをもたせた例

白地に赤や青，黒地に黄や白などでアクセントをつけた例

同じ飾棚でも，柱を1本添えることによってアクセントが付けられる

a → b → c

同じ空間でも，扱い方によって，ポイント（アクセント）をもたせることができる。

4.7 比率性（Proportion）

　部分と部分，部分と全体の間に好ましい比率をもたせる造形原理。形態に関して，寸法的に美しく見せるテクニックで，プロポーションがよければその形は美しく感じられる。

　レオナルド・ダ・ヴィンチ（イタリア：1452〜1519）は，人体の美しい均整には，寸法上の基準があるとの考えからギリシャ神殿の建造にあたって，柱基部の直径を基準としたモドゥルスを単位とし，柱の間隔や長さを割り出したといわれている。そうすることによって，美しい調和と，すぐれた機能が見る人の眼に，美しさを与えたのである。

- **黄金比**（Golden Section）：幅・高さの美的調和比率をいう。ギリシャ時代から用いられているもので，ある長さを2分したとき，つねに各部分の比率が 1：1.618 の状態が最も均整がとれ，美しいとされる比率である。

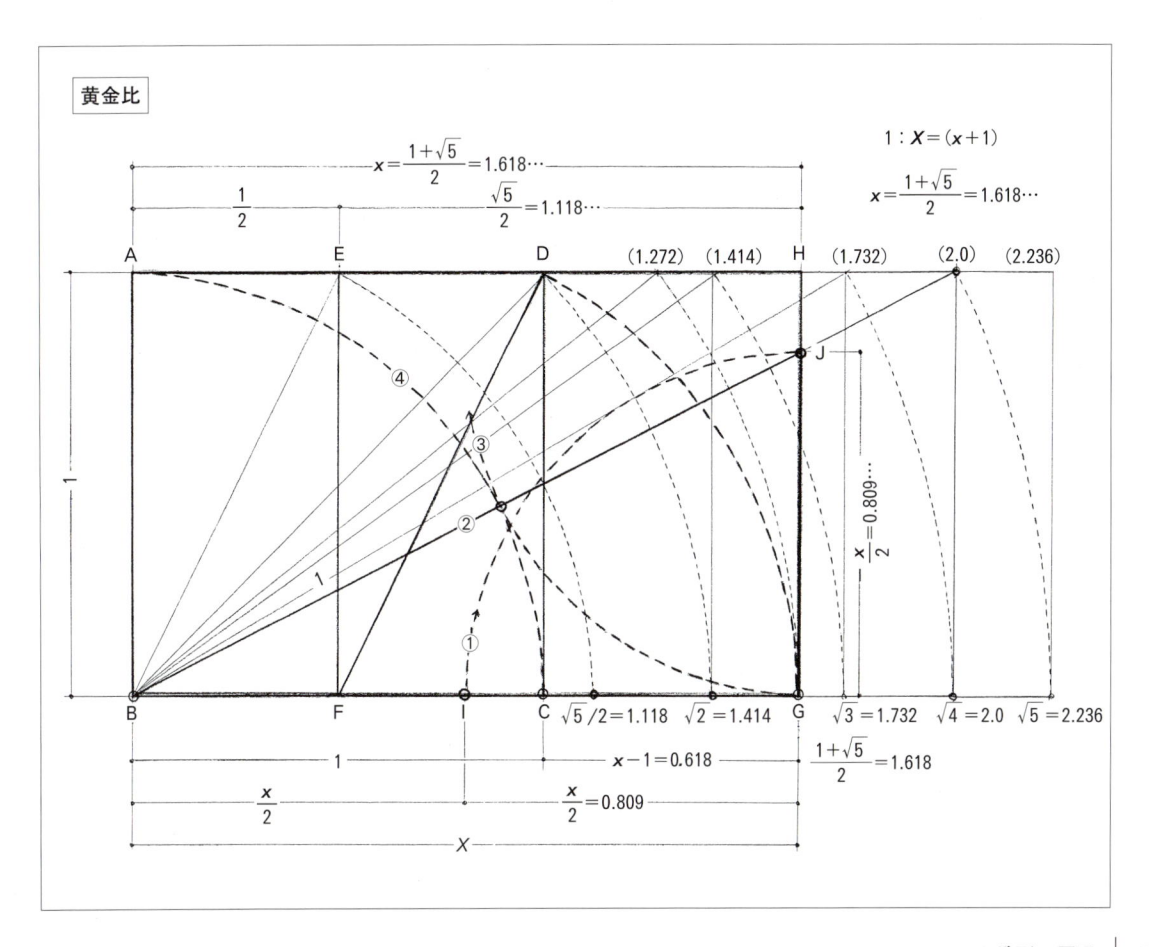

黄金比

$$x = \frac{1+\sqrt{5}}{2} = 1.618\cdots$$

$$\frac{\sqrt{5}}{2} = 1.118\cdots$$

$$1 : X = (x+1)$$

$$x = \frac{1+\sqrt{5}}{2} = 1.618\cdots$$

$\sqrt{5}/2 = 1.118$　$\sqrt{2} = 1.414$　$\sqrt{3} = 1.732$　$\sqrt{4} = 2.0$　$\sqrt{5} = 2.236$

$x - 1 = 0.618$　$\frac{1+\sqrt{5}}{2} = 1.618$

$\frac{x}{2} = 0.809$

- **黄金尺**（モデュール：Module・モデュロール：Modulor（仏））：近代建築の巨匠ル・コルビュジエ（フランス：1887〜1965）の造形美数列で，人体寸法から割り出した黄金比と，相加級数比などの組合せによって，近代建築の空間構成を生活（人間）に密着させた比率尺度である。
- **コルビュジエの黄金比**：ある線を2分したとき，大きい部分と小さい部分の比が，大きい部分と全体との比に等しくなるような分割を黄金分割といい，その比率を黄金比という。

    人が手をあげたとき，空間を占める主要点：足・臍（へそ）・頭上に手をあげたときの指先：の3点の間隔を基準に，黄金比の等比数列に展開したものを赤系列とし，さらに，その数列の倍数列を青数列としたものである。

    ただし，日本人の標準人体寸法を基準としたものではないので，国内でこの数値をそのまま用いることは問題がある。

- **西洋の美しい比率**：ル・コルビュジエ　黄金分割（黄金尺）→ガルシュ邸

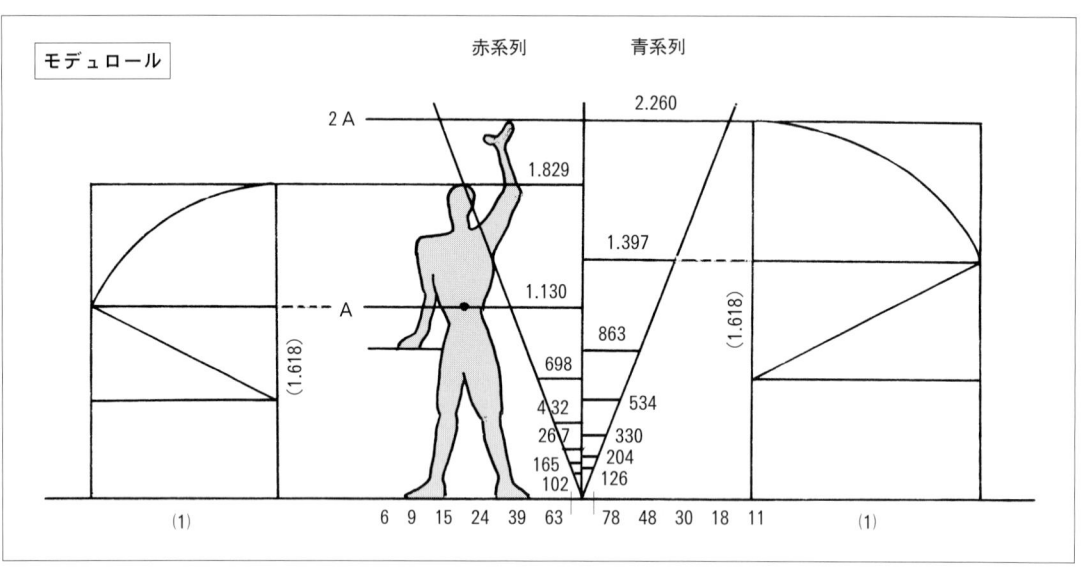

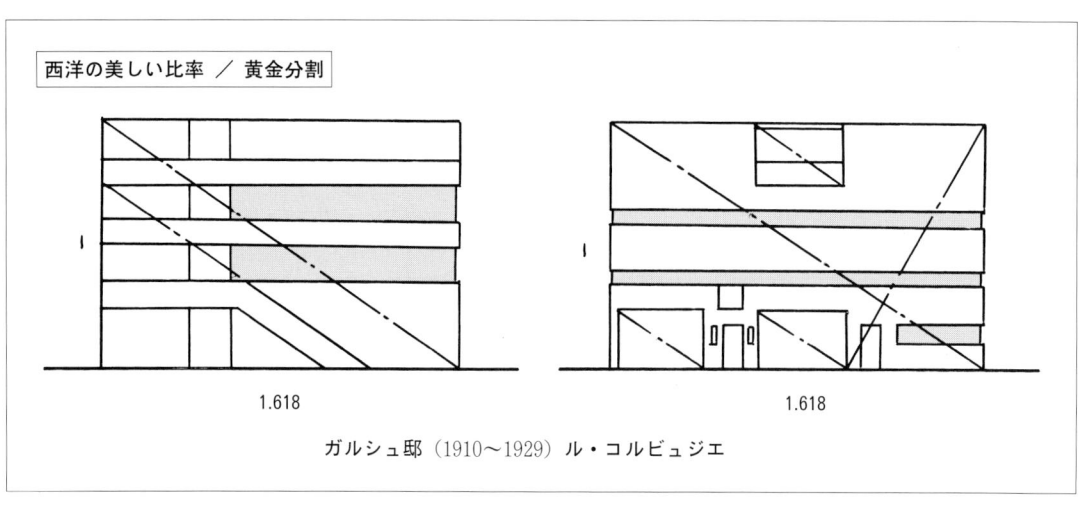

ガルシュ邸（1910〜1929）ル・コルビュジエ

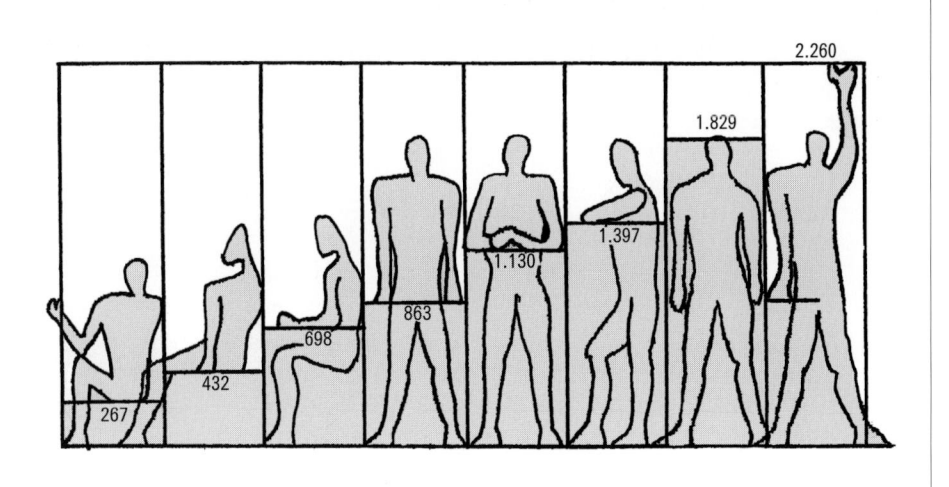

黄金比／フィボナッチ数列

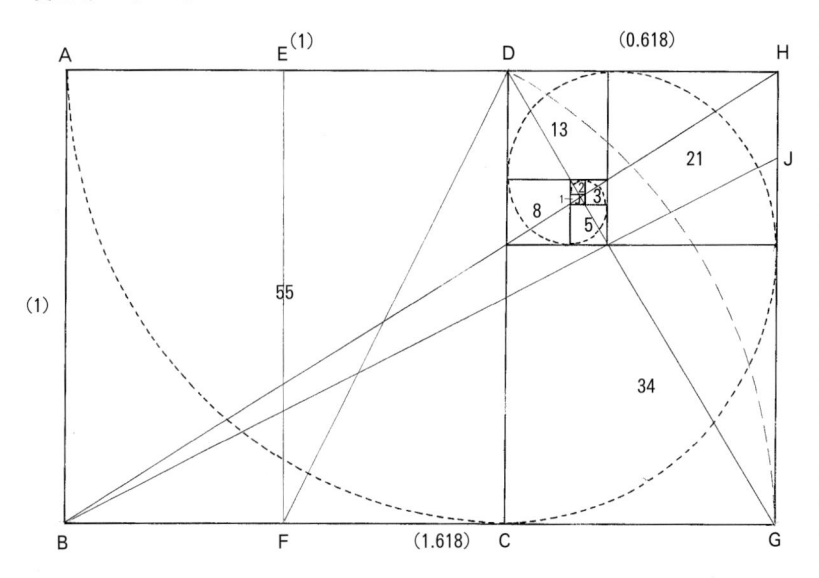

赤系列	青系列
12.535	15.494
7.747	9.575
4.788	5.918
2.956	3.658
1.829	2.260
1.130	1.397
698	863
432	534
267	330
165	204
102	126
63	78
39	48
24	30
15	18
9	11
6	

黄金比（1：1.618）は，フィボナッチ数列（p.73参照）の1：2：3：5：8：13：21：34：55……Nの比率に展開している。

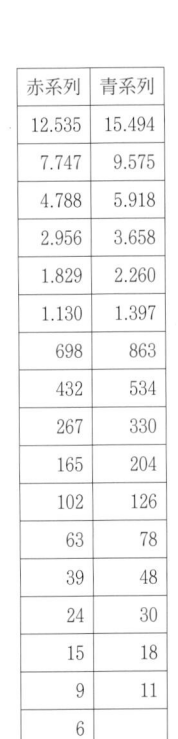

$\sqrt{2}$～$\sqrt{5}$ による長方形の黄金比率

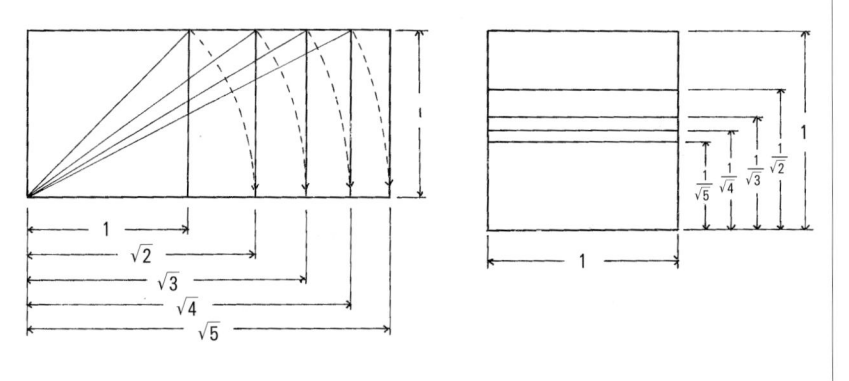

4 造形の原理

- **日本の美しい比率** …√2長方形
- **ルート長方形**：長方形の短辺を1として，長辺を$\sqrt{2}$，$\sqrt{3}$，$\sqrt{5}$などの無理数にした長方形で，なかでも$\sqrt{2}$長方形は2分割しても$1:\sqrt{2}$であることから，葉書や紙の規格（A・B判）などに応用され，日常的に使われている。

　和紙の大きさもほぼ$1:\sqrt{2}$に近い寸法で漉かれている。
　　美濃紙　大判　2尺6寸×3尺6寸
　　　　　　中判　1尺8寸×2尺6寸
　　　　　　半紙　9寸×1尺3寸

　$\sqrt{2}$は，日本古来のプロポーションとして，法隆寺の配置や中門と金堂の面積比，金堂や五重の塔の立面比などに見られるように，安定した美しさをつくりだしている。

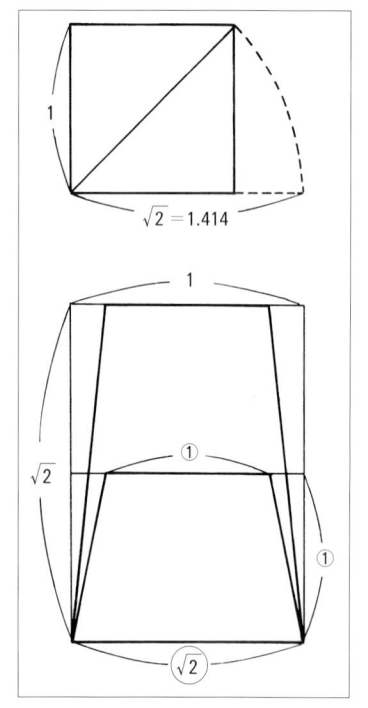

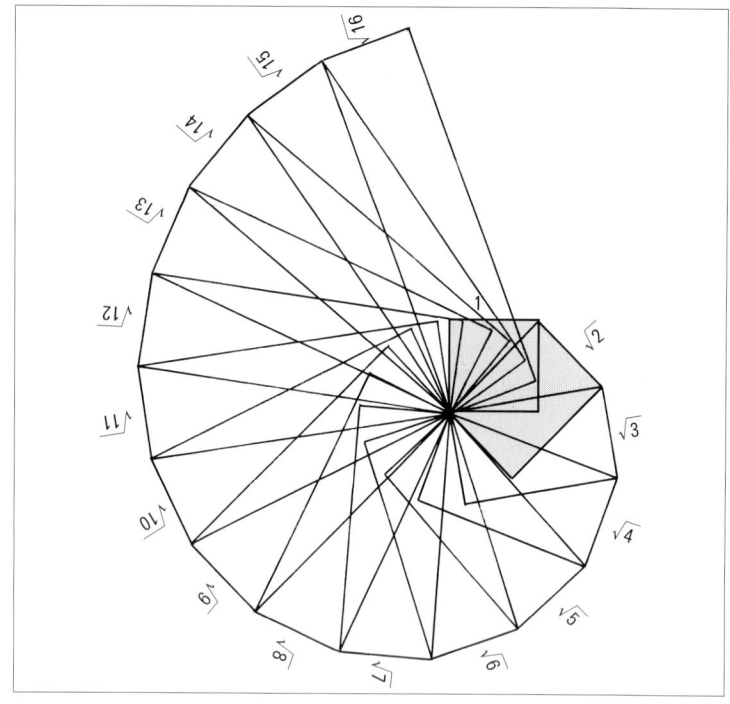

法隆寺の配置，中門と金堂の面積比・立面比などは$1:\sqrt{2}$の構成になっている。

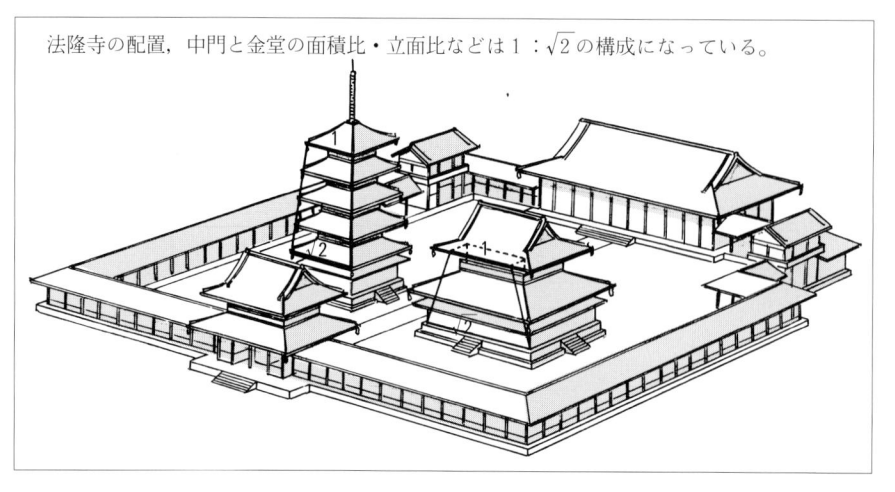

半紙は，障子の組子のます目4こまにぴったりと無駄なく貼れるようになっている。

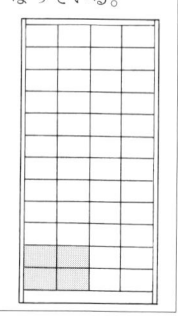

- **等差級数比**：東洋美の法則の一つといわれている比率で，リズム感がある。たとえば，等差級数プラス 2 の場合，1：3：5：7……N といった数値になり，この数値で面などを分割して，快いリズム感と美的効果をあげるものである。
- **等比級数比**：数値の増加率が大きいので，等差級数比より一層リズム感が大きくなる。たとえば，×2 の場合，1：2：4：8……N の数値によって分割して，美的効果をあげるものである。
- **整数比**：1：2：3：4……N，または，1：2，2：3 のような整数による面の分割によって，静的で明確さのある美的効果をあげる比率である。整数比はわかりやすいうえに，互換性・規格化などを重視する工業生産において実用的な価値が高い。
- **相加級数比**：フィボナッチ（イタリアの数学者 1170～1240 ごろ）の数列ともよばれるもので，1：2：3：5：8：13：21：34：55……N のように，それぞれの項が前の数値をプラスした数列によって，面の分割効果を表現するものである。

　なお，数列中に 5：8（＝1：1.6），34：55（＝1：1.6176）という黄金比の 1：1.618 に近い数値がはいっているのを見逃すことができない。

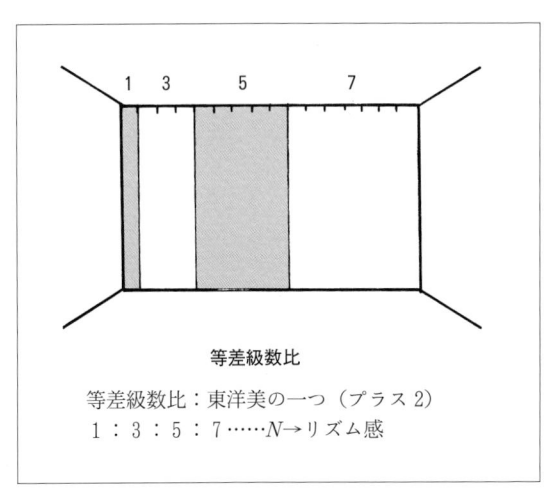

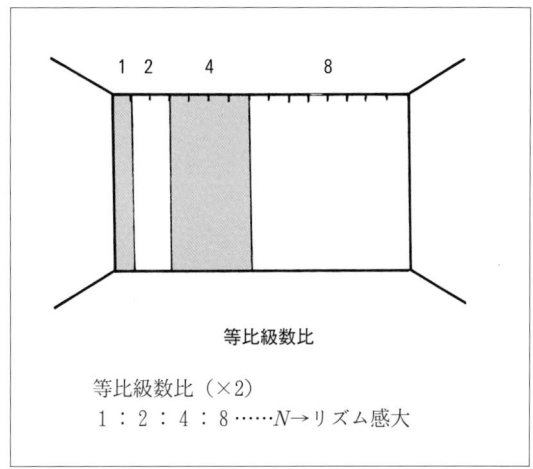

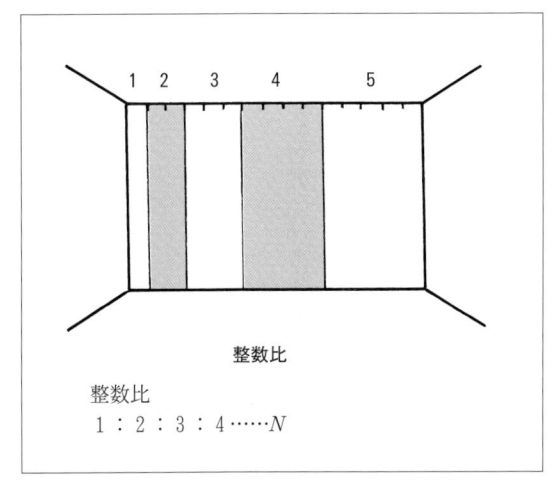

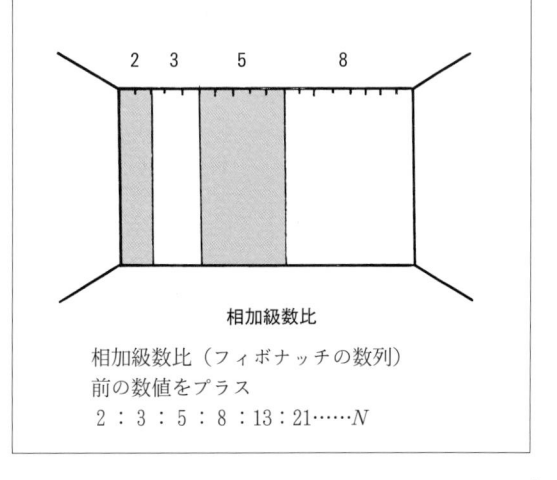

等差級数比

等差級数比：東洋美の一つ（プラス 2）
1：3：5：7……N→リズム感

等比級数比

等比級数比（×2）
1：2：4：8……N→リズム感大

整数比

整数比
1：2：3：4……N

相加級数比

相加級数比（フィボナッチの数列）
前の数値をプラス
2：3：5：8：13：21……N

4.8 地と図

　造形美の法則の一つで，地は沈み，図を浮き上がらせるテクニック。最も簡潔でよく整理され，無理なくまとまった形は，浮かび上がってくるという造形原理である。

- 凹凸において凸型のもの
- 垂直・水平に広がるもの
- 面積の大きいものより小さいもの
- 寒色系より暖色系のもの
- 止まっているものより動くもの
- 視野（床・壁・天井など）の中央を占めるもの
- 明度・彩度の高い色をもったもの
- 一定区画内で異質性のもの
- 対称的なもの，規則正しいもの
- 囲むものより，囲まれたもの
- 上のほうより，下のほうで連続されたもの
- 地のうえで群集されたもの…などがある。

　ルビンの壺のように，見方によって壺に見えたり，人の横顔に見えたりするが，壺に見える場合は壺が「図」で，横顔が「地」となる。逆に，横顔に見える場合は横顔が「図」で，壺が「地」となる。

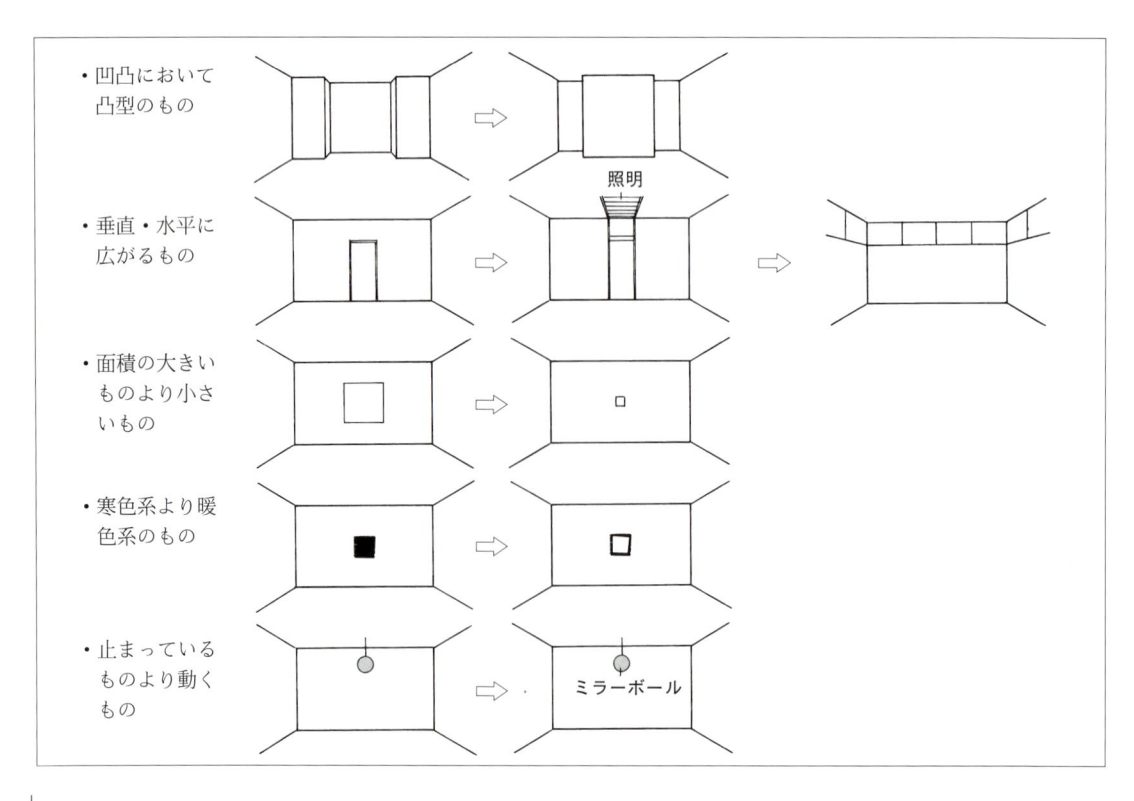

ルビンの壺

5
色　彩
THE FOUNDATION OF INTERIOR DESIGN

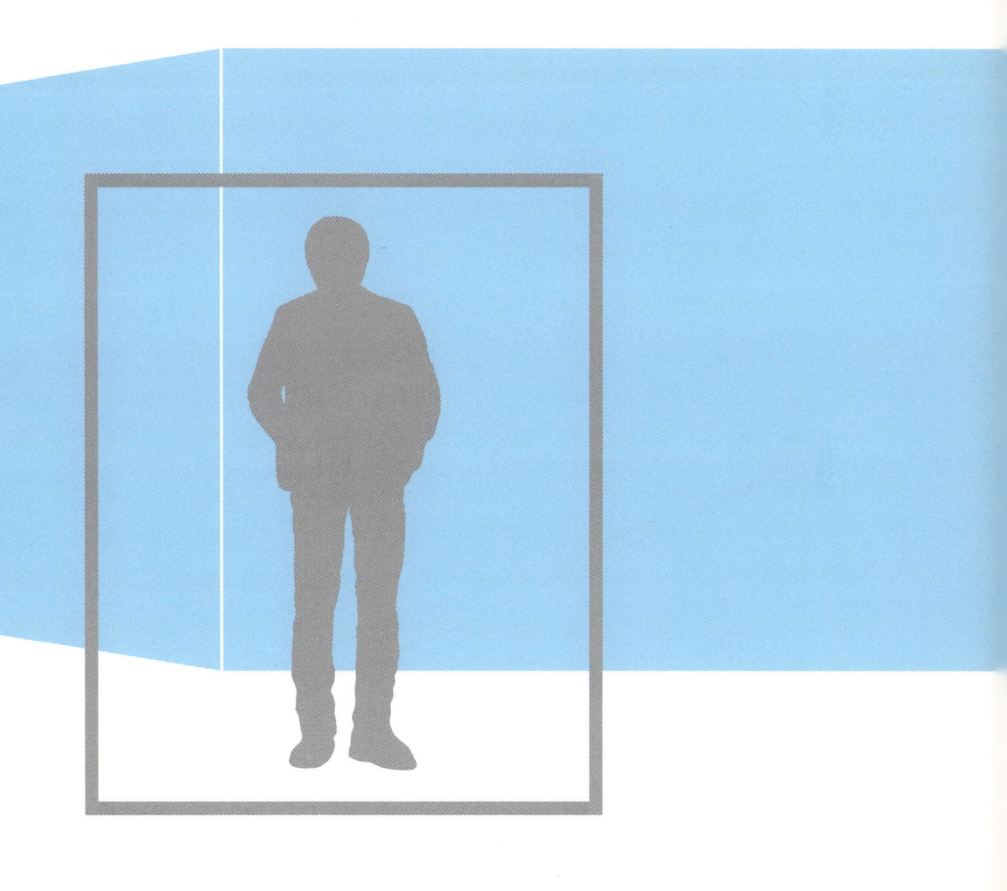

5.1 色彩の基本

インテリアを構成するものに，視覚的・触覚的要素である形態を始めとして材質感や，室内空間を立体的に造形づけ，空間を豊かにするディテールや陰影などがある。そしてもう一つ大きな役割を果たす要素に，インテリアから切り離すことのできない色彩がある。色は最もすばやく人の感覚に訴える特徴をもっている。人が部屋に入ったときの空間情報の視認率は，色と形や材質感などを比較してみると下表のとおりである。（知覚と空間 p 8 参照）

- **色の知覚**

色は光が眼に入って視神経を刺激し，脳の視覚中枢に伝えることによって生じる。人の眼に色を感じさせる光は可視光線とよばれ，電磁波 380～780 nm（ナノメーター）の波長範囲で，380 nm 以下は紫外線（日焼け／殺菌効果），780 nm 以上は赤外線（温める／治療効果）とよばれる波長で，肉眼で見ることができない不可視光線である。

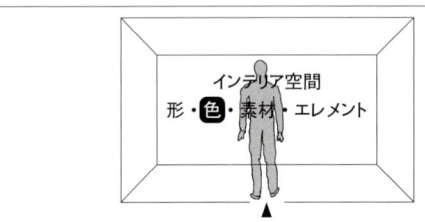

人が部屋に入ったときの第一印象
色は知覚上大きな比重を占めている

視覚と空間情報視認率

部屋に入ってからの経過時間	色彩	形・材質感・エレメント
0～20・30 秒経過	80%	20%
2～3 分経過	60%	40%
5 分前後経過	50%	50%

5 分程たつと，空間全体として，トータル的にとらえるようになる

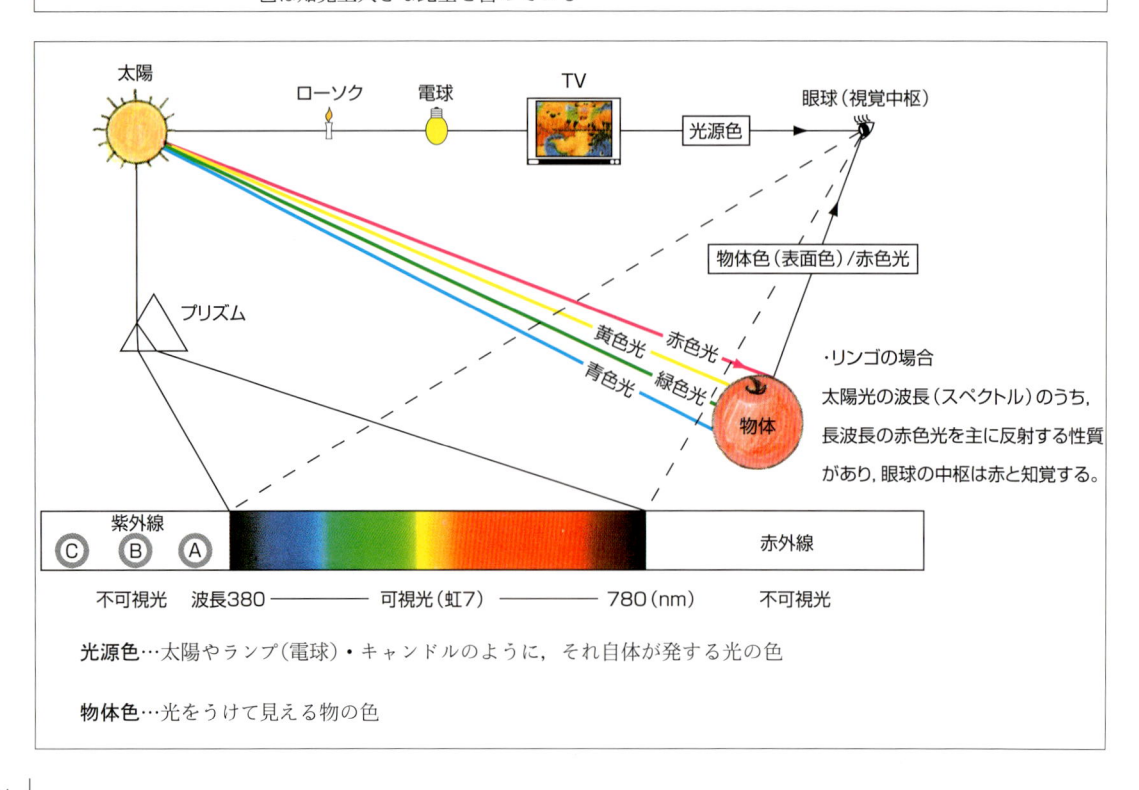

・リンゴの場合
太陽光の波長（スペクトル）のうち，長波長の赤色光を主に反射する性質があり，眼球の中枢は赤と知覚する。

不可視光　波長380 ——— 可視光（虹7）——— 780（nm）　不可視光

光源色…太陽やランプ（電球）・キャンドルのように，それ自体が発する光の色

物体色…光をうけて見える物の色

眼に感じられる色は，光源色と物体色に分けられる。

光源色とは，自ら光を出す太陽やキャンドル・電球などの光の色のことをいう。

太陽光は各波長の光を同じ割合で含んでおり，特に色を感じさせない白色光をプリズムで分散させると，虹などに見られるスペクトルで，波長順に赤～橙～黄～緑～青～藍～紫に至る配列となる。

物体色とは，物が光をうけて表れる色のことで，物の表面に光が反射して表れる表面色と，色ガラスのように光が物を透過して表れる透過色がある。内装材や家具などの色は表面色に属し，ステンドグラスの色は透過色である。

(1) 色の種類

色の種類は，無彩色と有彩色に分けられる。

色彩
- 無彩色（色みのないもの）：白～灰～黒（モノクローム）のように，明るさ（明暗）の程度で表される。
- 有彩色（色みのあるもの）：赤・緑・青などで，有彩色の色数は赤～黄～緑～青～紫をもとに分類していくと，無限大の色数に広がっていく。人が識別できる色数は 1,670 万色，日常生活のなかで使われる色数は 750 色程度といわれている。

(2) 色の表し方

色を体系的にとらえる場合，一般に色相・明度・彩度の三属性などによって表される。

- 色相：虹に見られる赤・黄・緑・青・紫などの色合いをいう。色相を放射状に循環させてならべると色相環になる。
- 明度：色の明るさの度合いで，反射率の段階（高低）を表している。無彩色で明度が最も高いのは白で，明度が最も低いのは黒である。
- 彩度：色の鮮やかさの度合いで飽和度ともいい，灰みを含まない鮮やかな色は彩度が高く，灰みを含んだにぶい色は彩度が低い。また，各色相のなかで最も彩度の高い色を純色という。

色彩史抄

古代ギリシャ時代　哲学者プラトン（前428～前348）や弟子のアリストテレス（前384～前322）によって色彩論が論じられる。

14～18世紀　ルネッサンス以降，現代の基礎を育んだ[錬金術]（卑金属を貴金属に変成させたり，不老長寿の薬や万能薬を製造する技術）のなかで，新しい顔料や染料が発見される。また，イタリアの画家・建築家レオナルド・ダ・ヴィンチ（1452～1519）も色彩について発表している。

17～18世紀　イギリスの物理学者・天文学者Ｉ.ニュートン（1643～1727）によって1666年にプリズムを用いたスペクトルを発見し，1704年『光学』のなかで色彩について説明している。また，ドイツの詩人Ｊ.Ｗ.ゲーテ（1749～1832）はニュートンの科学的な色彩を批判し，1810年に生理・物理・科学的な面から「色彩論」を論じている。

19～20世紀　アメリカの画家・色彩研究家Ａ.Ｈ.マンセル（1858～1918）が1905年にカラーシステムを発表。また，ドイツの物理学者Ｗ.オストワルト（1853～1932）によって1917年にカラーシステムが発表された。

色の表し方を表色といい，その体系を表色系または色体系という。表色系には色彩史にみられるように，古くはニュートン色環，ゲーテ色環を始めとして，マンセル表色系，修正マンセル表色系，オストワルト表色系，PCCS（日本色研配色体系），CIE（国際照明委員会）表色系などがある。

(3) 色彩のおもな表色体系比較一覧

表色体系	マンセル色体系	修正マンセル色体系	オストワルト色体系	日本色研色体系（PCCS）
	画家 Albert H. Munsell（1858〜1918 アメリカ）		化学者 Wilhelm Ostwald（1853〜1932 ドイツ）	日本色彩研究所（1948）マンセルとオストワルトの折衷
色相	赤(R)，黄(Y)，緑(G)，青(B)，紫(P) の 5 主色をもとに，それぞれの中間色相 YR GY BG PB PR を加えた 10 基本色相を，それぞれ 1〜10 に分けて 100 色相	左の 5 主色・10 基本色相をもとに 40 色相	Yellow(2)，Orange(5)，Red(8)，Purple(11)，Ultramarine blue(14)，Turquoise(17)，Sea green(20)，Leaf green(23) の 8 色相をそれぞれ 1Y，2Y，3Y のように区分して 24 色相	赤(R)，黄(Y)，青(B) の 3 主色をもとに，それぞれの中間色相 YR, G, P を加えた 6 色相を区分して 24 色相
明度	黒を 0，白を 10 とする 11 段階	10 白 9 8 7 6 5 灰 4 3 2 1 0 黒	8 段階 1 A 白量 89% a 黒量 11% 2 C 56% c 44% 3 E 35% e 65% 4 G 22% g 78% 5 I 14% i 86% 6 L 8.9% l 91.1% 7 N 5.6% n 94.4% 8 P 3.5% p 96.5%	白を 20，黒を 10 とする 11 段階 20 白 19 18 17 16 15 14 13 12 11 10 黒
彩度	無彩色を 0 とし，最高彩度である赤の純色を 14 段階で表す		白量＋黒量＋純色量＝100 の関係による混色量	無彩色を 0 とし，最高彩度である赤の純色を 10 段階で表す
表示記号	色相・明度/彩度（H・V/C） 　例　赤の純色 5 R・4/14		F(色相)，W(白色量)，S(黒色量) 　例　赤の純色 8 Pa 　（色相 8 白量 3.5 黒量 11） 【独】Farbe：色 　　　weiβ：白 　　　schwarz：黒	色相－明度－彩度 　例　赤の純色 1－14－10
特徴	・三属性にもとづいて合理的に配列されている。 ・10 進分類による色相の扱い方が便利，色相名の頭文字を用いる表示はわかりやすい。	・学術用 ・最も科学的な色票であり，JIS に規定されている。	・明度や彩度の異なる純色を各色相とも正三角形の頂点においているので，有彩色の明度や彩度が高さや無彩色からの距離では，不合理な点もある。 ・混色率が組織の骨格になっているので，感覚の具体化が容易であり，デザイン的活用度も高い。 ・規則的な形の線で，色立体中の色を選べば，調和的な関係が得られやすい。	・三属性にもとづいて合理的に配列されている。 ・色相が 3 の数なので，三原色論や 360°を基調とする角度の考え方にも関連させやすい。

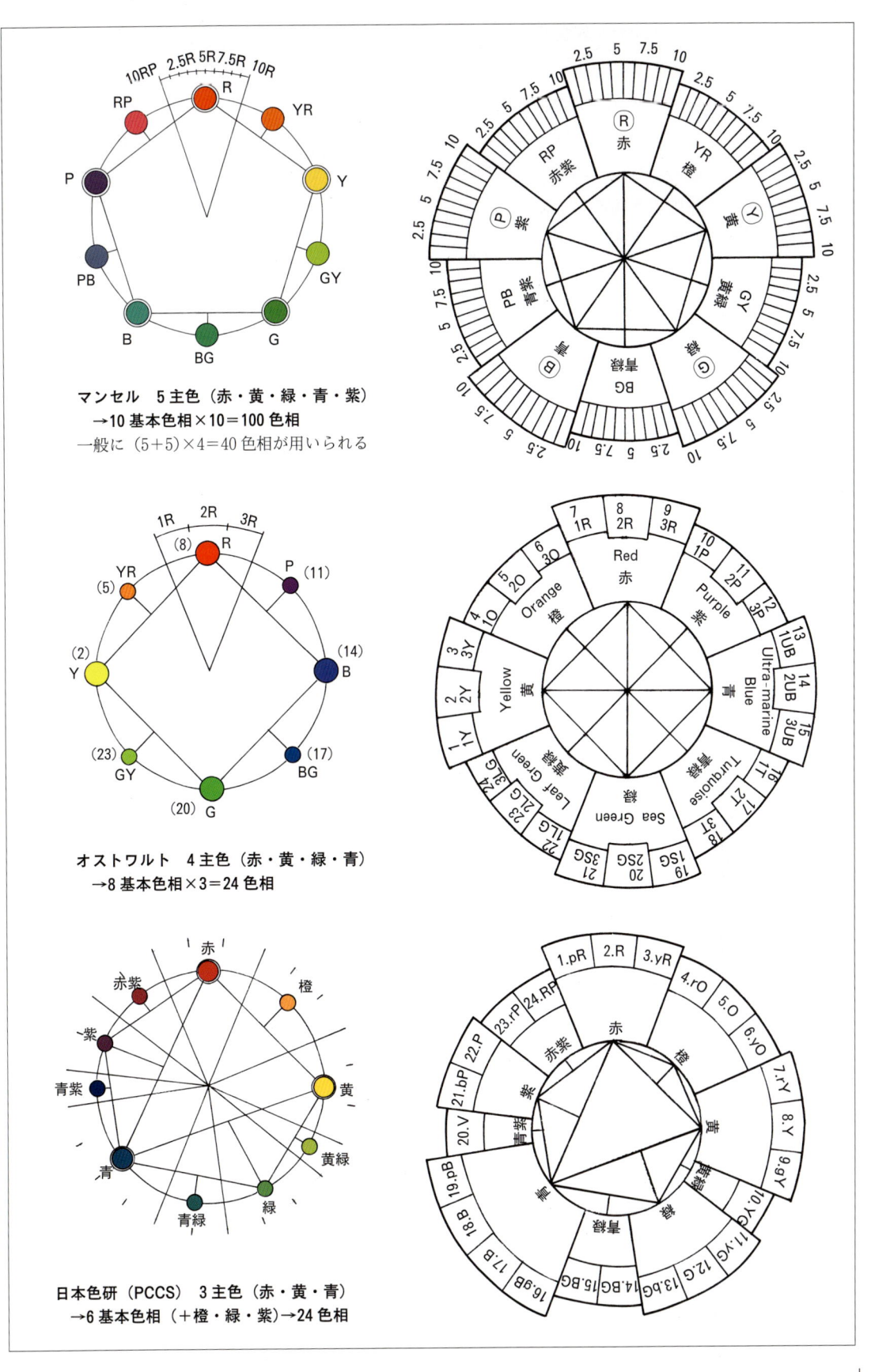

マンセル　5主色（赤・黄・緑・青・紫）
→10基本色相×10＝100色相
一般に（5＋5）×4＝40色相が用いられる

オストワルト　4主色（赤・黄・緑・青）
→8基本色相×3＝24色相

日本色研（PCCS）　3主色（赤・黄・青）
→6基本色相（＋橙・緑・紫）→24色相

5 色彩

① マンセル表色系

　アメリカの画家アルバート・H・マンセル（1858〜1918）によって考案され，後にアメリカ光学会が修正を加えた色体系。物体のもつ色彩知覚を心理的属性にもとづく，色相・明度・彩度の三属性によって色空間を構成した表色系で，JISの標準色票として，建築やインテリアなどで最も多く用いられている表色系である。

○色の三属性

　色相（Hue）：赤とか青というような色調の度合いをいう。

　赤(R)〜黄(Y)〜緑(G)〜青(B)〜紫(P)の5つの主色相と，主色相の中間色である橙(黄赤：YR)〜黄緑(YG)〜青緑(BG)〜藍(青紫：PB)〜赤紫(PR)を加えた10（基本）色相をもとに，それぞれの色をさらに10分割して100色相としているが，実用的には10（基本）色相を2.5・5・7.5・10の4段階に分けた40色相として用いる場合が多い。

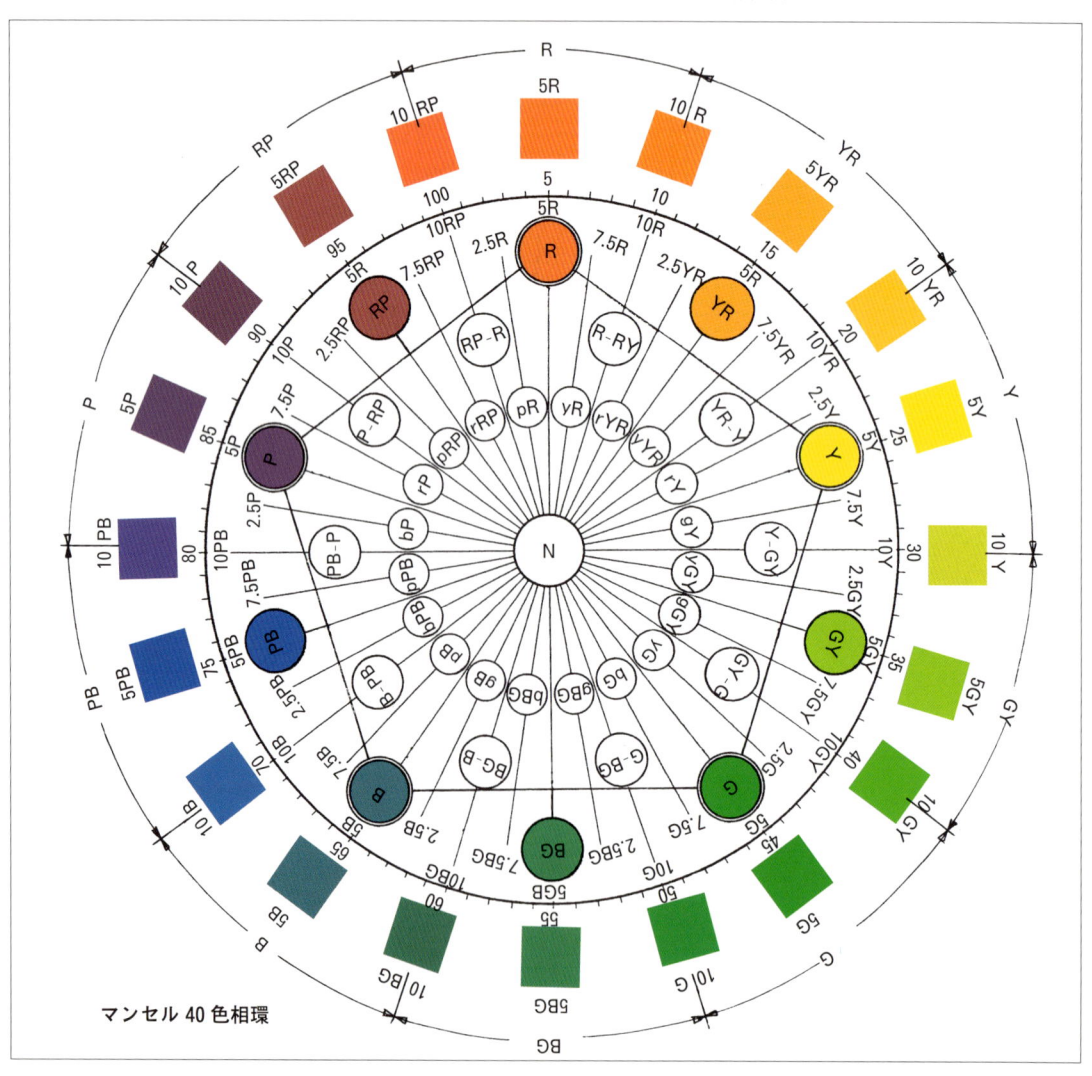

5主色相…赤R　　黄Y　　緑G　　青B　　紫P　　（赤）
　　　　　　橙RY　黄緑YG　青緑BG　藍BP　赤紫PR　　10基本色相
　　　　　（赤黄）　　　　　　　　（青紫）

マンセル40色相環

明度（Value）：色の明るさの度合いで，反射率の段階を表している。

　無彩色では，最も暗い低明度 N−0（完全な黒）から，最も明るい高明度 N−10（完全な白）の 11 段階の明度で表している。実際に用いられる顔料などには完全な白や黒はないので，色票では N−1〜9.5 の範囲になっている（グレースケール）。

　有彩色では，低明度 N−2 から高明度 N−8 の 7 段階の明度で表している。文献によっては，N−2 から N−9 の明度段階説もある。

　なお，それぞれの色相について，低明度 N−2 の明るさで彩度の高い色を暗清色，高明度 N−8 の明るさで彩度の高い色を明清色とよんでいる。

彩度（Chroma）：色の鮮やかさの度合いで，飽和度ともいい，低彩度 2 から高彩度 14 の 13 段階からなっている。また，最高彩度の最も鮮やかな色を純色，高彩度の色を清色，灰みがかった低彩度の色を濁色とよんでいる。なお，無彩色（白〜灰〜黒）には彩度はない。

　有彩色は清色と濁色に分類される。

　　清色　　純　　色：同一色相のなかで最も彩度の高い色
　　　　　　明清色：純色のなかで最も明度の高い色（白み）Tint
　　　　　　暗清色：純色のなかで最も明度の低い色（黒み）Shade
　　濁色　純色に灰みが加わった彩度の低い色

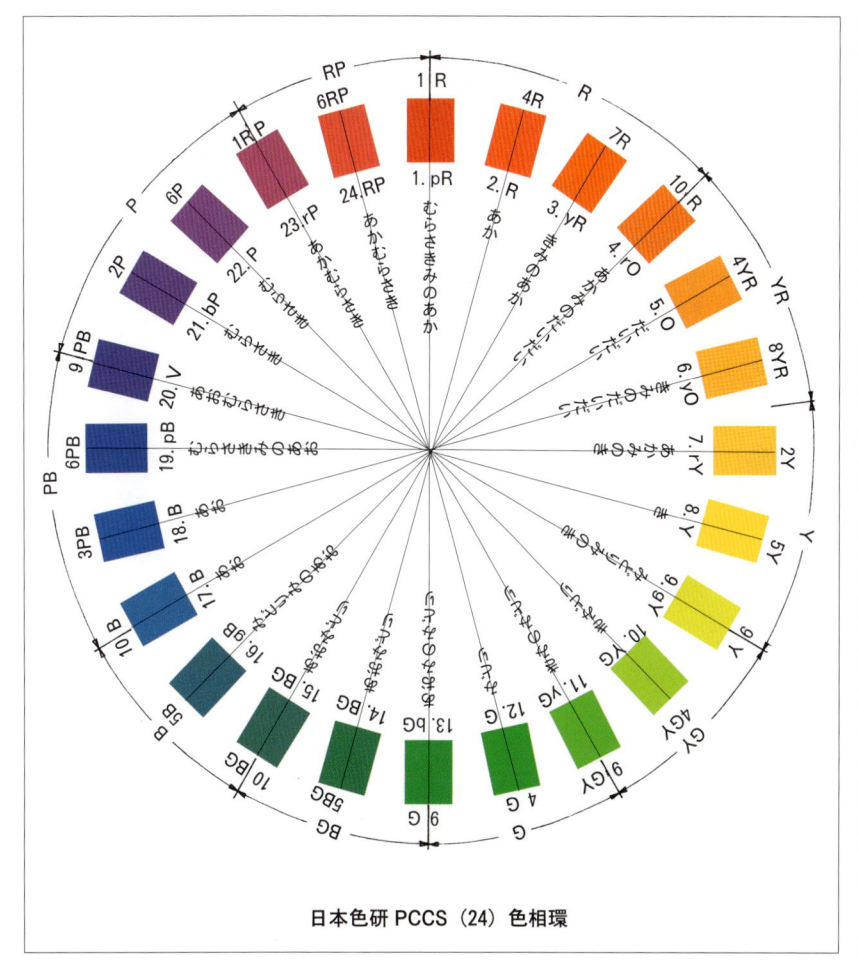

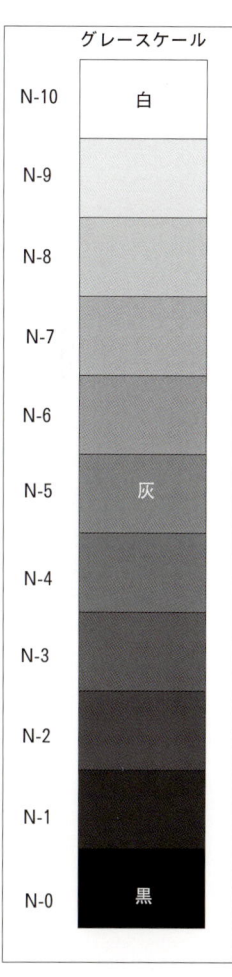

日本色研 PCCS（24）色相環

マンセル表色系の測色技術の発達にともなって，修正したものを修正マンセル表色系という。現在，一般にマンセル表色系として用いられているのは，修正マンセル表色系のほうで，1957年（昭和32年）以降，日本工業規格（JIS）にも採用され，建築やインテリア関係の標準色票として，最も広く用いられている。

○色の表色体系
- 修正マンセル色体系：JIS（Japanese Industrial Standard：日本工業規格）における建築・インテリア関係の標準色票の場合→10基本色相×10＝100色相であるが，一般に40色相が用いられる。

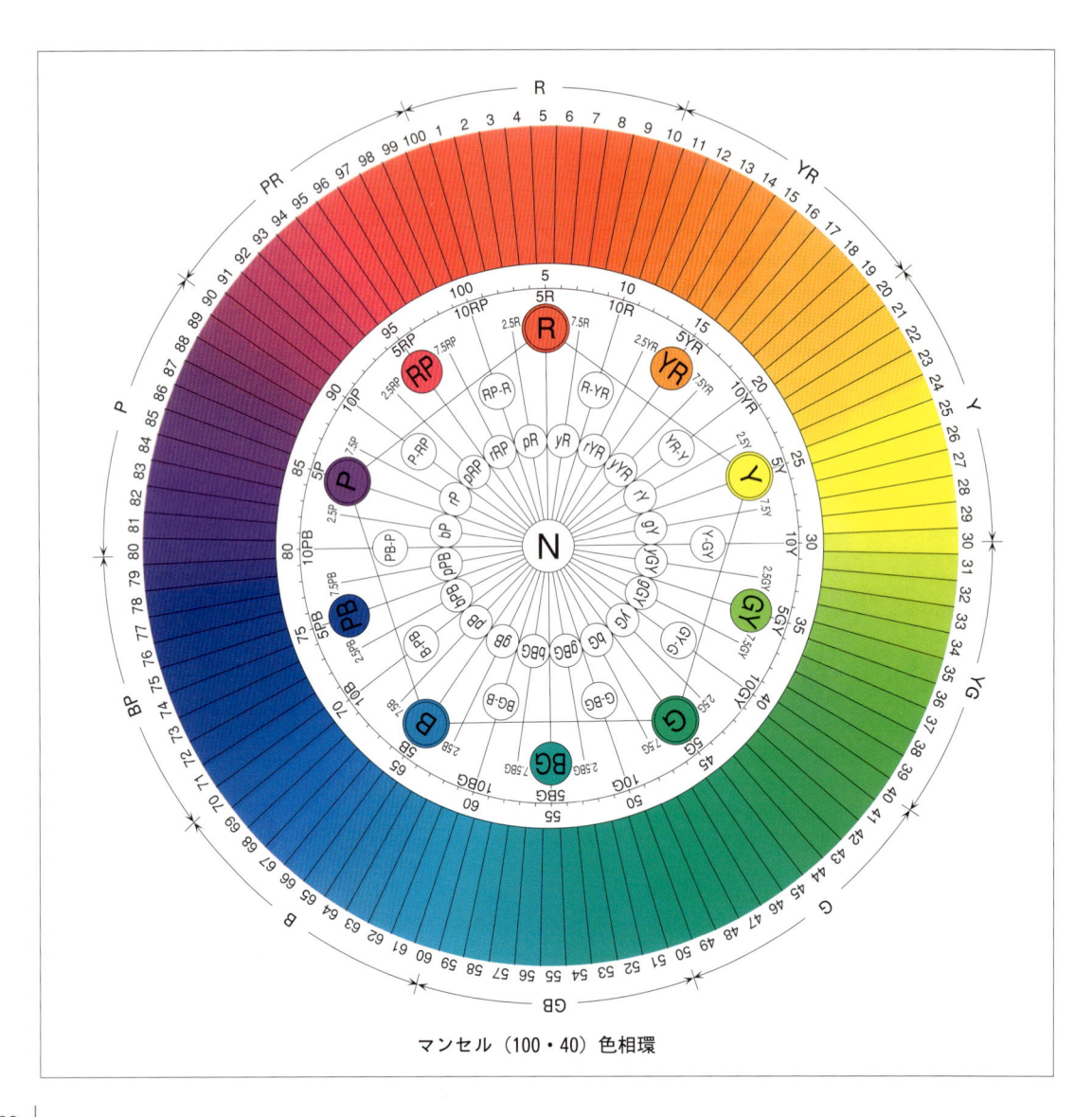

マンセル（100・40）色相環

○色の三属性と色立体

- 色相（Hue）　　…有彩色の色合い　　　→放射軸→色相環
- 明度（Value）　…色の明るさの度合い　→たて軸→グレースケール
- 彩度（Chroma）…色の鮮やかさの度合い→よこ軸

⇩

色相・明度・彩度を組み合わせると色立体となる

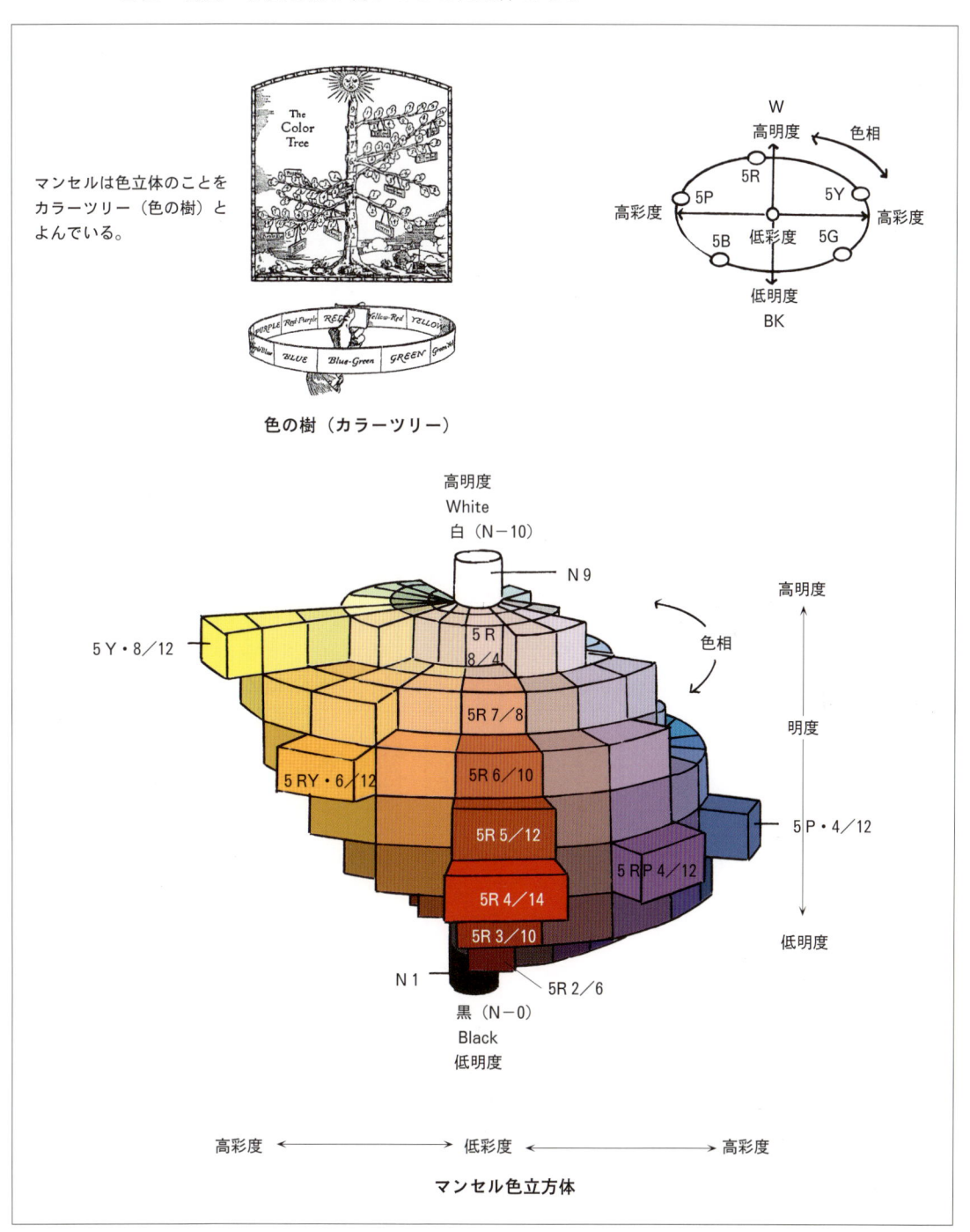

マンセルは色立体のことを
カラーツリー（色の樹）と
よんでいる。

色の樹（カラーツリー）

マンセル色立方体

マンセル表色系の色の表示は，色立体に見られるように
有彩色の場合：色相・明度/彩度または頭文字をとってH・V/Cで表される。
無彩色の場合：N（Neutral）－0～10で表される。

たとえば，有彩色の5R・8/4（5アール8の4と読む）は明るい赤，5R・4/14は純色の赤，5R・2/6は暗い赤といった表し方をする。

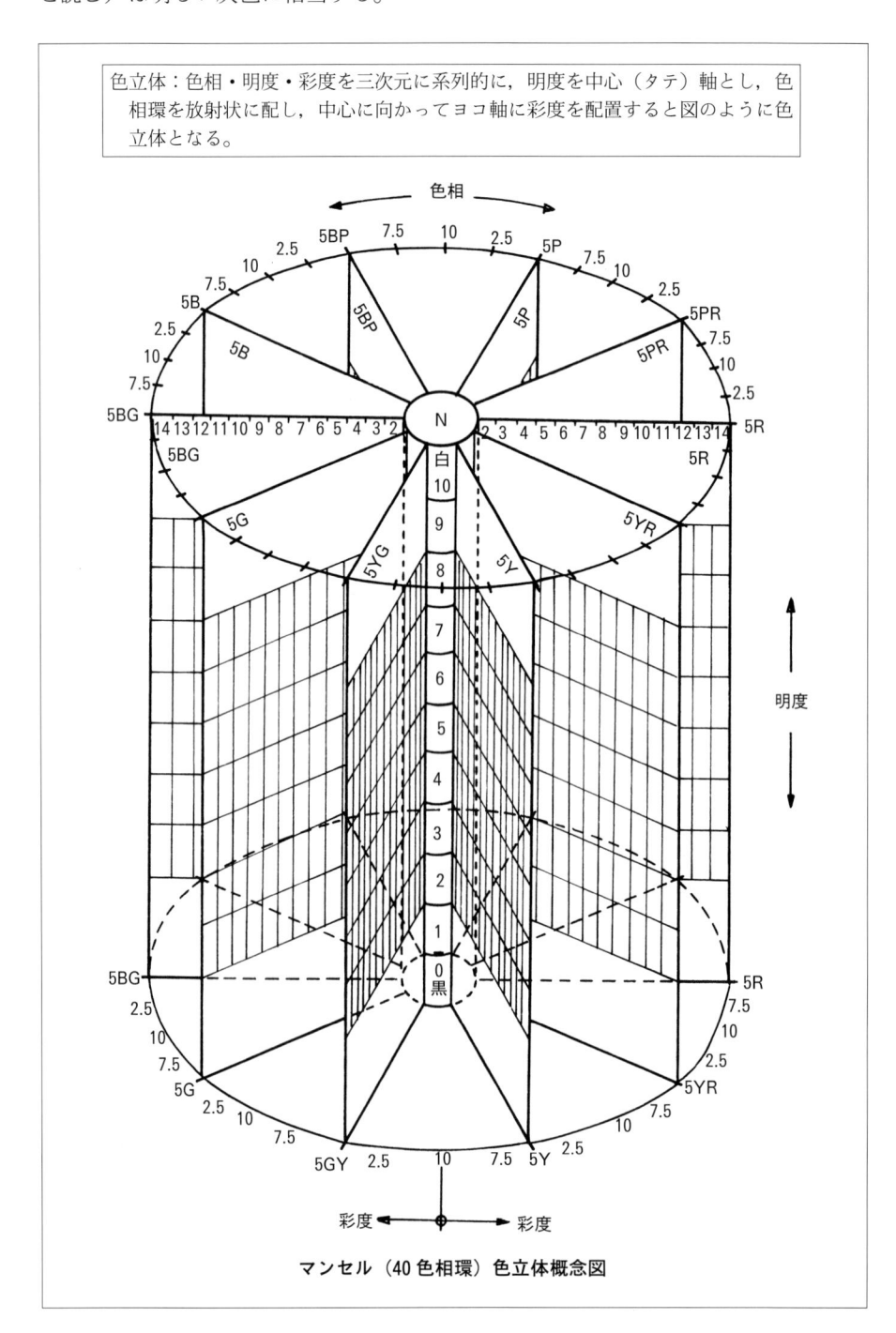

また，無彩色は彩度がないので，Nをつけて明度だけで表し，N－7（エヌの7と読む）は明るい灰色に相当する。

色立体：色相・明度・彩度を三次元に系列的に，明度を中心（タテ）軸とし，色相環を放射状に配し，中心に向かってヨコ軸に彩度を配置すると図のように色立体となる。

マンセル（40色相環）色立体概念図

色相・明度/彩度（H・V/C）
色相：5R

明るい赤　5R・8/4
赤の純色　5R・4/14
暗い赤　5R・2/6

高明度/明清色
明度 7段階（タテ軸）
低明度/暗清色

グレースケール
白　黒

低彩度　彩度　高彩度・最高彩度
濁色　13段階（ヨコ軸）　清色　純色

注：明度8段階説もある

混色の原理

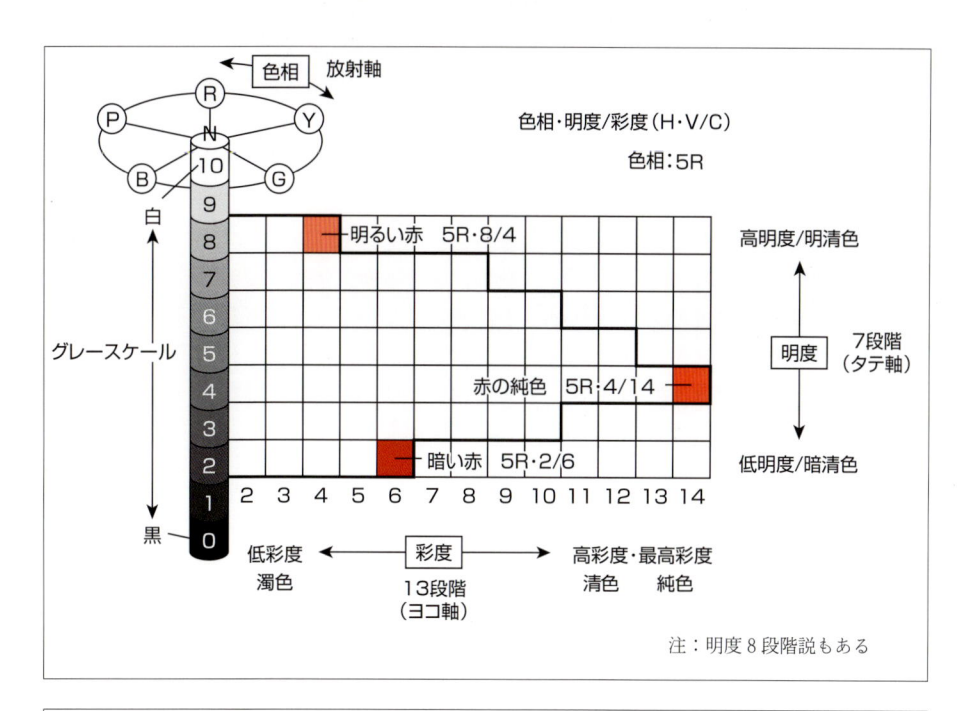

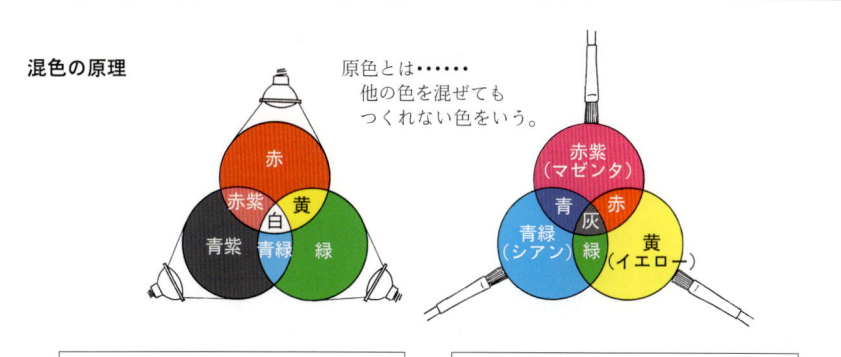

原色とは……
他の色を混ぜても
つくれない色をいう。

色光の3原色と加法混色の原理
色光の3原色（赤・緑・青紫）が重なった部分は明るさが加算されて，元の色より明るくなるので，加法混色という。

色料の3原色と減法混色の原理
色量の3原色（赤紫・黄・青緑）を重ねると，それだけ光量が減って暗くなるので，減法混色という。

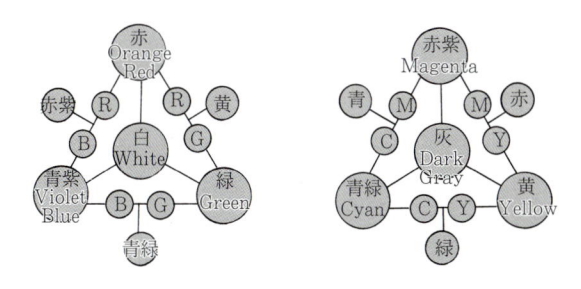

光源色：蛍光灯は光の3原色（赤・緑・青）に蛍光物質がプラスされて太陽光に近い白色になる。ものを引き立てる光の色などは，蛍光物質の配分をかえてつくられている。
物体色：雪だるまが白く見えるのは，雪が均等になる原色（赤・緑・青）を反射するからで，顔につかわれている炭が黒く見えるのは，3原色がすべて吸収されるからである。

マンセル表色系1　10基本色相の明度と彩度

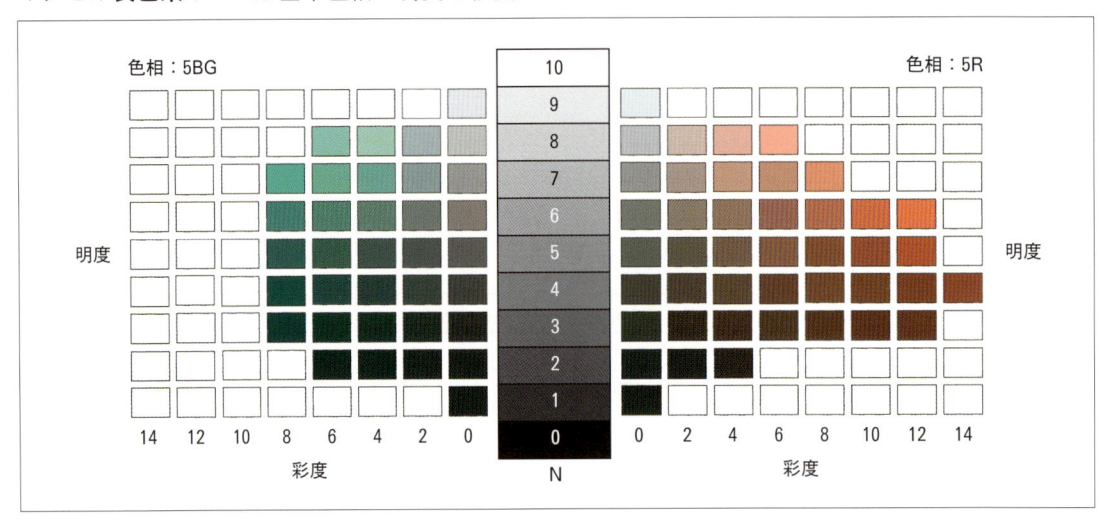

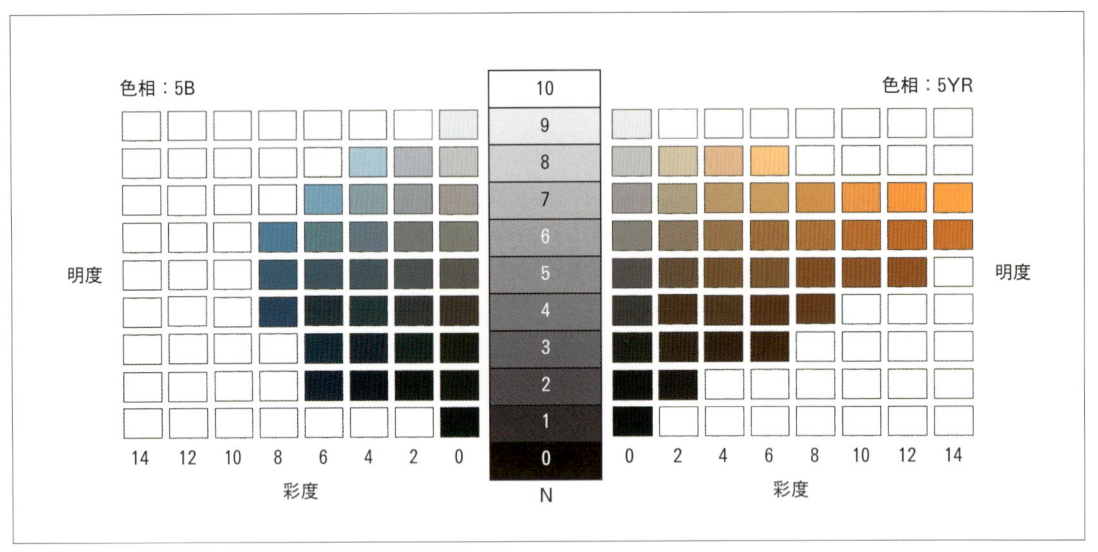

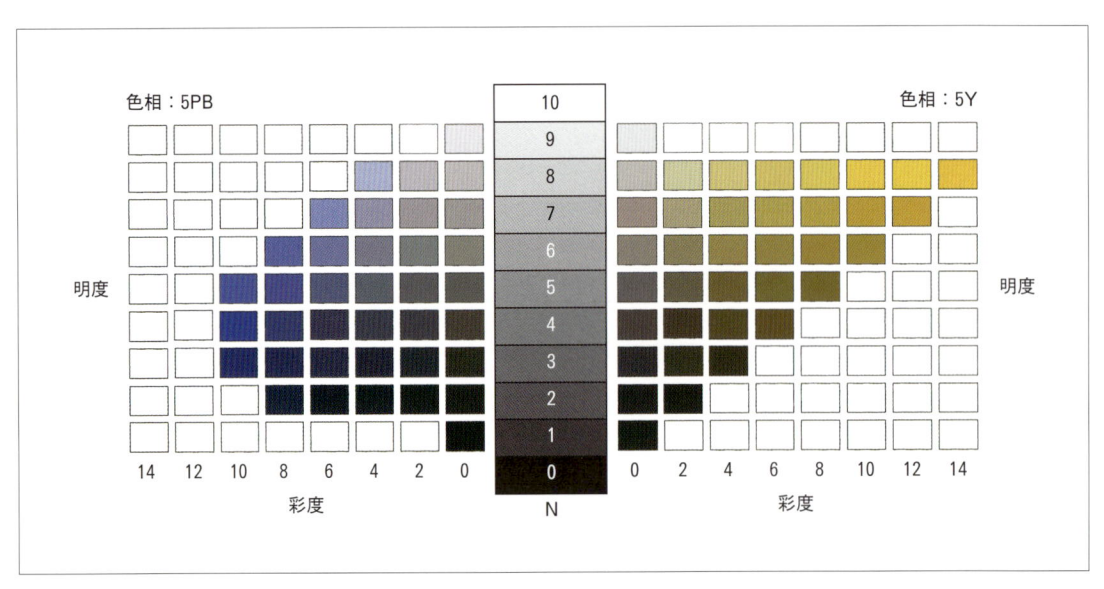

マンセル表色系 2　　10 基本色相の明度と彩度

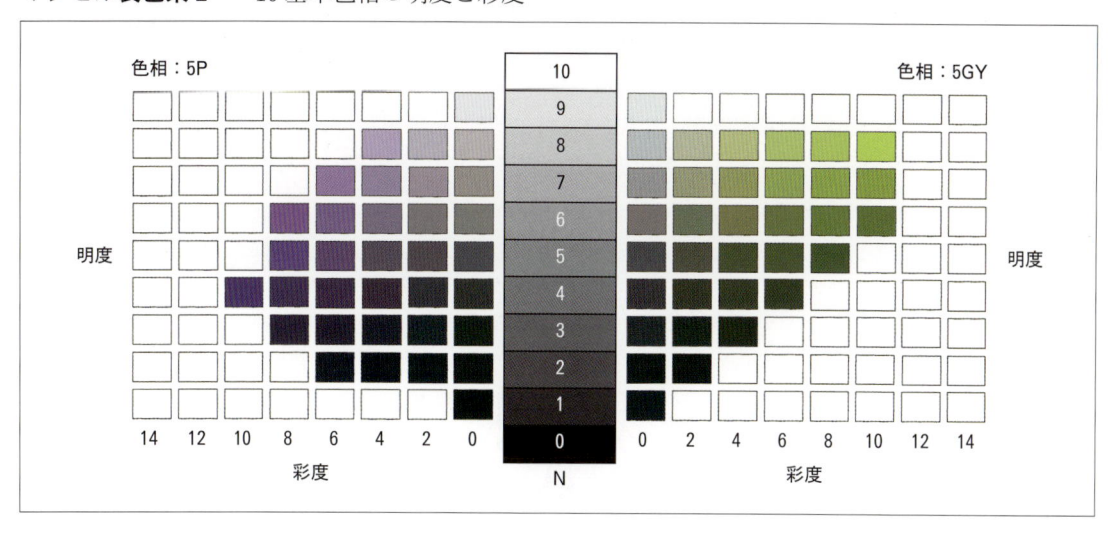

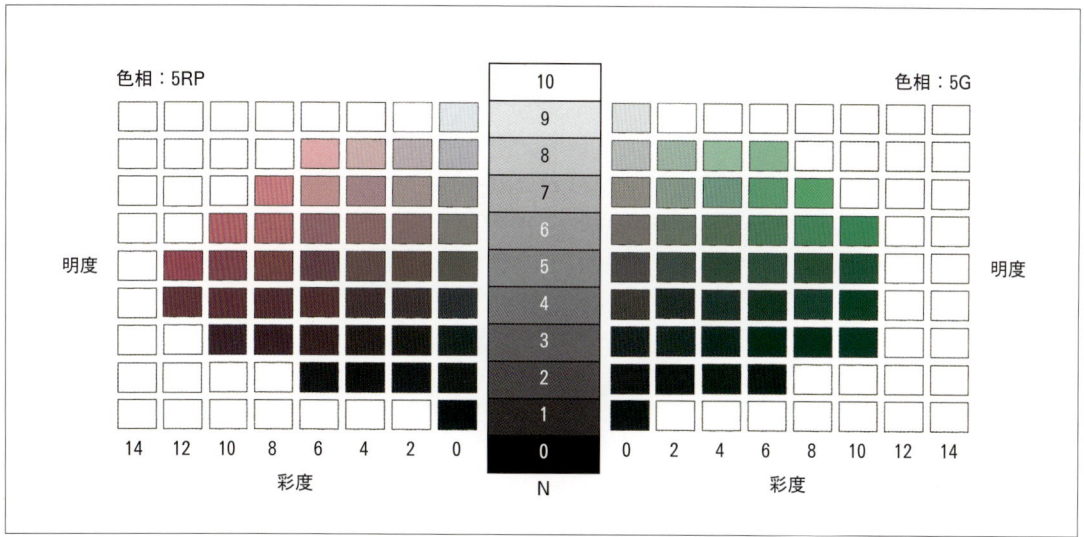

色相：5P　　　　　　　　　　　　　　　　　　　　　色相：5GY

明度　　　　　　　　　　　　　　　　　　　　　　　明度

14　12　10　8　6　4　2　0　　N　　0　2　4　6　8　10　12　14
　　　　　彩度　　　　　　　　　　　　　　　　　彩度

色相：5RP　　　　　　　　　　　　　　　　　　　　色相：5G

明度　　　　　　　　　　　　　　　　　　　　　　　明度

14　12　10　8　6　4　2　0　　N　　0　2　4　6　8　10　12　14
　　　　　彩度　　　　　　　　　　　　　　　　　彩度

色立体

5 色彩　87

② オストワルト表色系

　ドイツの化学者ウイルヘルム・オストワルト(1853～1932)によって考案された色体系で、8つの基本色相をさらに3つに分けて24色相とし、明度・彩度については、白色量(明澄系列)・黒色量(暗澄系列)・純色量で分類している。

　たとえば、暗い茶色の場合、色相5：橙、白色量 3.5%でP段階、黒色量 91.1%で l 段階となり、色の表示は 5 Pl で表される。

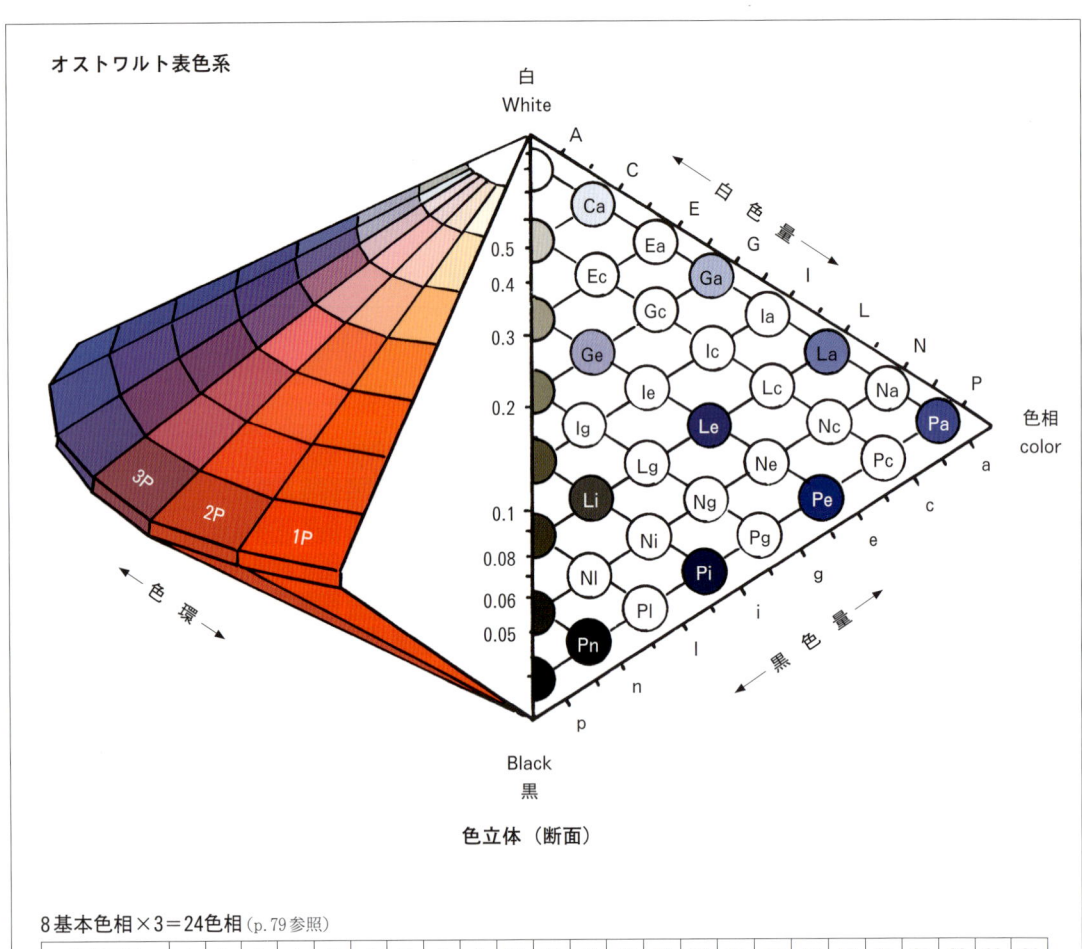

オストワルト表色系

色立体（断面）

8基本色相×3＝24色相 (p.79参照)

色相番号	1	2	3	4	5	6	7	8	9	10	11	12	13	14	15	16	17	18	19	20	21	22	23	24
色相		黄 Yellow			橙 Orange			赤 Red			紫 Purple			青 Ultra marine blue			青緑 Turquoise			緑 Sea-green			黄緑 Leaf-green	

白記号	A	C	E	G	I	L	N	P
白色量 %	89	56	35	22	14	8.9	5.6	3.5
黒色量	11	44	65	78	86	91.1	94.4	96.5
黒記号	a	c	e	g	i	L	n	p

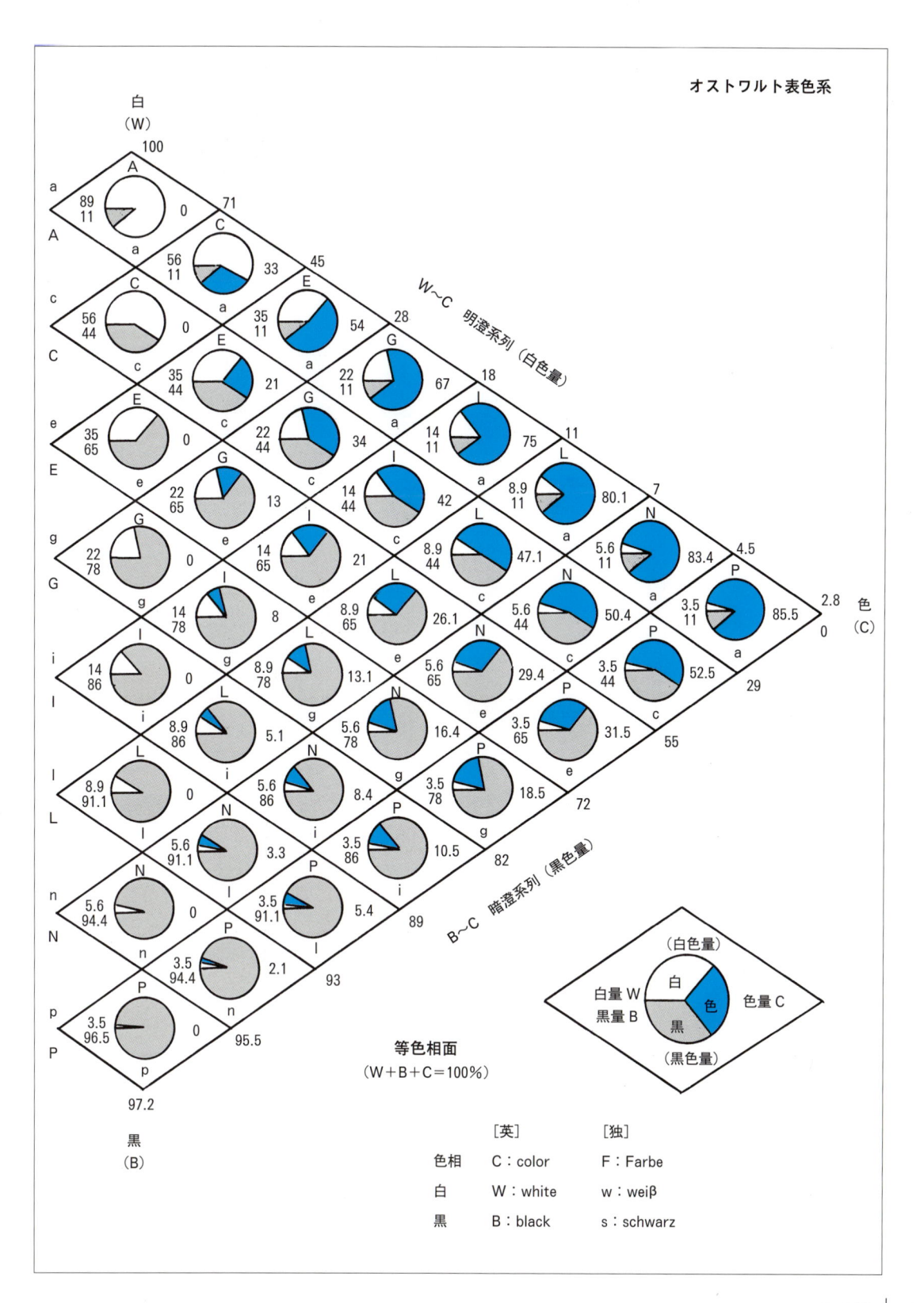

オストワルト表色系

等色相面
(W+B+C＝100％)

	[英]	[独]
色相	C：color	F：Farbe
白	W：white	w：weiβ
黒	B：black	s：schwarz

5 色彩

③ **日本色研配色体系**（PCCS：Practical Color Coordinate System）

　日本色彩研究所（1948）がマンセル表色系とオストワルト表色系の折衷として，体系づけた色彩調和の体系で，色相は 24 色相を基本として，次頁の表 1．pR「紫みの赤」というように，各色相には，色相番号・色相略号・色相名を慣用語に近い言葉で表している。明度は 11 段階，彩度はすべての色相の純色を 10 S（10 段階（Stage））としている（注：24 色相環　p. 81 参照）。

　PCCS では，明度と彩度を組み合わせたトーン（色の調子）による分類によって，色を色相とトーンの 2 属性で表している。このトーンの分類では「ビビット：さえた」「ダル：にぶい」「ブライト：明るい」「ダーク：暗い」などの形容をつけて，明度と彩度の度合いを表している。

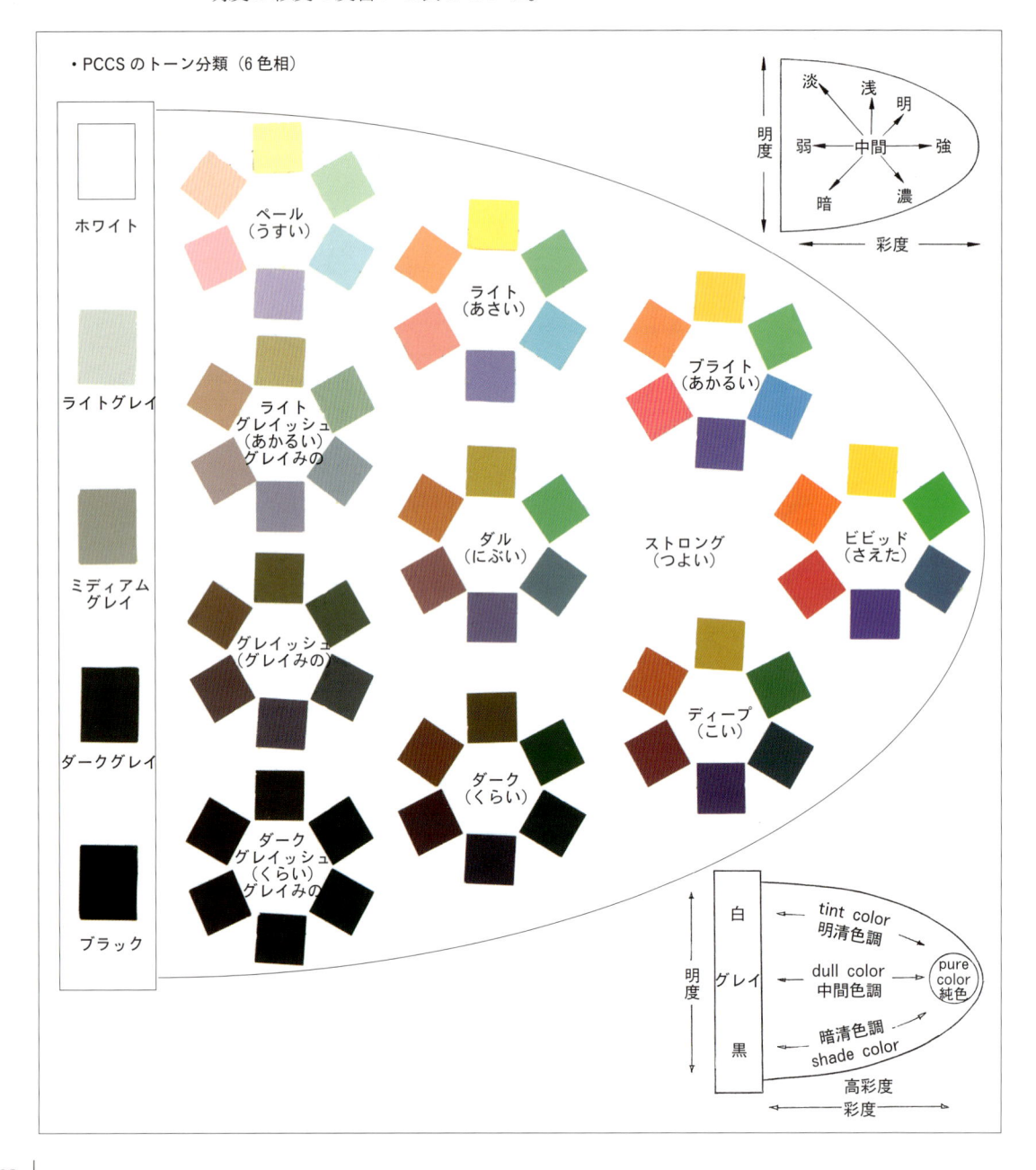

色相番号	色相略号	色相名	色相番号	色相略号	色相名	色相番号	色相略号	色相名
1	pR	紫みの赤	9	gY	緑みの黄	17	B	青
2	R	赤	10	YG	黄緑	18	B	青
3	yR	黄みの赤	11	yG	黄みの緑	19	pB	紫みの青
4	rO	赤みの橙	12	G	緑	20	V	青紫
5	O	橙	13	bG	青みの緑	21	bP	紫
6	yO	黄みの橙	14	BG	青緑	22	P	紫
7	rY	赤みの黄	15	BG	青緑	23	rP	赤紫
8	Y	黄	16	gB	緑みの青	24	RP	赤紫

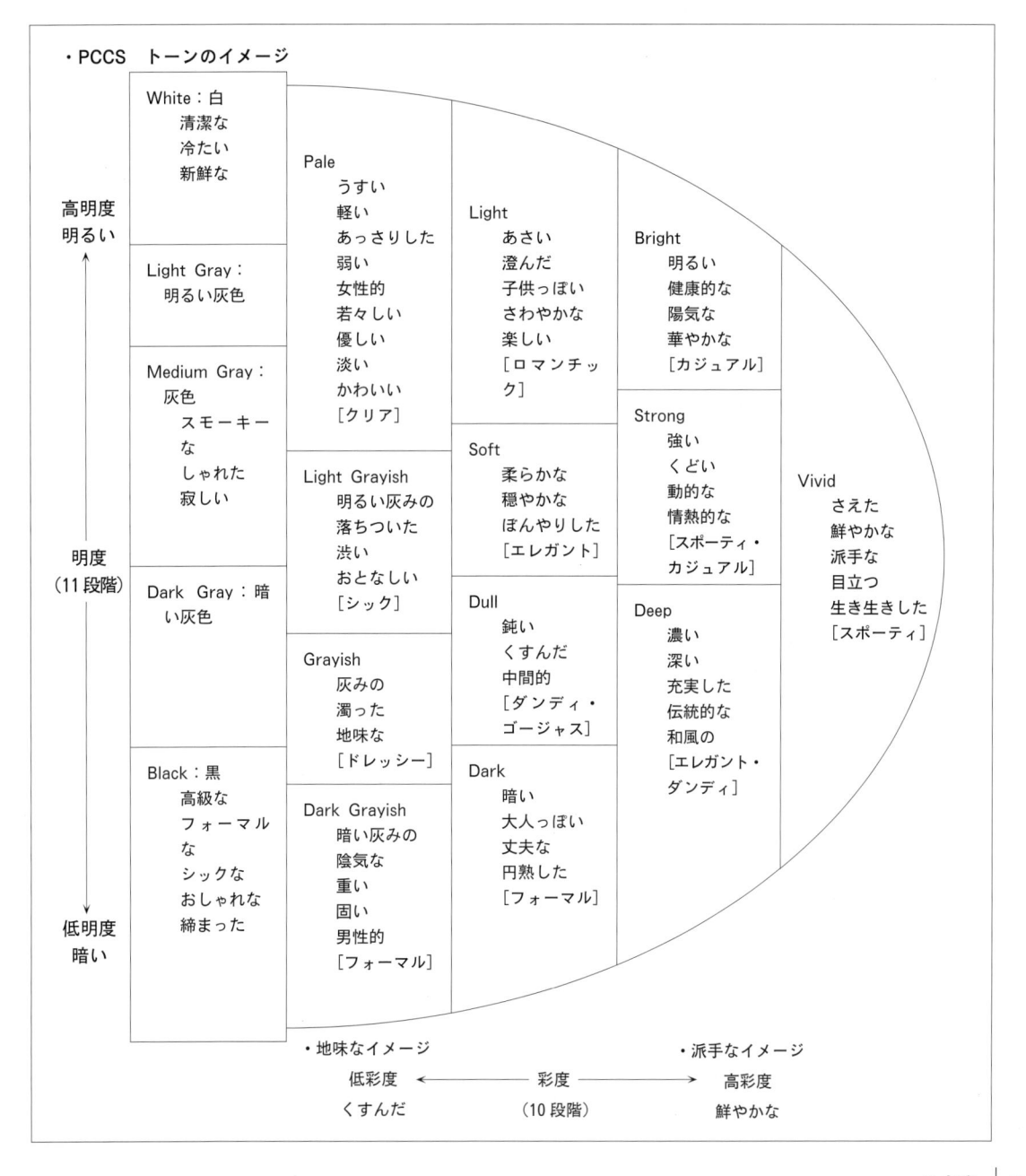

・PCCS　トーンのイメージ

高明度
明るい

White：白
　清潔な
　冷たい
　新鮮な

Light Gray：
　明るい灰色

Medium Gray：
　灰色
　スモーキーな
　しゃれた
　寂しい

明度
(11段階)

Dark Gray：暗い灰色

Black：黒
　高級な
　フォーマルな
　シックな
　おしゃれな
　締まった

低明度
暗い

Pale
　うすい
　軽い
　あっさりした
　弱い
　女性的
　若々しい
　優しい
　淡い
　かわいい
　[クリア]

Light Grayish
　明るい灰みの
　落ちついた
　渋い
　おとなしい
　[シック]

Grayish
　灰みの
　濁った
　地味な
　[ドレッシー]

Dark Grayish
　暗い灰みの
　陰気な
　重い
　固い
　男性的
　[フォーマル]

Light
　あさい
　澄んだ
　子供っぽい
　さわやかな
　楽しい
　[ロマンチック]

Soft
　柔らかな
　穏やかな
　ぼんやりした
　[エレガント]

Dull
　鈍い
　くすんだ
　中間的
　[ダンディ・ゴージャス]

Dark
　暗い
　大人っぽい
　丈夫な
　円熟した
　[フォーマル]

Bright
　明るい
　健康的な
　陽気な
　華やかな
　[カジュアル]

Strong
　強い
　くどい
　動的な
　情熱的な
　[スポーティ・カジュアル]

Deep
　濃い
　深い
　充実した
　伝統的な
　和風の
　[エレガント・ダンディ]

Vivid
　さえた
　鮮やかな
　派手な
　目立つ
　生き生きした
　[スポーティ]

・地味なイメージ　　　　　　　　　　　・派手なイメージ
低彩度　←――――　彩度　――――→　高彩度
くすんだ　　　　　(10段階)　　　　　鮮やかな

④ CIE 表色系

　国際照明委員会（CIE：Commission Internationale de I´Eclairage（仏））による表色系（1931年）で，色を物理的な刺激と，生理的・心理的な反応の関係でとらえている。

　光色の3原色である赤（R），緑（G），青（B）を混合することによって，すべての色と等しい色をつくることができるとしている。3原色の刺激値として，一般にはＸＹの直角座標で表した色度図が用いられている。

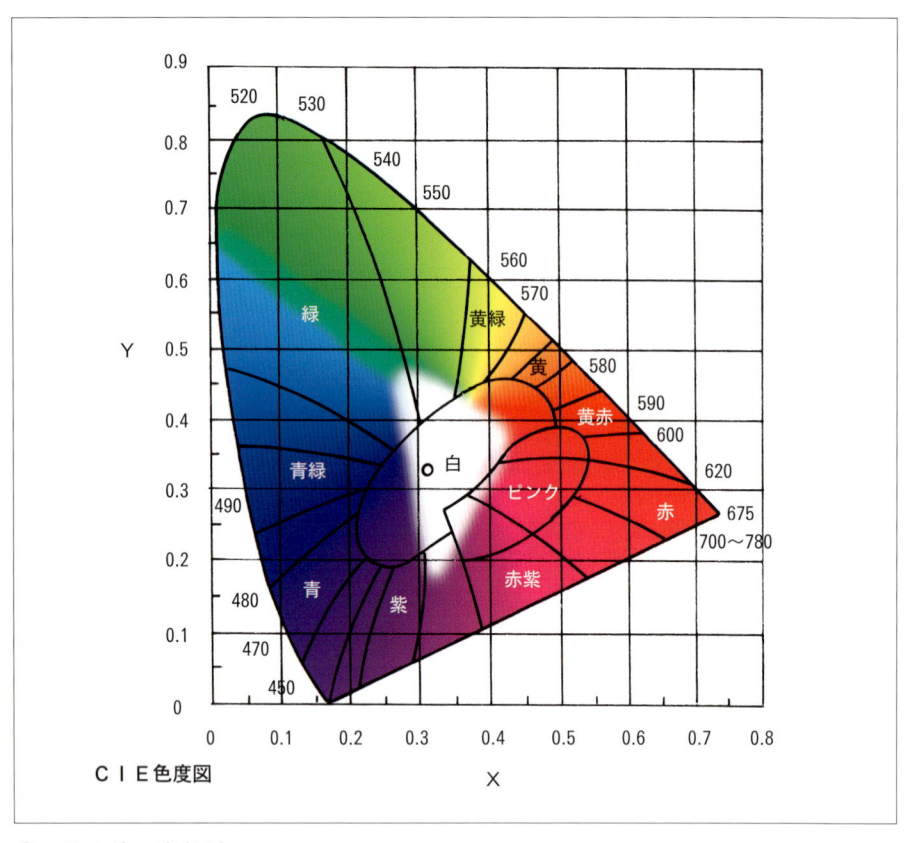

ＣＩＥ色度図

⑤ その他の表色系

　古くは色彩史にみられるように，ニュートンの色環（1666年），ゲーテの色環（1810年）を始めとして，特定用途のための標準色や色スケールなどがある。

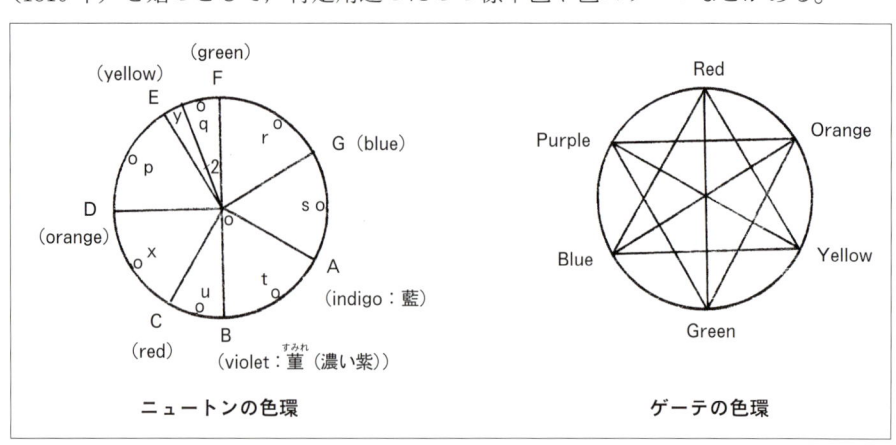

ニュートンの色環　　　　　　　　　　　　　ゲーテの色環

5.2 色の特性/暖色と寒色

・暖色と寒色

　色によって暖かく感じたり，冷たく感じたりする。赤・橙（黄赤）は太陽や火を連想して暖かく感じるので暖色といい，青や青緑は海や水を連想して冷たく感じるので寒色という。暖色と寒色の中間の緑や紫は中性色という。また，彩度の高い清色は濁色より冷たく感じ，彩度の低い濁色は清色より暖かく感じる。

　無彩色では，白は冷たく，黒は暖かく感じるが，暖色・寒色の分類には含まれない。

・暖色と寒色は，明度・彩度の高低差によって，感じ方は異なる。

$$\begin{cases} 寒色系でも，高明度・高彩度 → 暖色化の傾向がある \\ 暖色系でも，低明度・低彩度 → 寒色化の傾向がある \end{cases}$$

・暖色系：一般に刺激に対して神経過敏な人が好むといわれている。

　　　特性　→　進出・拡大，興奮・食欲増進・陽気など

・寒色系：一般に温和・冷静で粘り強い人が好むといわれている。

　　　特性　→　後退・収縮，沈静・食欲減退・理知的など

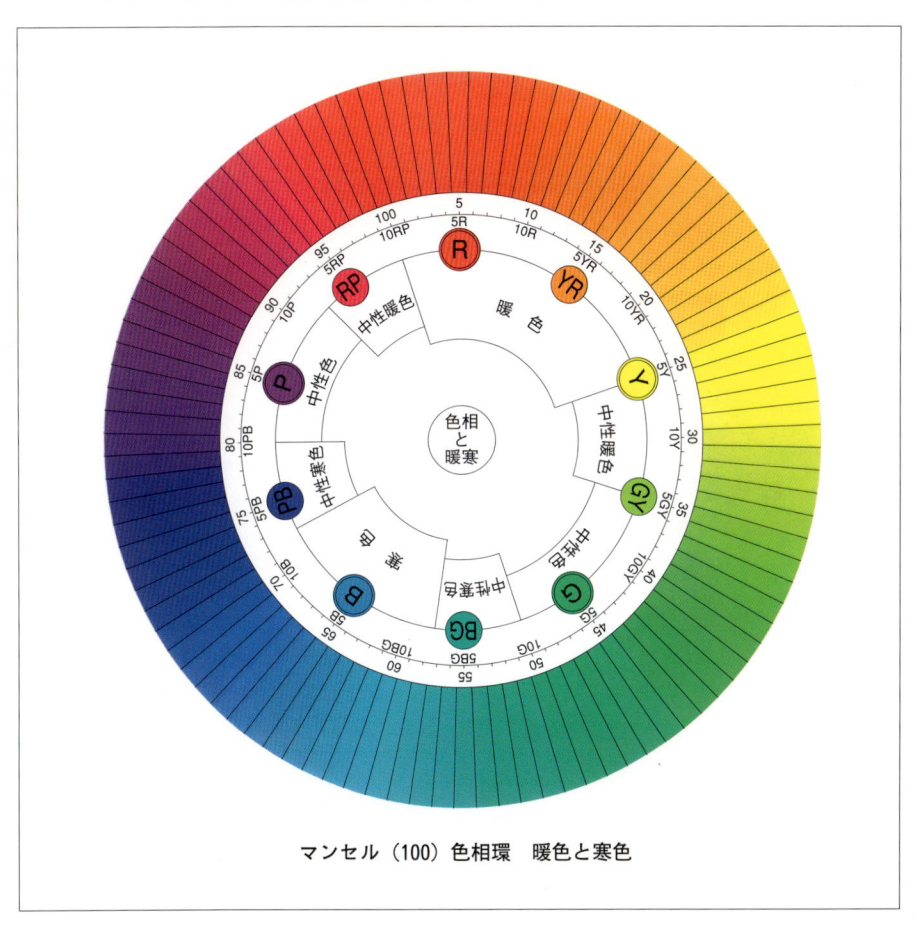

マンセル（100）色相環　暖色と寒色

5.3 色の性格/色彩と心理

5.3.1 進出と後退／膨張（拡大）と収縮（縮小）

(1) 色の進出と後退

　ある色を同じ距離から見ても，近くに感じる色と，遠くに感じる色がある。人の目の色収差によって，赤・橙・黄などの暖色系や明度・彩度の高い色を進出色といい，青・青緑・青紫などの寒色系や明度・彩度の低い色を後退色という。

　同じ広さの部屋でも，進出色は飛び出して拡大・膨張して見えるので部屋が狭く感じ，後退色は引っ込んで収縮・縮小して見えるので部屋が広く感じる。

進出色　　　奥行感のない配色 　　　　　後退色　　　奥行感のある配色

広く感じる配色 　　　　　　　　　　狭く感じる配色

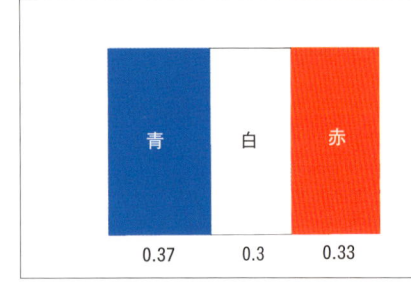

青 0.37　白 0.3　赤 0.33

フランスの国旗
3色の幅の比率が青より赤が狭いのは，赤が膨張・進出して見えるので，すこしおさえているからである。

(2) 色の膨張（拡大）と収縮（縮小）

　色によって，実際の面積よりも膨張して大きく見える膨張（拡大）色と，収縮して小さく見える収縮（縮小）色がある。明度・彩度の高い色は膨張（拡大）して見え，明度・彩度の低い色は収縮（縮小）して見える。一般に暖色系は膨張して見えるのに対して，寒色系は収縮して見える傾向がある。

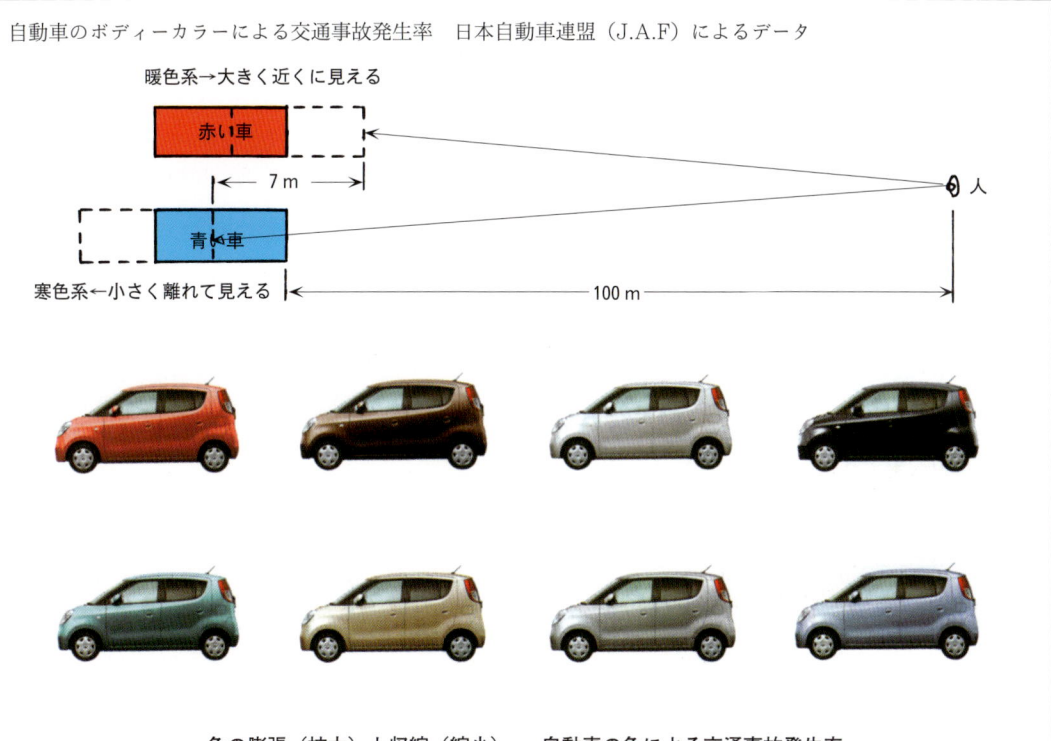

自動車のボディーカラーによる交通事故発生率　日本自動車連盟（J.A.F）によるデータ

暖色系→大きく近くに見える
赤い車
7m
青い車
寒色系←小さく離れて見える
100m
人

○ 色の膨張（拡大）と収縮（縮小）→　自動車の色による交通事故発生率

自動車の色	青	緑	グレー	クリーム・白	マルーン・赤	黒	ベージュ・茶	ゴールド	その他
事故発生率	25%	20%	17%	12%	8%	4%	3%	2%	9%

・青い車は距離があると思って安心して事故につながる
・ゴールドの車はこれらの色のなかでは，一番大きく（近く）見えるので事故は少ない

・色と距離感…車のドライバーが赤または青い布を見て，ブレーキをかけるのはどの距離のときか？
　赤い布　　7m手前
　　└ブレーキを踏むのが早い　　　　　　　　　車
　青い布　　2m手前
　赤い布は進出して見えるのでブレーキをかけるのが早い。青い布は後退して見えるのでブレーキをかけるのが遅く，事故につながるおそれがある。

白　　○
グレー　　●
黒　　　　　●

白・グレー・黒は明度差によって同じ距離に見える

白っぽい・明るい天井と，黒っぽい・暗い天井の場合，見た目に白っぽい天井は軽く感じるので10cm高く，黒っぽい天井は重く感じるので10cm低く見え，プラス・マイナスすると白っぽい天井のほうが20cm高く見えることになる。

　天井の低いところに住むと…いつのまにか猪首（いくび）になり，心が卑屈になって，果ては寿命まで縮めてしまい，心も体も卑屈な人間ができあがってしまう傾向がみられる。反面，天井が高いと大物が育つといわれている。

　天井の色一つとっても人間の性格や成育に大きな影響をおよぼすのである。

　色はものの奥行や距離感の判断に影響を与える。暖色系の色は手前に飛び出して見え，寒色系の色は引っ込んで遠ざかって見える。また，一般に高明度・高彩度の色は進出し，低明度・低彩度の色は後退して見える傾向がある。

　花模様の壁紙でも，その花柄が赤や橙・黄などの暖色で，明度・彩度が高いほど飽きがくるのが早く，部屋を狭く見せる傾向がある。同じ花柄でも，花柄が地色に溶け込んでいるパステル調のものは，飽きもこないし部屋も広く見せる効果がある。

天井の色

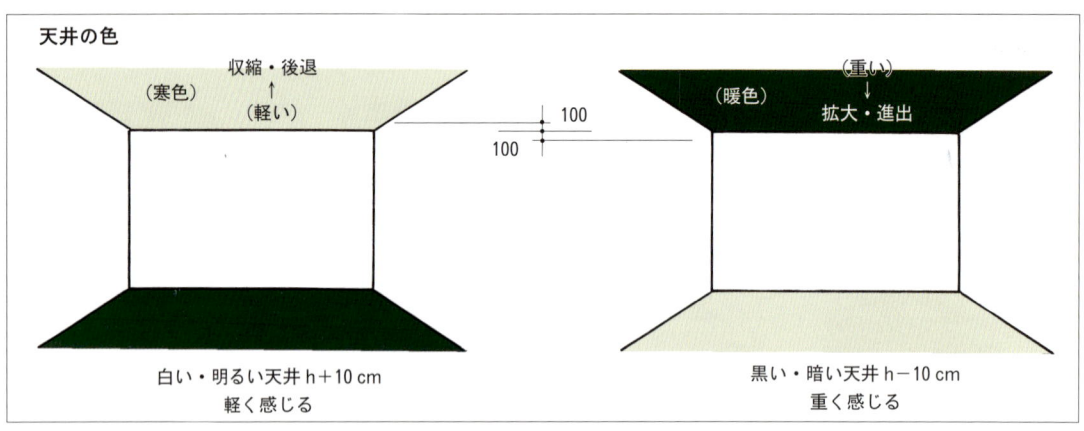

（寒色） 収縮・後退 （軽い）
白い・明るい天井 h＋10cm
軽く感じる

（暖色） （重い） 拡大・進出
黒い・暗い天井 h－10cm
重く感じる

100
100

色相による進出（拡大）と後退（収縮）

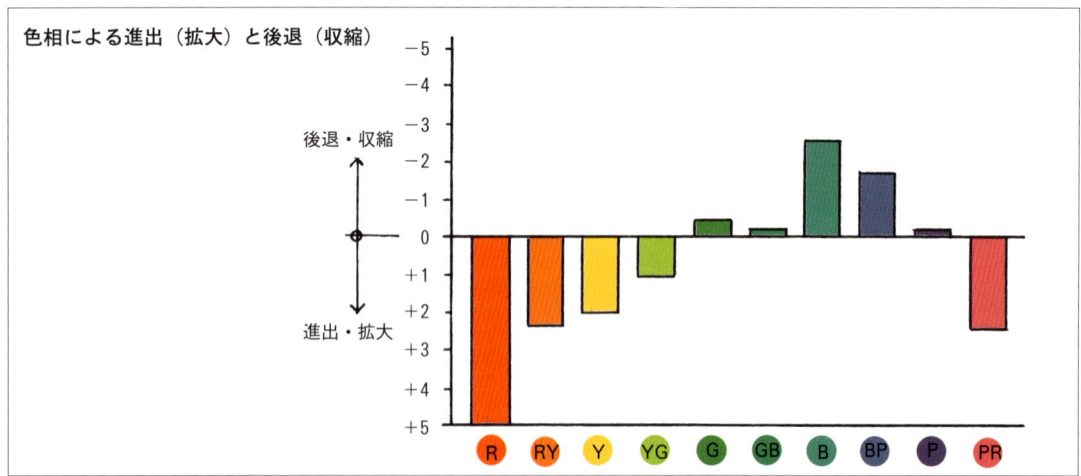

後退・収縮
進出・拡大

R　RY　Y　YG　G　GB　B　BP　P　PR

- 洋服の色：白→太って見える。
　　　　　　黒→しまって見える。
　　アメリカの大統領選挙のときの話であるが，ＴＶの立会演説会で
ケネディ　暗い（濃い）スーツ→投票結果　48％で当選…白黒テレビでは，濃いスーツのほうが引き締まっ
ニクソン　明るいスーツ　　→投票結果　47％　　　　て見えたから…という逸話が残っている

天井ならびに正面の壁に暖色系または寒色系を用いた場合，どちらのほうが天井が高く感じるか，また部屋の奥行が深く感じるか？

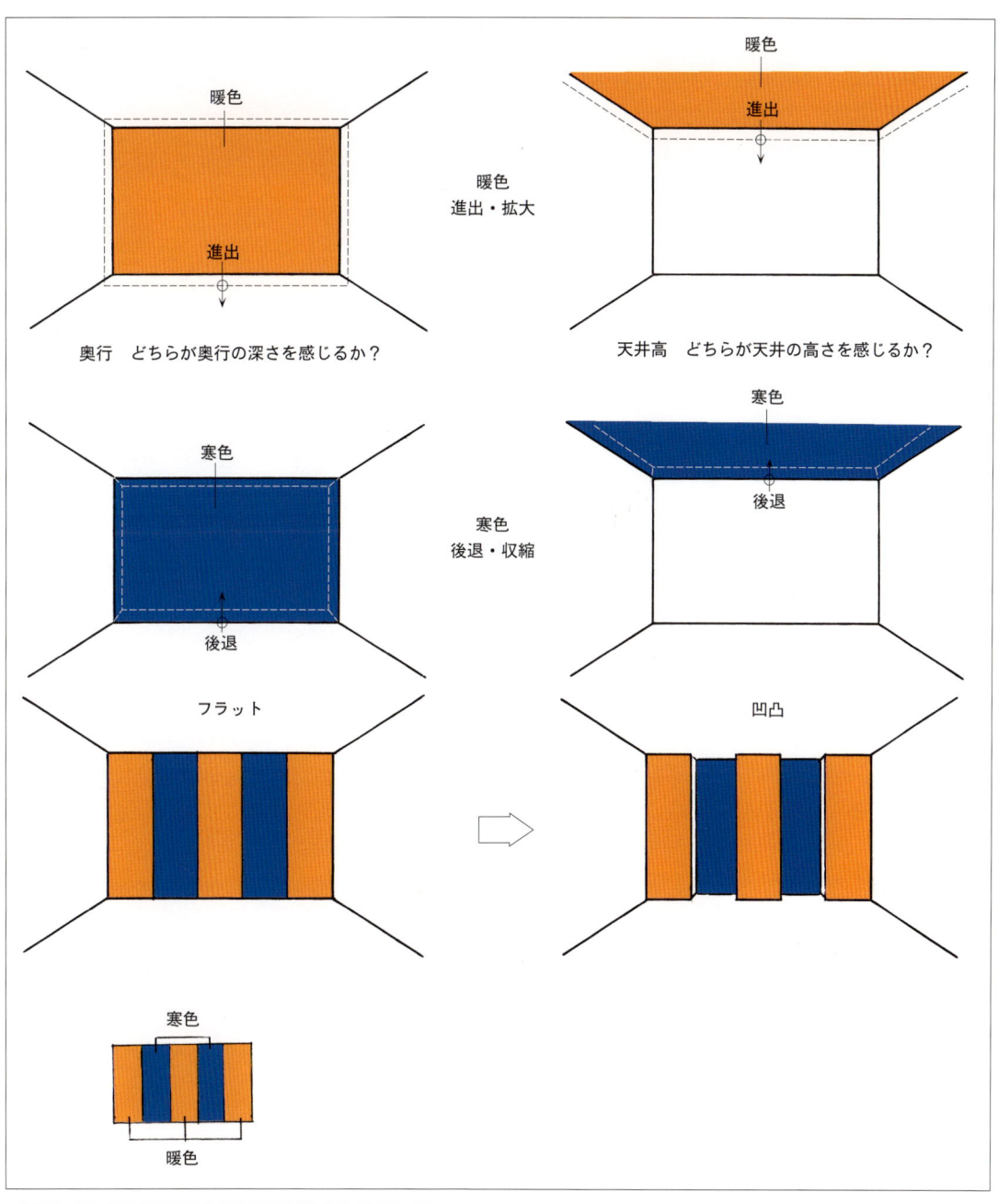

暖色
進出・拡大

奥行　どちらが奥行の深さを感じるか？

天井高　どちらが天井の高さを感じるか？

寒色
後退・収縮

フラット

凹凸

寒色

暖色

碁石

高明度→同じ大きさでもやや大きく見える　白

低明度→同じ大きさでもやや小さく見える　黒

- 色と大きさ：白と黒の碁石は同じ大きさにつくると，黒い碁石のほうが小さく見えるのですこし大きくつくってある。

5 色彩

進出色・拡大色

後退色・収縮色

5.3.2　色と時間

　色による経時感ともいい，暖色系の部屋にいると心理的に時間が早く経過する。時間を過大評価（判断）して，実際の時間経過が１時間でも倍の２時間くらいに感じられる。娯楽室・カクテルラウンジやデートするところなど，楽しくくつろぐ部屋には暖色系が向いている。気軽におしゃべりしたりしながら飲食するカフェやファミリーレストランなどの場合，実際の経過時間より心理的な時間を長く感じさせ，十分な満足感と長時間いたという優越感をいだきやすい。反面，店側は長っ尻の客の回転率を早めるなどの経営戦略的な効果もある。また，暖色系は明度にはあまり影響されないが，彩度が高いほど時間が長く感じられる傾向がある。

　逆に寒色系の部屋では，心理的に時間が遅く経過する。時間を過小評価（判断）し，実際の時間経過が１時間でも半分の 30 分くらいに感じられるので，勉強や作業する部屋などに向いている。

・寒色系　　　　　執務・勉強・作業など，スタディワークやビジネス空間
　　　　　　　　　→時間を忘れる…仕事に没頭できる／神経の沈静化

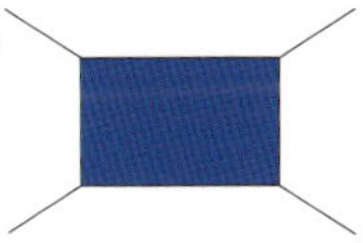

・暖色系　　　　　アミューズメント（娯楽）・リクリエーションセンター・
　　　　　　　　　ティールーム（喫茶）
　　　　　　　　　→短い時間でゆったりした充足感やエキサイト（興奮）
　　　　　　　　　　感を味わえる
　　　　　　　　　→長っ尻解消（経営戦略）／回転率・利益をあげる

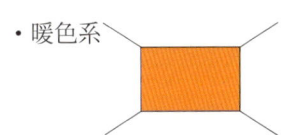

- お伽話し　童話「浦島太郎の玉手箱」
　浦島太郎が助けた亀につれられて行った海底の竜宮城は，アオ一色（寒色）の世界なので心理的な時間経過が遅く，時間を過小評価してしまい，思っていたよりずっと長期間滞在したことになる。また，乙姫さまのご馳走，鯛やヒラメの舞い踊りは，寒色のなかにさらに楽しい要素である暖色系の動くアクセントが加わり，ついつい時の経つのも忘れてしまった…というわけで，お土産にもらった玉手箱を開けてみると，あっというまに白髪のお爺さんになってしまうのも，色と時間のカラクリ［寒色＝心理的時間＜実際の時間］による色彩工学的裏づけのある話の代表例である。

5.3.3　色と味覚

赤色の砂糖水と緑色の砂糖水（同じ糖度）どっちが甘い？

- **飲食店のサイン**（看板・標識）
  …赤〜橙（暖色系）が多い→食欲をそそる・美味しくみせる色
- **赤身の肉・刺し身＋グリーン**（パセリ・つま）
  グリーンを添えることによって一層赤身を増して，食べ物をひきたてて美味しく見せる
- **食欲訴求色**：色によって食欲をかきたてるパレット（色の傾向）
  食欲をそそる色は，赤〜橙・黄をピークとして緑みがかった青と続き，黄緑・紫に至っては食べ物の場合，嫌悪感を招く。

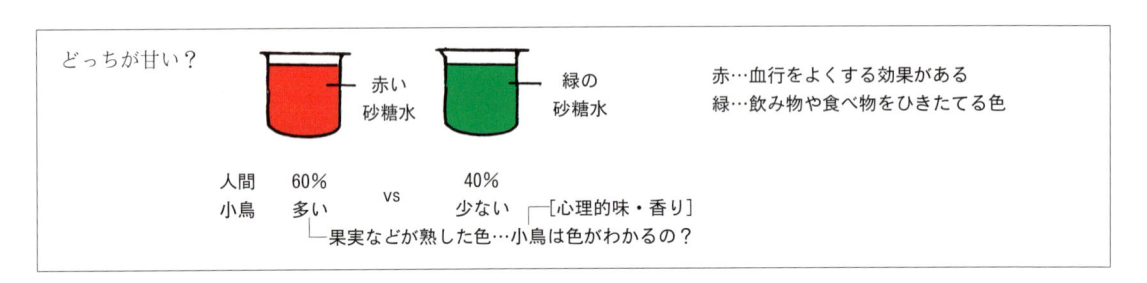

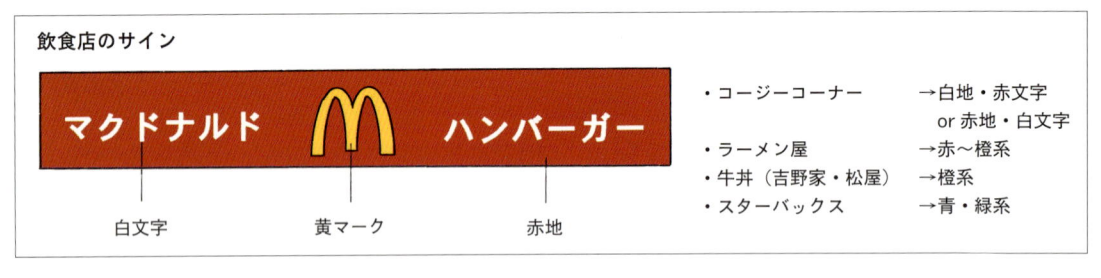

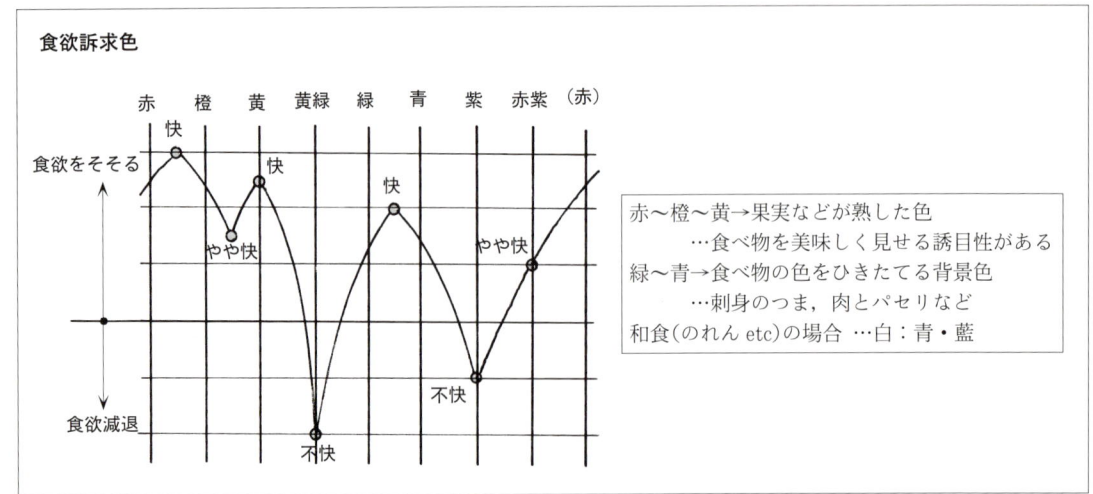

どっちが甘い？

赤い砂糖水　　緑の砂糖水

赤…血行をよくする効果がある
緑…飲み物や食べ物をひきたてる色

人間　60%　vs　40%
小鳥　多い　　　少ない　　［心理的味・香り］
　　　　└果実などが熟した色…小鳥は色がわかるの？

飲食店のサイン

マクドナルド　M　ハンバーガー
白文字　　　黄マーク　　赤地

- コージーコーナー　→白地・赤文字 or 赤地・白文字
- ラーメン屋　→赤〜橙系
- 牛丼（吉野家・松屋）　→橙系
- スターバックス　→青・緑系

食欲訴求色

赤　橙　黄　黄緑　緑　青　紫　赤紫（赤）

食欲をそそる
　快（赤）　快（黄）　快（緑）　やや快（赤紫）
　やや快（橙）
食欲減退
　不快（黄緑）　不快（紫）

赤〜橙〜黄→果実などが熟した色
　…食べ物を美味しく見せる誘目性がある
緑〜青→食べ物の色をひきたてる背景色
　…刺身のつま，肉とパセリなど
和食（のれん etc）の場合　…白：青・藍

- サンタクロースのコスチュームはなぜ赤と白？
  色の味覚効果を狙ったコカ・コーラ（缶：赤地に白文字）の宣伝(1931年)に，缶の色に合わせた赤白の衣装を着たサンタクロースが起用されてから定着したという。

5.3.4　色と温度

- 一定温度の赤橙に着色した水と，青緑に着色した水を，ガラス容器に一杯入れてふれてみると，どちらの水のほうが温かいか，冷たいか？
- 試験管に白・赤・黒い水を入れて一定時間加熱すると？

　　　　　　　　↓

　　　　　　　黒い水のほうが白い水より10℃高くなる［物理的作用］

- 白や明るい色は放射熱を反射し，黒や暗い色は放射熱を吸収する。
- 熱帯地で，白い船と黒い船の船内温度の差は10℃になるという。

どちらの水のほうが温かいか，冷たいか？

ノーマルの人　　赤橙→温かい（暖色）
［心理的温度］　青緑→冷たい（寒色）

注：赤外線コタツ…同じ温度でもより暖かく感じる

一定時間加熱すると？

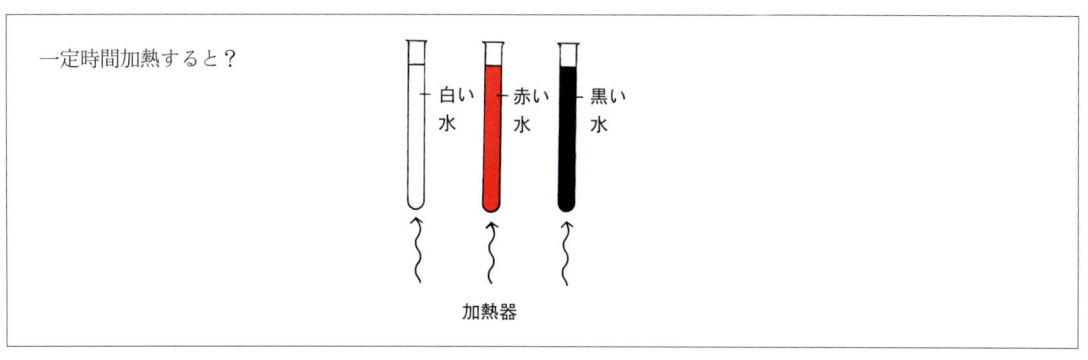

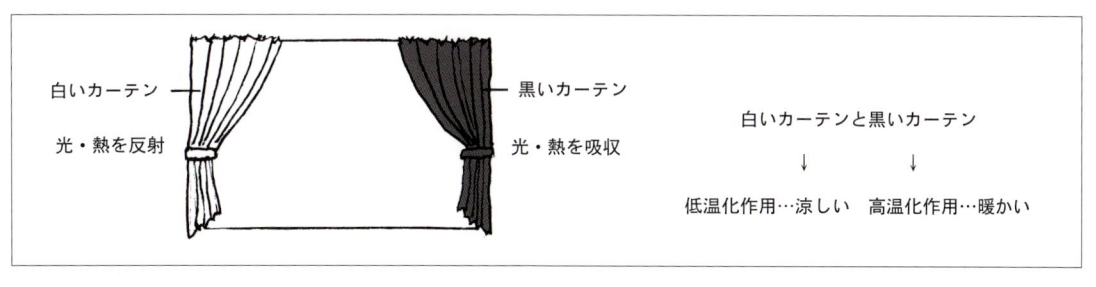

白いカーテン　光・熱を反射　　　黒いカーテン　光・熱を吸収

白いカーテンと黒いカーテン
　　↓　　　　　　↓
低温化作用…涼しい　高温化作用…暖かい

直射日光下（海岸／真夏）の車のルーフ温度
日本自動車連盟（J.A.F）による車のボディーカラーと熱の吸収テストより

ボディカラー	黒	茶	緑	青	赤	シルバーメタリック	ゴールドメタリック	黄	白
ルーフ温度［℃］	71.5	67.6	65	62.6	61.6	57.3	56.5	53	51

特に暑い日に幼児が閉め切られた車内に取り残されて，高熱によって死亡する事故を耳にすることがある。ただでさえ車内に熱が吸収されるのに，白と黒の車ではデータによると20℃以上も温度差がある。

- インテリアにおける色と温度の関係で，白いレースのカーテンは放射熱を防ぎ，低温化作用をおよぼす。
- 同じカーテンでも，暖色系・寒色系によって，見た目の心理的温度差は3℃もひらきがあるといわれている。
- よく耳にする話に，秋口に「夏の間使っていたブルーのカーテンをピンクのカーテンにかえたら，不思議にも部屋が暖かくなった」というのがある。

　　ブルー系の壁紙で"寒いなあ"と感じた場合，ピンク系の壁紙に張り替えると温度は一定でも，暖かく感じるから面白いものである。

注：寒い季節に，壁紙などを選ぶと，かなり彩度の高い暖色系になる傾向がみられる。逆に暑い時期には寒色系のものが選ばれがちになるので，四季を通して使う場合は，これらのことを考慮して部屋にあったものを選ぶことが大切である。

- **ある工場の食堂での話**

　ある工場で，エアコンが完備（21℃に設定）された明るいブルーの食堂の場合，従業員が寒いといって上着を着るものまでいた→ 室温を24℃まで上げる→まだ寒いという→部屋の色を淡いオレンジ色に塗り替える→24℃では暑すぎるという→もとの室温21℃に下げたら…満足したという。このように，色と温度にかかわる心理作用を見逃すことはできない。

対応順序	室温	食堂の色	従業員の反応［心理的温度］
1	21℃	明るいブルー	寒いといって上着を着る
2	24℃	明るいブルー	まだ寒い
3	24℃	淡いオレンジ	暑い
4	21℃	淡いオレンジ	ＯＫ

同じ室温でも，部屋の色によって温度感覚が異なった例である。

　一般に，寒色系のブルーは海・水を暗示し連想するので心理的に冷たさを感じ，暖色系のオレンジは太陽・火を連想するので心理的に暖かさを感じるからである。

春　　夏

秋　　冬

5.3.5　色と重量

・色と重量／軽い色と重い色

　重量感は色の明度によることが大きい。高明度（明るい）の色は軽く，低明度（暗い）の色は重く感じる。同じ明度の場合は，鮮やかな高彩度の色のほうが軽く，濁った低彩度の色のほうが重く感じる傾向がある。

　インテリアの色彩調和の一つに，天井は明るく（淡く），床は暗く（濃く）…という配色の原則がある。これは，自然環境のなかで空が最も明るく，地面が最も暗いので，人の目には天井（上）を明るく，床（下）を暗くしたほうが自然に感じるからである。インテリアの場合，床→壁→天井の順に明るくするのが原則で，一般的には，床は壁と同系色で濃い色を用いることが多い。

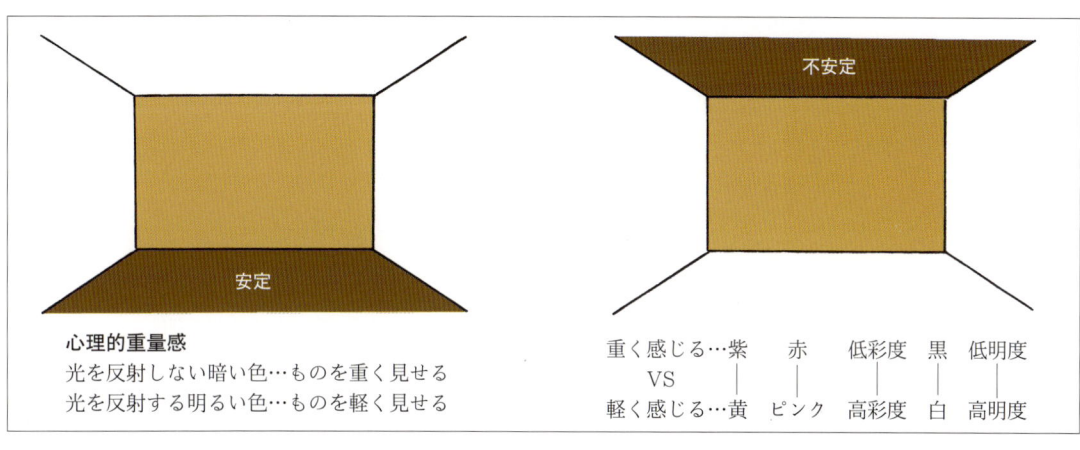

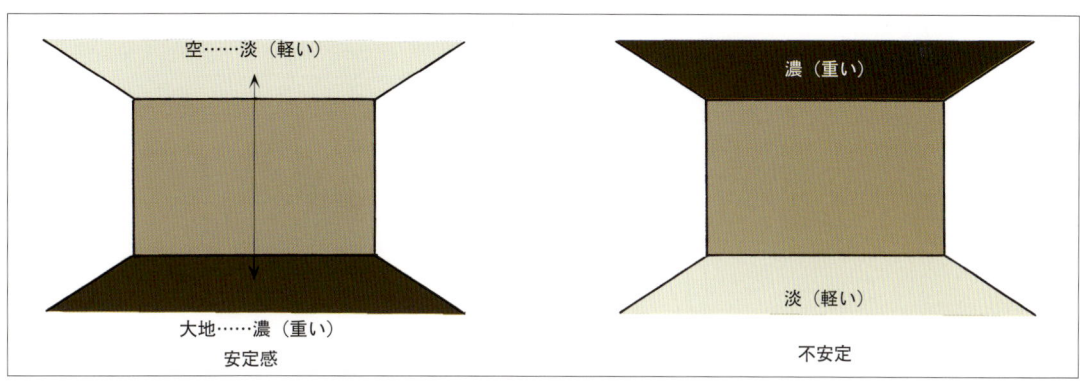

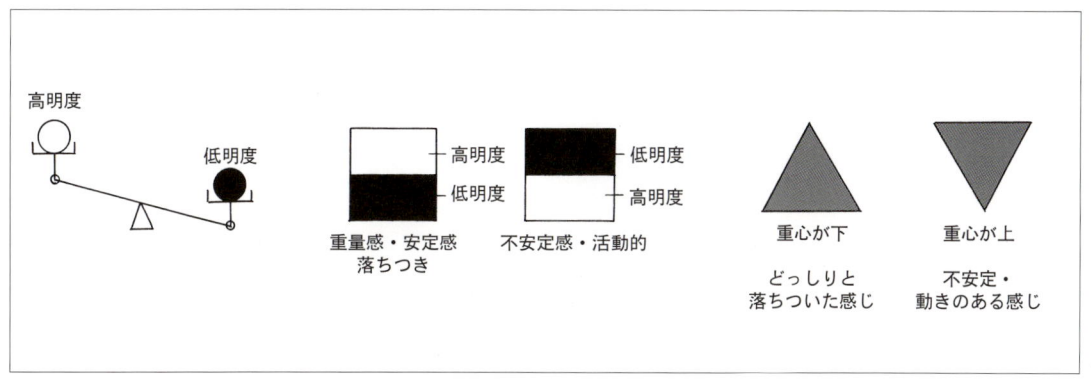

心理的重量感
光を反射しない暗い色…ものを重く見せる
光を反射する明るい色…ものを軽く見せる

重く感じる…紫　赤　低彩度　黒　低明度
　　　　　　VS
軽く感じる…黄　ピンク　高彩度　白　高明度

空……淡（軽い）
大地……濃（重い）
安定感

濃（重い）
淡（軽い）
不安定

高明度／低明度

高明度／低明度　　低明度／高明度
重量感・安定感　　不安定感・活動的
落ちつき

重心が下　　　　重心が上
どっしりと　　　不安定・
落ちついた感じ　動きのある感じ

- 白い包装紙と黒い包装紙につつんだもの（同じ大きさで中味の重量は同じ），どっちが重い？

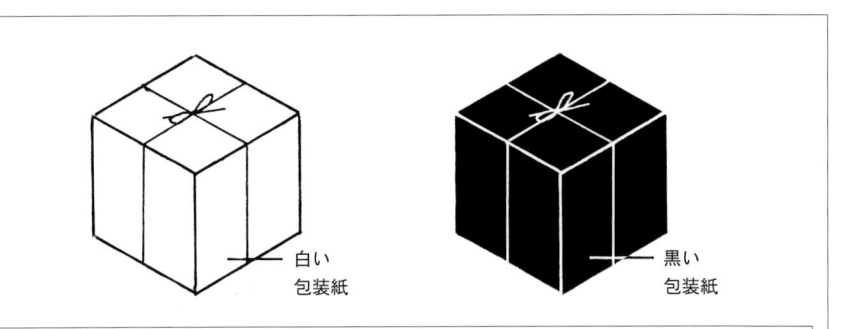

白い包装紙

黒い包装紙

内容は同じ正味100gの重さのものでも，白い包装紙に包んだものはそのままの重さに感じ，黒い包装紙に包んだものは心理的重量として，白い包装紙に包んだほうの1.87倍重く感じるというデータがある。

- 色による心理重量テスト（内容は同じ重さ（正味のウエイト100g））

	明色系 ←──────→ 暗色系						
色　相	白	黄	黄緑	青	グレー	赤	紫	黒
心理的ウエイト（g）	100	113	132	152	155	176	184	187
倍　率	1	1.13	1.32	1.52	1.55	1.76	1.84	1.87

色と重量…一般に明度が高い色ほど軽く，明度が低い色ほど重く感じられる。

安定感や落ちつきをもたせたいとき，さっそうと動きを見せたいときのファッションコーディネートは，どっち？

5.3.6 色と成育効果

トマトの実験　トマト畑から同じ大きさの熟していない，もぎたての緑色のトマト3個を，白・赤・黒い布で包み日光の当たるところにおいて，畑の蔓に残ったトマトが熟したのを見計らって，包みをほどいてみると？

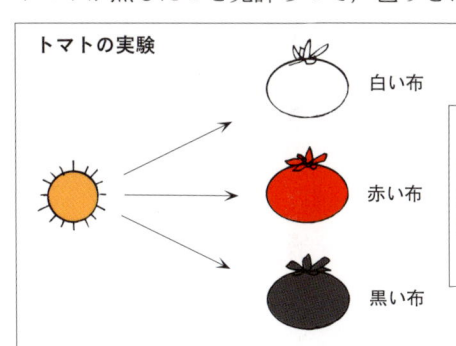

```
トマトの実験
            白い布
            赤い布
            黒い布

［物理的作用］                              ウルトラバイオレット
白い布→自然に熟していた…成育に必要とする光を透過（UV 5％カット）
赤い布→熟しすぎて発酵していた…赤外線に近い光（加熱作用）を透過
黒い布→まったく熟していなかった。切ってみると萎びて腐っていた。
　　　　…ほとんどの光は吸収するが，栄養は透過しない。
```

人の場合，日焼け防止には何色がいいのだろうか？

紫外線は，骨に必要なビタミンDを体内でつくる働きを助ける作用がある。ただし，1日に顔や手に15分間浴びれば十分で，紫外線を過剰に浴びすぎると，水ぶくれやシミが出る可能性があるので注意する必要がある。

白より黒色の衣服のほうが紫外線を通しにくいが，黒は光を吸収して熱くなるので，肌着の上に黒，さらに光を反射する白い衣服をまとうと効果的である。
　白：光を反射，紫外線（UV）の95％透過
　黒：紫外線を95％カット

UV（紫外線）カット率の高い黒い水着は，プールや海浜で過度の紫外線から身を守るのに最適である。ただし，一般に日照率が低い地域や，太陽光線が乏しく，つねにスモッグにおおわれる都会では，黒は有効な太陽光線のすべてのスペクトルを吸いとってしまい，体に栄養として透過してくれない場合がある。また，白より黒のほうが紫外線を通しにくいが，光を吸収して熱くなるのが難点である。

どんな人でも，真っ白い衣服を2日間着ただけで風邪が治るといわれるなど，住まいの環境や，衣服に至るまで，色彩の効果はトマトのテストと同じ影響を私たちに及ぼしている。

炎天下でも，太陽光線をはねかえして，体に感じる衣服内の温度を晴天時で約3℃低く保ったり，汗をかいたとき，衣服内の汗を素早く外側に移動させるなどの素材が，繊維メーカーやアパレルメーカーによって開発されている。

5.3.7 光色と食事

　光色の演色性とは，照明に使われる白熱灯や蛍光灯などの光源による光色の違いによって，物の色の見え方が異なることを演色といい，その光源の性質を演色性という。白熱灯と蛍光灯とでは，同じ物でも色が違って見えるのは，白熱灯が発する光の色と蛍光灯が発する光の色が異なっているためである。特に食事室や飲食店の場合，青白い光（昼光色）の蛍光灯は食べ物の色を不自然に見せるなど，インテリアに用いられている色彩は，照明の光の演色性に影響されることがあるので，十分に配慮されなければならない。

　さまざまな波長の色について，昼光を基準として自然な好ましい色に見える光源ほど演色性が優れているといい，平均演色評価数はRaで表され，100に近いほどよいとされる。

　また，光の色の指標に色温度（K：ケルビン）があり，次ページのように数値が低いと赤みを帯び，高くなるにつれて黄から白に移り，さらに高くなると青みが加わってくる。

- 白熱電球（2 800 K）は，赤・橙・黄の波長を含んでいるので，食べ物や人の顔を生き生きと照明する。食卓の照明として最適である。
- 白色蛍光灯（4 500 K）は文字どおり白色照明なので，暖色系のスペクトルが乏し

蛍光灯（白色）：4 500 K

白熱電球：2 800 K

蛍光灯（昼光色）：6 500 K

蛍光灯（昼白色）：5 000 K

く，食卓の照明としては不適当である。
- 昼白色蛍光灯(5 000 K)は光色が寒色系なので，食卓の照明としては好ましくないが，三波長域型は赤・緑・青の波長による蛍光灯で，一般のランプにくらべ演色性は改善されている。
- 昼光色蛍光灯(6 500 K)は不連続スペクトルを放射し，分光分布の特性は短波長(青色)が強く，食卓には不適当である。

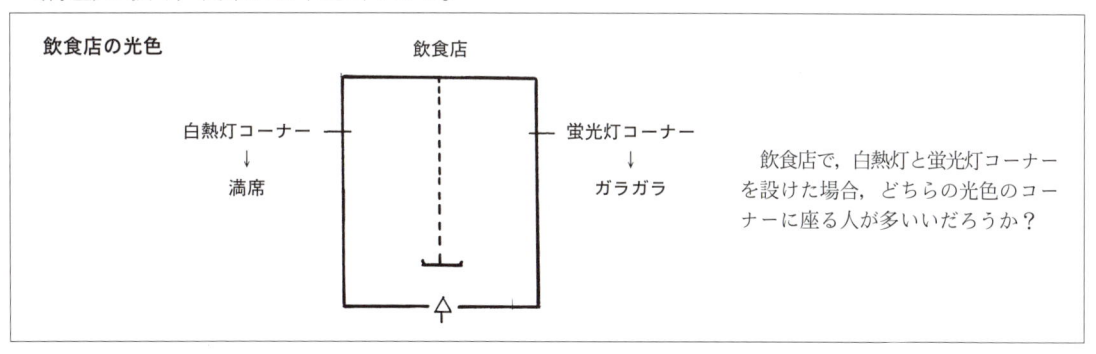

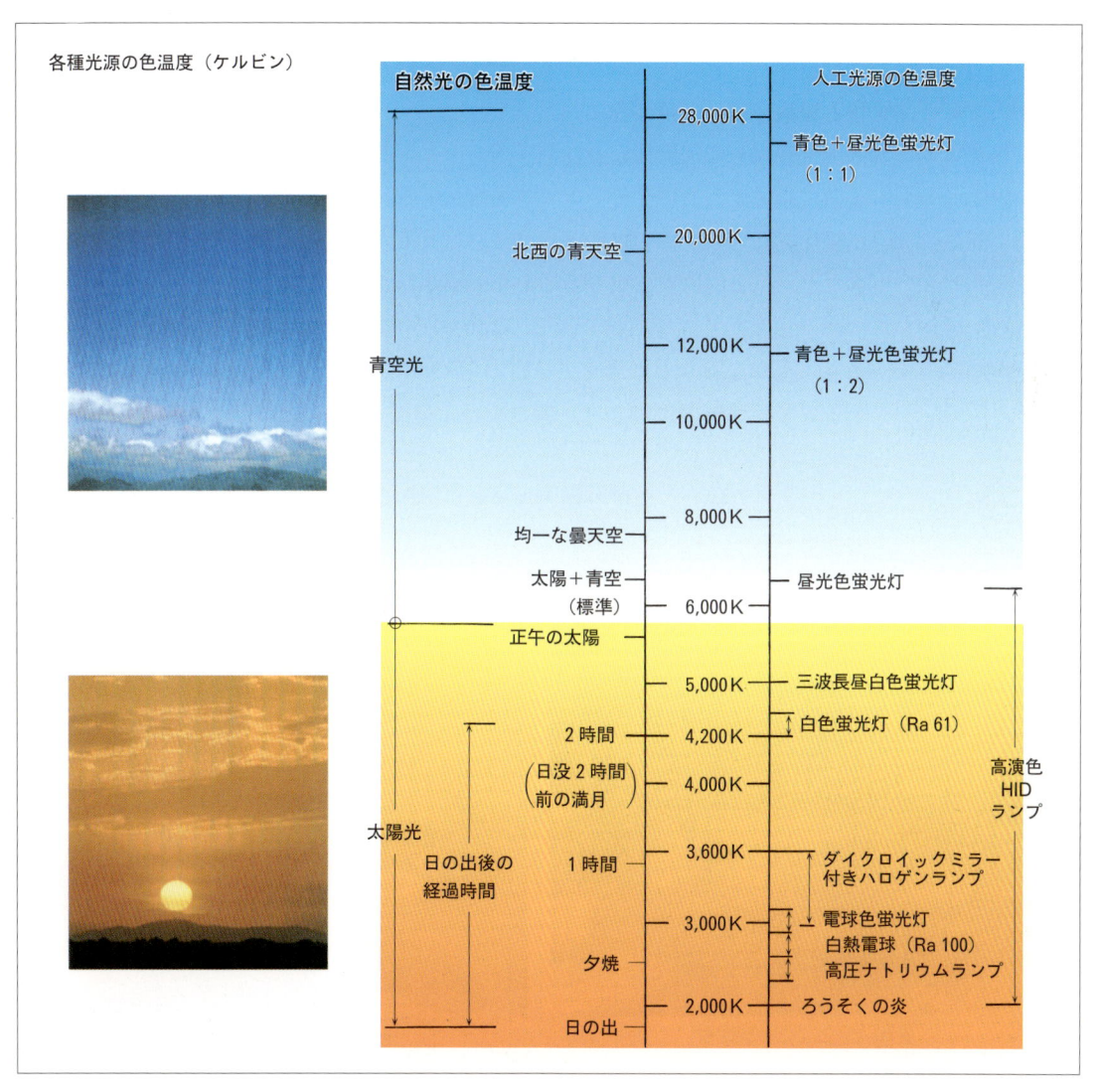

飲食店の光色

飲食店
白熱灯コーナー ↓ 満席
蛍光灯コーナー ↓ ガラガラ

飲食店で，白熱灯と蛍光灯コーナーを設けた場合，どちらの光色のコーナーに座る人が多いだろうか？

各種光源の色温度（ケルビン）

自然光の色温度 / 人工光源の色温度

青空光
- 北西の青天空
- 28,000 K — 青色＋昼光色蛍光灯（1：1）
- 20,000 K
- 12,000 K — 青色＋昼光色蛍光灯（1：2）
- 10,000 K
- 均一な曇天空 — 8,000 K
- 太陽＋青空（標準） — 6,000 K — 昼光色蛍光灯

太陽光
- 正午の太陽
- 5,000 K — 三波長昼白色蛍光灯
- 2 時間（日没2時間前の満月） — 4,200 K — 白色蛍光灯（Ra 61）
- 4,000 K
- 1 時間 — 3,600 K — ダイクロイックミラー付きハロゲンランプ
- 3,000 K — 電球色蛍光灯／白熱電球（Ra 100）／高圧ナトリウムランプ
- 夕焼
- 日の出 — 2,000 K — ろうそくの炎

高演色HIDランプ

日の出後の経過時間

5.3.8 光色と健康

・ある工場の化粧室の照明

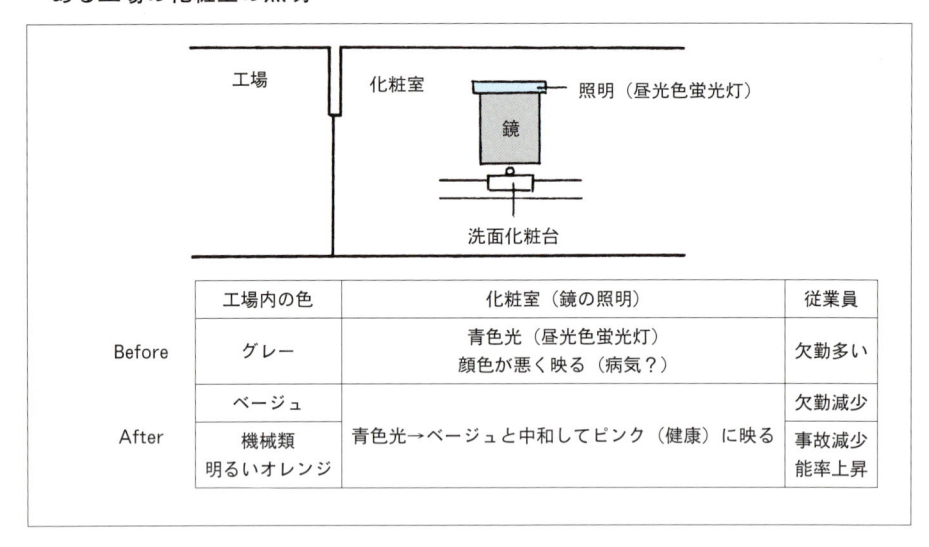

	工場内の色	化粧室（鏡の照明）	従業員
Before	グレー	青色光（昼光色蛍光灯） 顔色が悪く映る（病気？）	欠勤多い
After	ベージュ	青色光→ベージュと中和してピンク（健康）に映る	欠勤減少
	機械類 明るいオレンジ		事故減少 能率上昇

・色と睡眠／眠りを誘う色

　寒色（青緑・青・青紫）→沈静・落ちつき・静か
　暖色（赤・オレンジ・ピンク）→興奮・緊張（眠りにくい）

　眠りを誘うには室内全体でなくても，ピロケース（枕カバー）やスタンドのシェードなど，部分的に青を用いることで効果が得られる。

　瞬（またた）き率（eye-blink rate）…内的緊張が増大すると，瞬き率も増大する。正常な瞬き率は通常1分間に32回であるが，くよくよ考えごとをしたりすると緊張が極度に増して，瞬き率は1分間に45回まではねあがり，いつまでも眠れなくなる。

　このような場合，緊張を増大させないように，寝室に眠りを誘う沈静色を使うと効果がある。

寒色（ブルー）系の部屋　　　　　　　　　暖色（オレンジ）系の部屋

5.3.9 イロ・いろ・色

- 投身自殺の名所
  - ロンドン／ブラック ライヤ ブリッジ
  - 黒…意気消沈させる色
  - ↓（塗り替え）
  - 緑…安らぎ・平和を感じさせる色→自殺1／3に減少
  - サンフランシスコ／ゴールデンブリッジ（金門海峡）
  - 赤→不安・緊張・アクション（行動）をかきたてる色…長時間いると発狂する
- スペイン闘牛に用いる布はなぜ赤い？
  - 牛ではなくマタドールの振る赤い布を見て，観客（特に男性（女性は紫））が興奮するといわれている…動物は色がわかるのか？ 未解明
- 航空機内　黄緑…乗り物酔い→アイボリー・ベージュ
  - 黄…神経が緊張→腹痛・吐き気をもよおす
- 色光によるオス・メスの出生率は？

光（照明）の種類	オス出生率%	メス出生率%
白熱灯：暖色光	70	30
蛍光灯：寒色光	30	70
太　陽：自然光	50	50

　　暖色光（赤・橙・黄の光線）は，寒色光（青・青紫の光線）よりも，生理的な働きかけがあるからといわれている。→ハッカネズミの話
- 赤い光線をうけると，乳牛の乳の出がよくなる。青い光線のなかで育ったマウスは，普通の状態のマウスと同じように成長するが，赤い光線のもとで育ったマウスよりは，はるかに体重は少ないという。
- 演劇で，喜劇は黄色のフィルター，悲劇は紫の照明を…。
　　喜劇は必ず黄色のフィルターで照明する。他のどの色のフィルターを使っても，観客を笑わすことはむずかしい。
　　パントマイムの場合，そのポーズがまったく同じでも，紫のフィルターで照明すると，笑いだすどころか，逆にゾーッとする。紫の照明は，唇は紫色になり，笑うと歯が青白く，顔色は死人のようで，何とも薄気味悪いからである。
- 色鮮やかな動植物
　　自然界のなかで生きていくために，目立つ派手な色柄や目立たない地味な色の動植物がいる。鳥類のなかで雄が目立つ色や模様をしているのに，雌は目立たない色をしているものにクジャクがいる。雄は雌の関心を引くためなのか，鮮やかな色や形をしているのに対して，雌は自分の身を守り，産卵し雛を育むために枯葉のような地味な保護色をしている。
　　また，毒性をもつ蛇やクモ・ハチなどの黄・黒の縞模様（注意・危険標識）は，目立たせるためなのか，自分に近づくことに警報を発しているかのように，色鮮やかなものが多い。
　　毒キノコも同様に目立つことで，強く印象づけようとしているのだろうか。
- 色の視覚効果
　　スーパーの食品売り場などでより新鮮で美味しそうに見せるために，日常的に色の対比と同化の効果が演出されている。
- 赤いネットに入ったミカン→熟して一層赤みを増し美味しく見える。
- 緑色のネットに入った枝豆やオクラ→緑が濃く新鮮でみずみずしく見える。
- 赤みのお刺身や肉に添えられたり，敷かれた笹の葉やつま・パセリ→赤みを一層引き立てて美味しく見える。

- 派手な色と地味な色

    おもに明度・彩度に関係し，明度・彩度が高いほど派手に感じられる。色相では，寒色系より暖色系のほうが派手に感じる傾向がある。ゴールドやシルバーは派手に感じられるが，シルバーよりゴールドのほうがより派手に感じる。

- 硬い色と柔らかい色

    おもに明度・彩度に伴う感情で，明度の高い色はやわらかく，明度の低い色はかたく感じる。また，彩度の低い色はやわらかく，彩度の高い色はかたく感じる。パステルカラーとよばれるような明るくて彩度の低い色はやわらかく感じられる。

- 色の面積対比

    色の明度や彩度は，扱う面積の大小によって異なって見える。同じ色でも面積が大きい場合は，明るく鮮やかに見えるのに対して，面積が小さい場合は暗く濁って見える。

    部屋の色や仕上げ材を小さいサンプルや見本帖で決める場合，実物大の大きな面積になると，明度や彩度が高くなるので，面積効果を配慮するとともに，面積対比効果を意識してできるだけ大きなサンプルを用いるようにする。

- 同化効果

    ある色が他の色に囲まれている場合，囲まれた色が周囲の色に似て見える現象を同化という。同化は，囲まれた色が小さい場合，囲まれた色が周囲の色と類似している場合，2つの色が縞模様の場合などに起こる。

派手な色・地味な色

・彩度が高いほど派手に感じる

低彩度 → → 高彩度

・同じ彩度の場合は，明度の高いほうが派手に感じる

低明度 → → 高明度

強い色を小さい部分に用いた例（アクセント：ドア）

強い色を大面積に用いた例（壁）

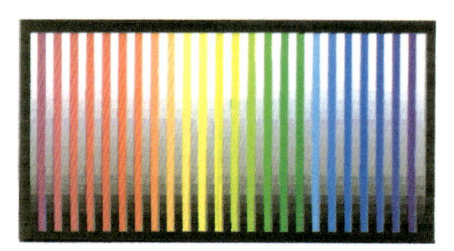

白いラインが入っているように見える

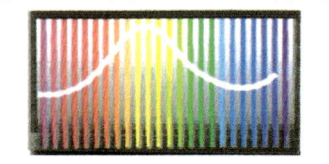

・興奮色と沈静色

　暖色系の色は気持ちを高ぶらせるのに対して，寒色系の色は気持ちを落ち着かせる。一般に彩度が低くなると興奮性も沈静性も弱まってくる。

　　赤…緊張・不安，活動的・積極的，血圧・脈拍増・気分が悪くなる
　　青…落ちつき・精神安定・筋肉の緊張緩和

赤の会議室…緊張感のある活発な議論→やる気を出させる空間
青の会議室…落ち着いた議論→冷静になれる空間

　実際に，あるベンチャー企業の会議室にもちいられている。

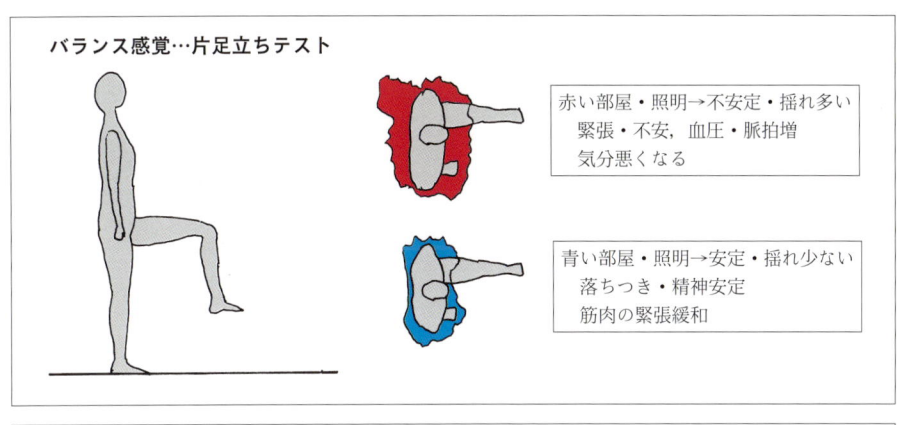

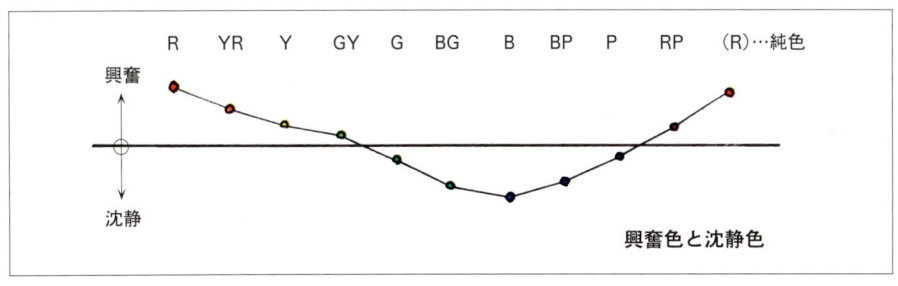

バランス感覚…片足立ちテスト

赤い部屋・照明→不安定・揺れ多い
　緊張・不安，血圧・脈拍増
　気分悪くなる

青い部屋・照明→安定・揺れ少ない
　落ちつき・精神安定
　筋肉の緊張緩和

興奮色と沈静色

赤の会議室 　　　　　　　青の会議室

5.3.10 純単色室テスト

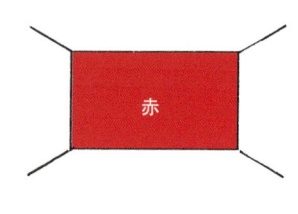

赤
連想するもの：太陽・火・血・戦争・革命・危険
感情：激情―怒り―焦り・緊張―不安・活動的・肉体的・積極的・説得力・興奮してやる気をおこす
- 血圧・脈拍が増して、そわそわした気分になり、気持が悪くなる。疲れる、長時間いると発狂することがある。

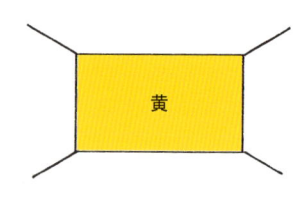

黄
連想するもの：月・レモン・平和・安全・明快・嫉妬・愉快・元気・明朗・軽快・健康
感情：軽快―素朴―陰うつ、元気・積極的、脳を刺激
- 目や神経が緊張して活動がにぶる。唾液が活発になり消化をうながす。強い黄色は腹痛を感じ吐き気をよび、心理的に黄疸状態に陥ることがある。コミュニケーションをとりやすい色。

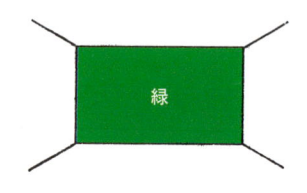

緑
連想するもの：自然・植物・草原・平和・希望・理想・健全・やすらぎ・くつろぎ・新鮮・若やぐ
感情：やすらぎ―希望―欲・理想・平和
- 特別の反応はみられないが、もっと変化のある色が欲しくなる。血圧を低める。疲れをいやす。運動能力を抑制する。

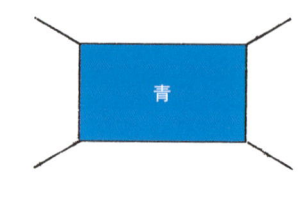

青
連想するもの：海・青空・希望・清澄・優美・高尚・落ち着き・平静さ・寂しさ・哀しさ・瞑想的・知的
感情：落ち着き―瞑想―哀しさ・深遠・真面目・虚無感・信頼感
- 血圧・脈拍はかわらないが活気を失う。強烈な青は、頭がふらふらしてくることがある。近視になりやすい。客室などの場合、会話がとぎれがちになるので不向き。イライラを抑える。

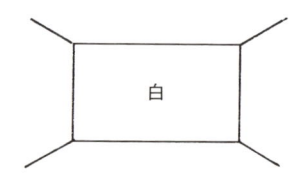

白
- 反射率が大きい純白の場合、瞳孔が極度に収縮し頭痛に見舞われることがある。

 ただし、やさしい白い漆喰壁の部屋に暮らす女性は、美人になるといわれる。白さが自分の顔や姿をひきたてて、内分泌をうながし若返らせるからである。そのためには等身大が映せる鏡を備え付けるとよい。やさしい白い壁と鏡は、健康のナルシシズム（自己陶酔）を啓発する。ギリシャ神話のなかで少年ナルシスは、自分の美しい姿が水に映るのに魅せられて溺死し、水仙の花と化した…という物語にもみられるとおりである。

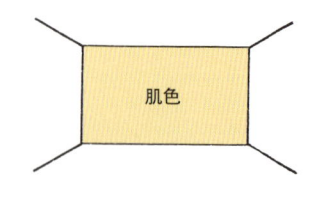

肌色
- 肌色の場合、筋緊張度が一番ゆるんだ状態。理想的（反射率50％）な色彩的快適空間である。

5.3.11 色の視認度

色の視認度とは配色による視認しやすさの度合いをいう。

視認性：色によって遠くまではっきり見える配色と，見えにくい配色がある。これは背景(地：バック)の色と，サイン(看板・標識)のパターン(図案・シンボルマーク)などとの関係によるもので，地と図の3属性の差が大きいほど，視認度は高くなる。

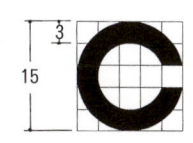

測定に用いる視標ランドルト環

・色相と視認度（距離）

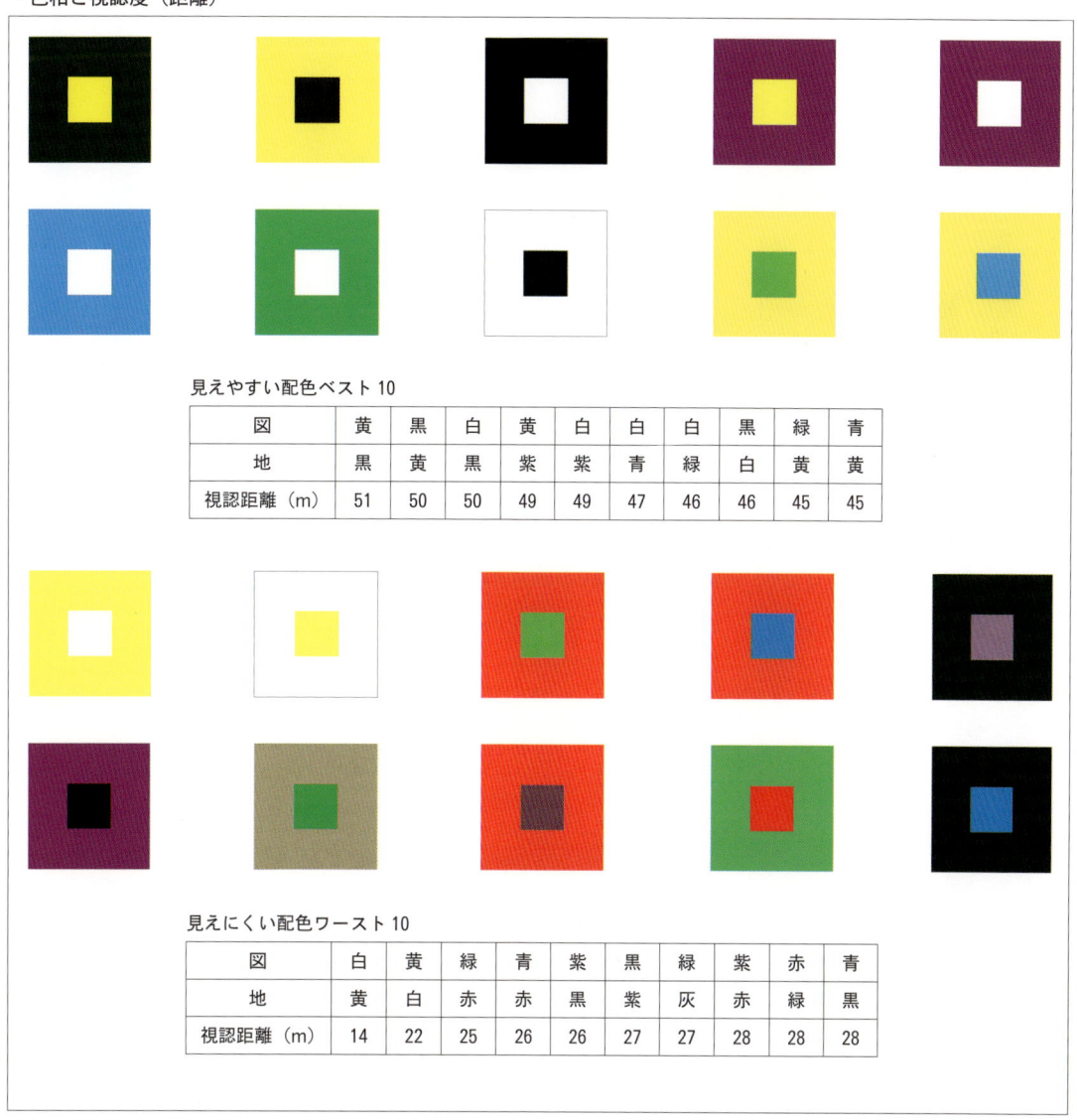

見えやすい配色ベスト10

図	黄	黒	白	黄	白	白	白	黒	緑	青
地	黒	黄	黒	紫	紫	青	緑	白	黄	黄
視認距離（m）	51	50	50	49	49	47	46	46	45	45

見えにくい配色ワースト10

図	白	黄	緑	青	紫	黒	緑	紫	赤	青
地	黄	白	赤	赤	黒	紫	灰	赤	緑	黒
視認距離（m）	14	22	25	26	26	27	27	28	28	28

・明度差と視認度（距離）

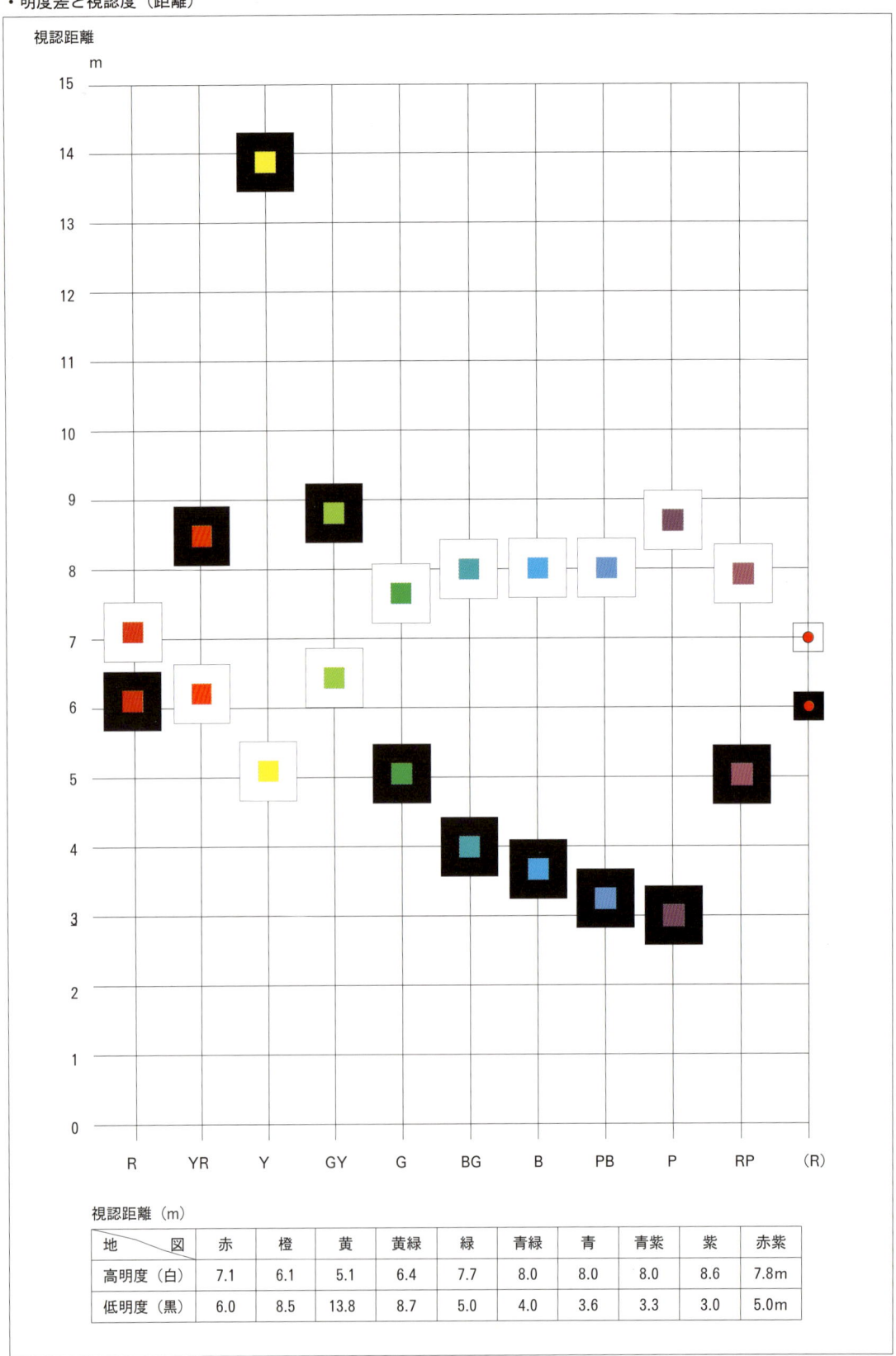

視認距離 (m)

地図	赤	橙	黄	黄緑	緑	青緑	青	青紫	紫	赤紫
高明度（白）	7.1	6.1	5.1	6.4	7.7	8.0	8.0	8.0	8.6	7.8m
低明度（黒）	6.0	8.5	13.8	8.7	5.0	4.0	3.6	3.3	3.0	5.0m

5.3.12 配色による色の三属性

　色の対比：2つの色が互いに影響しあって，その相違が強調されて見える現象を色の対比という。

　色の対比には，同時に2つ以上の色を見たときに起こる同時対比と，ある色をしばらく見たあとで，別の色を見たときに起こる継続（継時）対比がある。

(1)　同時対比

・**色相対比**（心理補色化）：バックの色によって，中の色はどのように見えるか？
　　　注：補色…色相環上で反対（180°）側の色
　　　　　心理補色化…ある一つの色をしばらく見ていると視神経が疲れ，見ている色の反対色を誘って，刺激の片寄りを調節しようとする現象。

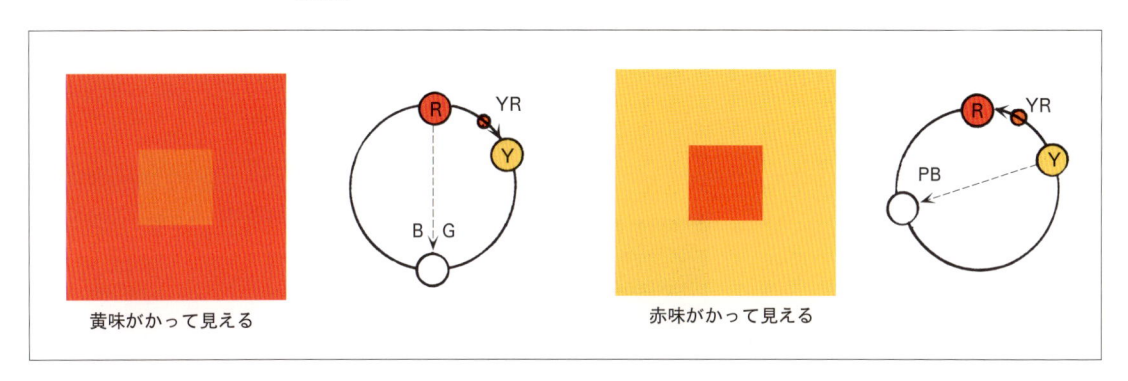

| 黄味がかって見える | 赤味がかって見える |

・**明度対比**：バックの明るさによって，中の色はどのように見えるか？
　明度差のある色を配色したときに，明るさが強調される現象。
　　　バックの明度によって低明度（黒）→明るく見える
　　　　　　　高明度（白・ライトグレー）→暗く見える

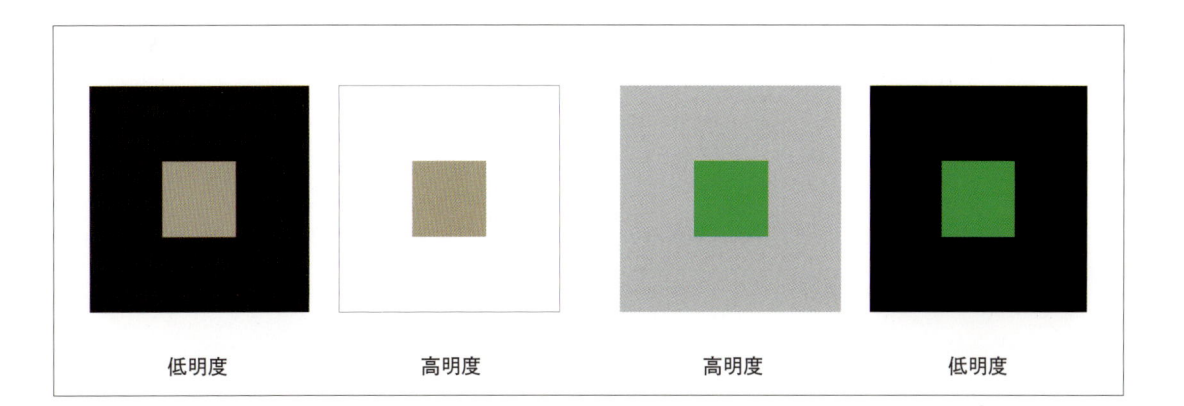

| 低明度 | 高明度 | 高明度 | 低明度 |

- 彩度対比：バックの彩度（高・低）によって，中の色はどのように変化するか？
  彩度差のある色を配色したときに，鮮やかさの度合いが強調される現象。
  　　　バックの彩度によって高彩度（さえた）　→（赤味が）弱まって見える
  　　　　　　　　　　　　　低彩度（くすんだ）→（赤味が）強まって見える

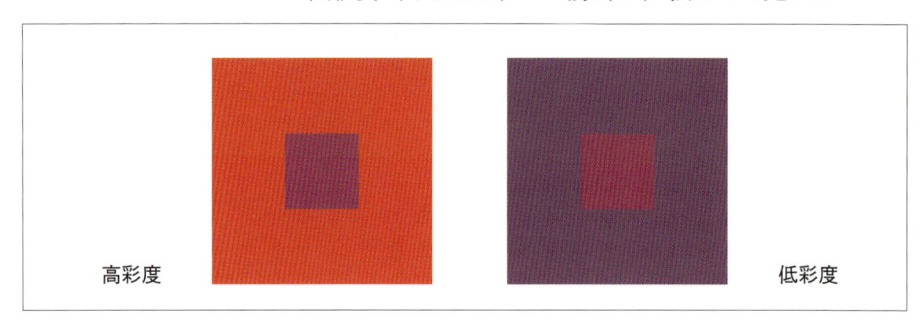

(2) 継続（継時）対比

- 補色残像：黒地の上の緑，白地の上の赤をしばらく見つめてから，目を白い壁などに移すとどのように見えるか？

　補色残像とは，ある色をしばらく（40秒程度）見つめたあとで，目を他に移すと色順応が起こって，補色（色相環上で180°反対側の色）の残像が見える現象。

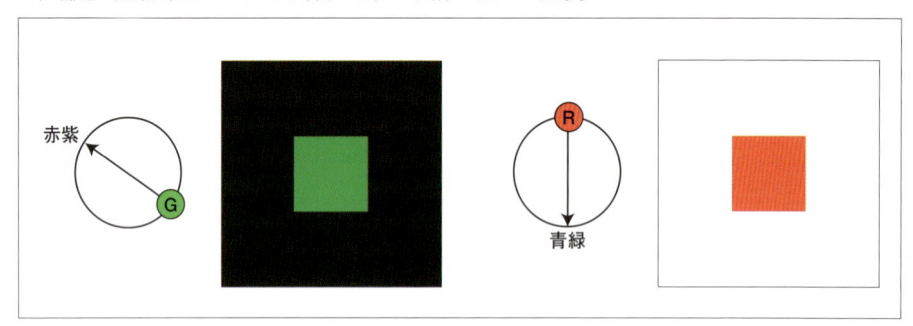

- 手術室の色，手術中の医師やナースのガウン・キャップ・マスクの色は何色が適しているか？
  手術中の血の赤→淡い青緑(赤の補色)…（中和）

- 対比と同化

A：明度対比／左右のグレー部分の明るさは？

　白と黒のラインは太いので明度対比現象を起こし，同じ明るさのグレーなのに，左の白ライン側のグレーは暗く，右の黒ライン側のグレーは明るく見える。

B：明度同化／左右のグレー部分の明るさは？

　白と黒のラインは細いので明度の同化現象を起こし，同じ明るさのグレーなのに，左の白ライン側のグレーは明るく，右の黒ライン側のグレーは暗く見える。

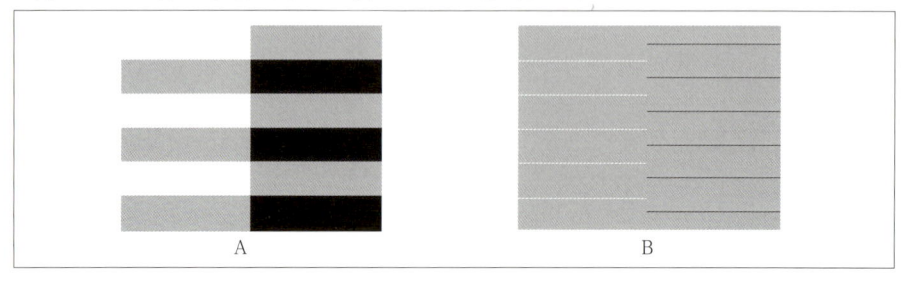

配色による三属性／演習問題

色相対比（心理補色化） バックの色によって中の色はどのように見えるか

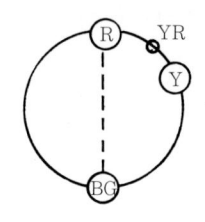

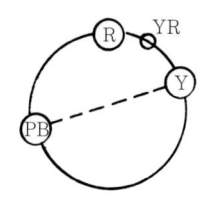

橙
赤

橙
黄

明度対比 バックの明るさによって中の色はどのように見えるか

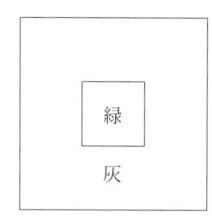

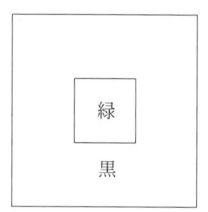

灰
黒

灰
白

緑
灰

緑
黒

彩度対比 バックの彩度によって中の色はどのように変化するか

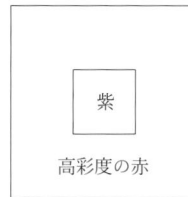

紫
高彩度の赤

紫
低彩度の赤

補色残像 黒地の上の緑，白地の上の赤をしばらく見つめてから目を紙の白い部分に移すと…

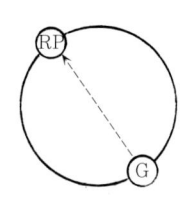

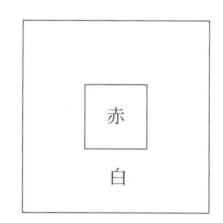

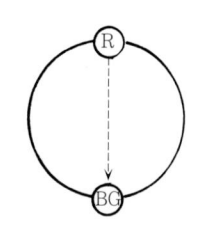

緑
黒

赤
白

5 色彩

5.4 色彩調和

色彩調和とは，人に心地よい感じを与える色彩の組合せのことで，カラーハーモニーともいう。

色彩調和の黄金率：日本人の肌色（反射率50％前後）の類似色は落ち着いた配色で調和する。特に和室は，日本人の色彩感覚の究極であり，理想的な住空間の配色といわれている。和室のなかで反射率50％のものは，桧の柱（黄褐色），杉の天井板（赤みがかった黄褐色），畳表（青みをおびた灰褐色），土壁（肌色に似た黄褐色），桐のタンス（くすんだ褐色）などで構成されている。

```
                        天井 80％
          家具 25～45％            壁 50～70％
理想的な反射率      間仕切 40～70％     ⇩
                                  日本人の肌色（反射率）最適
                        床 20～40％
```

反射率 (%)

区分	10 0～10	30 10～30	50 30～50	70 50～70	80 70～
石 れんが	鉄平石(5～15) 古赤れんが(5～10)	濃人造石(10～20) 新赤れんが(25～35)	石材一般(20～50) 淡人造石(30～50) 新淡れんが(30～40)	白大理石(50～60)	
タイル		濃タイル(10～20)		淡タイル(50～70)	白タイル(70～80)
左官		濃壁(15～25) 濃砂壁(5～15)	淡砂壁(20～40) 淡壁(40～60)		白壁(55～75) 黄大津壁(70～75) 新白プラスター(75～85)
金属		すず・銅アルミ箔(20～30)	亜鉛めっき鉄板(30～40)	銅・鋼(50～60) 金・ニッケル(60～70) クロム(50～60)	アルミ・ステンレス(70～75) 艶消アルミ(60～80) アルミ電解研磨(90～95) 銀(93)
木材		杉赤味(25～50)	杉(30～50)	桧(55～65) 桐(65～75)	
布	木綿・しゅす(2～3) 黒布 ビロード(0.4～3)	濃壁装材(20～40)	淡カーテン(30～50)	淡壁装材(40～70) 白布・木綿・麻(40～70)	
紙	黒紙(1～5)		障子紙(30～50) 襖紙(30～50)		白ケント・鳥の子紙(70～80)
ガラス	黒ガラス(5)	透明ガラス(10～12) 型板ガラス(15～25)	すりガラス(30～40)	乳白ガラス(60～70)	鏡面(80～85)
塗装		オイルステイン(10～20)	濃ペイント(15～45) 色ラッカー・ニス(20～40)	淡ペイント(30～70) 明クリヤーラッカー(40～60)	白ペイント・エナメル(70～85)
その他	水面(2)	コンクリート(20～30) 濃Pタイル(10～20)		新たたみ(50～60)	

(1) 配色のポイント－10
- 色を決める前に材料を決める：仕上げ材によっては使いたい色がない場合がある。
- 色を決める順序：天井・壁・床など大きい面積の部分から決めていく。反射率（明るさ）は，天井80％，壁60％，床30％前後とするのが一般的である。天井が最も淡く，床は最も濃くする。

  また，無彩色の白・グレーのほかに，色相は赤系から黄・緑系にわたる。青・紫系の色を使うケースはきわめて少ない。
- 色の見やすさを考える：色の明るさ，濃淡に適当な差をつけて選ぶ。赤と緑の組合せは対比がきつくイライラさせる。
- 色に共通性をもたせる：上記のように色のトーンに差をつけるとともに，色相を近似させてまとまりをもたせる。同系色が含まれていることが調和の基本の一つである。
- 色数は多くしない：基本的には2～4色までとし，5色では多すぎる。色数をふやすにつれて配色の効果はうすれてくる。
- 鮮やかな色は小さい部分に使う：基調色を生かすアクセントカラーとして用いる。大きい面積に使うと室内のムードが鮮やかな色にのっとられてしまう。
- 無彩色を上手に使う：無彩色が加わると配色に調和感が増してくる。相性の悪い色でも白やグレー・黒を間にいれると調和しやすい。
- 同じ色を2か所以上に使う：たとえば，カーテンとクッション，天井と照明器具を同系色の濃淡にして関係（色の交換技法）をもたせる。
- 見慣れた配色にする：配色の手法にかなっていても，見慣れない配色は奇異な印象を与える。四季の自然，草花や小鳥などを連想する配色は心をなごませる。
- 独自性を出す：時代の流れや様式をとり入れるのも一つの方法であるが，建物全体の色彩計画のコンセプトを明確にして，個性のある色彩計画をたてる。

(2) 系統色（マンセル色相）別による色彩効果
- 暖色系：一般に刺激に対して神経過敏な人が好むといわれている。

  赤(5R)
  - 心理的に時間が早く経過する（時間を過大評価し，実際の時間経過が1時間でも倍の2時間に感じる）。
  - 心理的に暖かく（寒色系より3℃高く）感じる。
  - 赤(4R)は緊張・興奮度が高いので大きい面積には適さない。

  黄み赤(7R)
  - 運動したくなったり，視覚的な興味をいだかせる。

  黄み橙(10R)
  - 生理的に活気づくが，呼吸はいくぶん早くなり血圧も高くなる。筋肉緊張を増大させる。
  - ものは長く，大きく，重たく感じる。

  橙(4YR)
  - 子供が好む色，新生児の目は澄んでおり，子供の目は青色光を10％しか吸収せず，橙色光をよく感じるので暖色系を好む。
  - 進出・膨張・拡大するので，見た目に部屋が狭く感じる。衣服の色としては大きく太って見える。

	・刺激や興奮をうながすので，外向的な人が好む。率直で衝動的な人は一般にどんな色でも好むが，特に暖色系を好む。子供は素朴に反応する。
	・橙(4 YR)は室内の色として大きい面積に使うと，極度に緊張させるので禁物である。
橙み黄(8 YR)	・子供の色彩嗜好は，年齢が増すにつれて暖色系から寒色系へ推移する。
	・教養が高まるにつれ，暖色系から寒色系へ嗜好が変わる傾向がある。
赤み黄(2 Y)	・男性が官能的に好む色は赤・ピンク・赤紫。
	・暖色系を好む人は順応性があり，ビジュアルの世界に親しみやすく，社会的環境にすばやく順応する。
	・情緒的な面では，暖かい感情，被暗示性，強烈な感性が特長。すべての精神的機能は敏速で客観性が強く，刺激に神経過敏な人は赤と暖色系にひきつけられる。
黄(5 Y)	・寝室や寝具として不眠の色。
	・黄(5 Y)は，大きい面積に用いるのは避ける。

・**寒色系**：一般に温和で粘液質の人が好むといわれている。

青み緑(9 G)	・心理的に時間が遅く経過する(時間を過小評価し，実際の時間経過が1時間でも半分の0.5時間(30分)に感じる)。
	・緑(4 G)に灰色を加えて中間色にすればインテリアに向く。
青緑(5 GB)	・心理的に冷たく感じるので，勉強したくなったりする。
	・環境としては無味乾燥。
青緑(10 GB)	・生理的に落ちつき，呼吸はゆっくりとなり血圧は低下する。筋肉緊張を減少させる。
緑み青(5 B)	・ものは短く，小さく，軽く感じる。
	・成人の好む色。年齢とともに目の分泌液は黄色みを帯びてくる。老人の目は水晶体のメラニン色素で青色光を85%も吸収するので，青色光を渇望するようになる。
	・落ち着き，沈静をうながし内向的な人が好む。保守的でもの静かな人は，一般に色調の落ち着いた色を好み，特に寒色系を好む。成人は慎重な反応を示す。
青(10 B)	・後退・収縮・縮小するので部屋はやや広く見える。衣服の色では，実際より小さくスリムに見える。
	・青(10 B)は灰色を加えて中間色にすればインテリアに向く。
青(3 B)	・女性が官能的に好む色は，薄紫・水色・赤紫。
	・寝室の色としてよく眠れる。
	・寒色系を嗜好する人は順応性がない。外部の世界に対して分裂的態度をとり，新しい環境に自らを適応させることがむずかし

|紫み青(6 PB)|・情緒的に冷淡で内気,主観性が強い。温和で粘液質の人は,青と寒色系に満足する。
・パステル調は緊張感を緩和させる。|

(3) 配色と調和

　2色以上の色を組み合わせることを配色といい,見る人が配色されたものを快く感じるときは調和,不快な感じを与えるときは不調和という。配色の調和に関しては,古くからオストワルト,ビレン,ムーン＆スペンサー,アボット,チェスキンなど,さまざまな説が唱えられている。

　特によく用いられるのがムーン＆スペンサーの配色調和論で,色の三属性（色相・明度・彩度）が簡単な幾何学的位置関係にあること…とする理論は,わかりやすいが人は感覚に差異があるので,絶対的なものとはいえない。

・**色相による調和**

　同じ色相で明度・彩度が異なる色の調和を同一色相調和といい,色相環上で近い位置関係にある色の場合を類似色相・近似色相調和という。また,相対する位置関係にある色の場合は対比色相・対立色相調和という。

　これらの関係を色相環上に表したムーン＆スペンサーの配色調和論は,下図のように調和域と不調和域を明示している。また,2・3色以上の組合せについても,いろいろな説があるが,次ページの図のように色相環上で正三角形や正四角形となるような等間隔の配色は代表的なものである。

・**明度・彩度による調和**

　明度・彩度による調和も,下図のようにその差の度合いによって,同一・類似・対比の3つの調和域があり,ムーン＆スペンサーの説では,それぞれの中間に位置する第一・第二不明瞭域の色は,調和しにくいとしている。

　明度差がはっきりしない場合は,色相または明度差を大きくしたり,彩度差があいまいな場合は,色相または明度差を明瞭な関係にするように調整して調和感を表す。また,明度と彩度を関連させたトーンの分類による調和法もしばしば応用されており,同一・類似・対比調和の基本形として考えることができる。

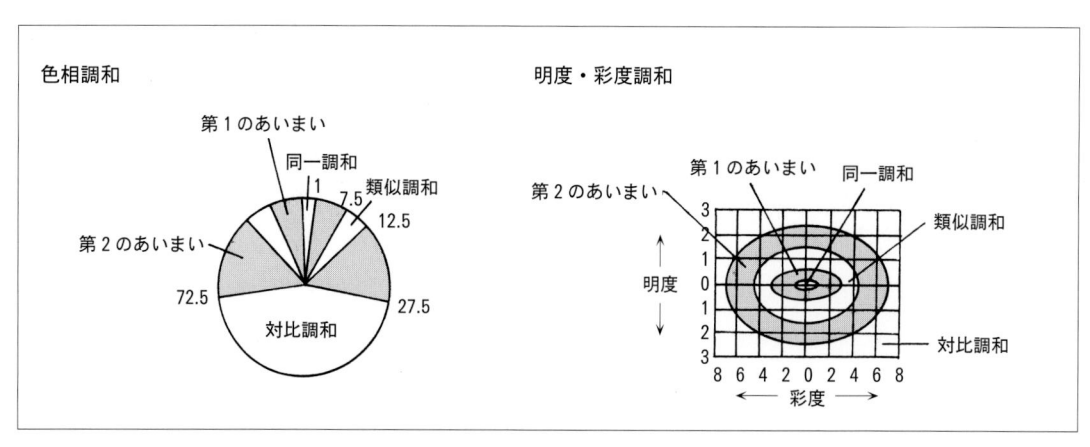

2色調和

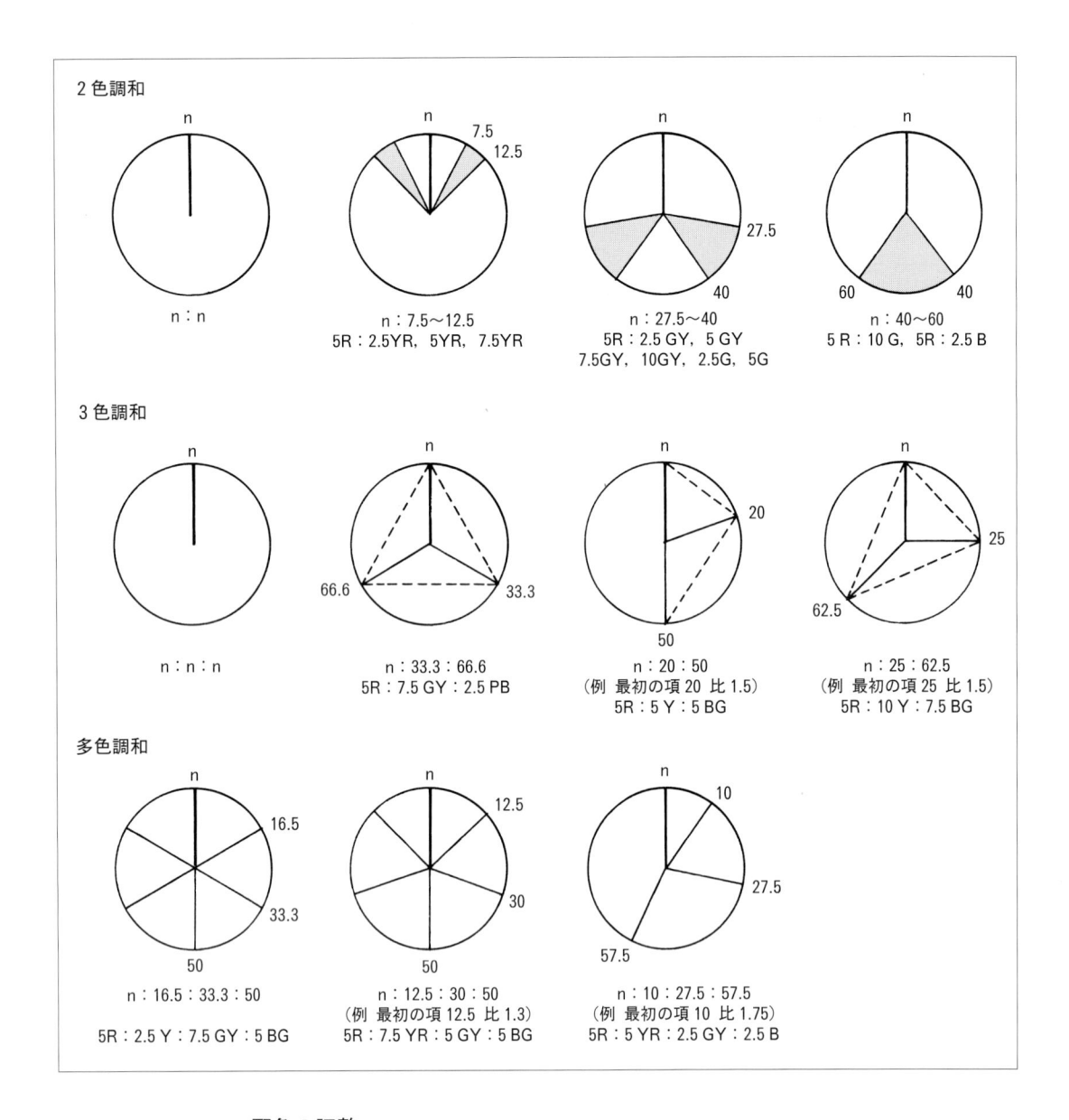

n：n

n：7.5～12.5
5R：2.5YR, 5YR, 7.5YR

n：27.5～40
5R：2.5GY, 5GY
7.5GY, 10GY, 2.5G, 5G

n：40～60
5R：10G, 5R：2.5B

3色調和

n：n：n

n：33.3：66.6
5R：7.5GY：2.5PB

n：20：50
（例　最初の項20　比1.5）
5R：5Y：5BG

n：25：62.5
（例　最初の項25　比1.5）
5R：10Y：7.5BG

多色調和

n：16.5：33.3：50
5R：2.5Y：7.5GY：5BG

n：12.5：30：50
（例　最初の項12.5　比1.3）
5R：7.5YR：5GY：5BG

n：10：27.5：57.5
（例　最初の項10　比1.75）
5R：5YR：2.5GY：2.5B

・配色の調整

　色彩調和は，造形美の原理にあてはめて考えることができる。色と色の間の共通性にもとづく場合と，はっきりした差異性による相互関係が基本であって，統一感とそれに対する変化というとらえ方をもとに，配色して調和させることが考えられる。

　面積の大小や色の位置関係などによって効果が左右されたり，使われる材質感との関係も無視できない。

　配色調和には絶対的なものはなく，人により，時と場所によって，その評価には差がある。また，流行や見慣れた配色のように親近感で左右される場合もある。

5.5 テクスチャー・光

(1) 材質感（Texture）

インテリアの美しさや快適さを演出する構成要素に、形態や色彩とともに材質感がある。材質とは材料のもつクオリティー（品質・特性）をいい、視覚や聴覚・触覚などによって、感覚的にとらえるのが材質感である。

材質感を表す尺度として、材質のもつ冷たさ・暖かさ、堅さ・柔らかさなどがある。また、材料表面の凹凸の度合いや、形状の違いなどの「肌理（きめ）」で表すこともある。粗くザラザラした面と、ツルツルした光沢面の違いは、質感の違いとして認識され、視覚的なものとしては、透明感や不透明感などがある。

一般に材質感において、表面が粗く暖かみのある木材や布地などは素朴さや親しみを感じ、平滑で冷たさのある石や金属などは知的で厳しさを感じさせる。光沢のないものは落ち着いた安定感があり、光沢のあるものは華やかさがある。

材料を図のように、ハードな感じの鉱物系〜植物系からソフトな感じの動物系に分けてみると、れんがや石は鉱物系のなかでも自然のイメージが強く親近感があるが、金属となると一般にかたい感じになる。しかし、金属類は強度などの特性によって、緊張感や作業性を求める空間には欠かせない材料である。

植物系の材料としては、木材が最も利用度が高く応用範囲も広い。動物系の材料は最も安らぎ感があり、毛皮やウールなどは休息空間にふさわしい感触やイメージを備えている。

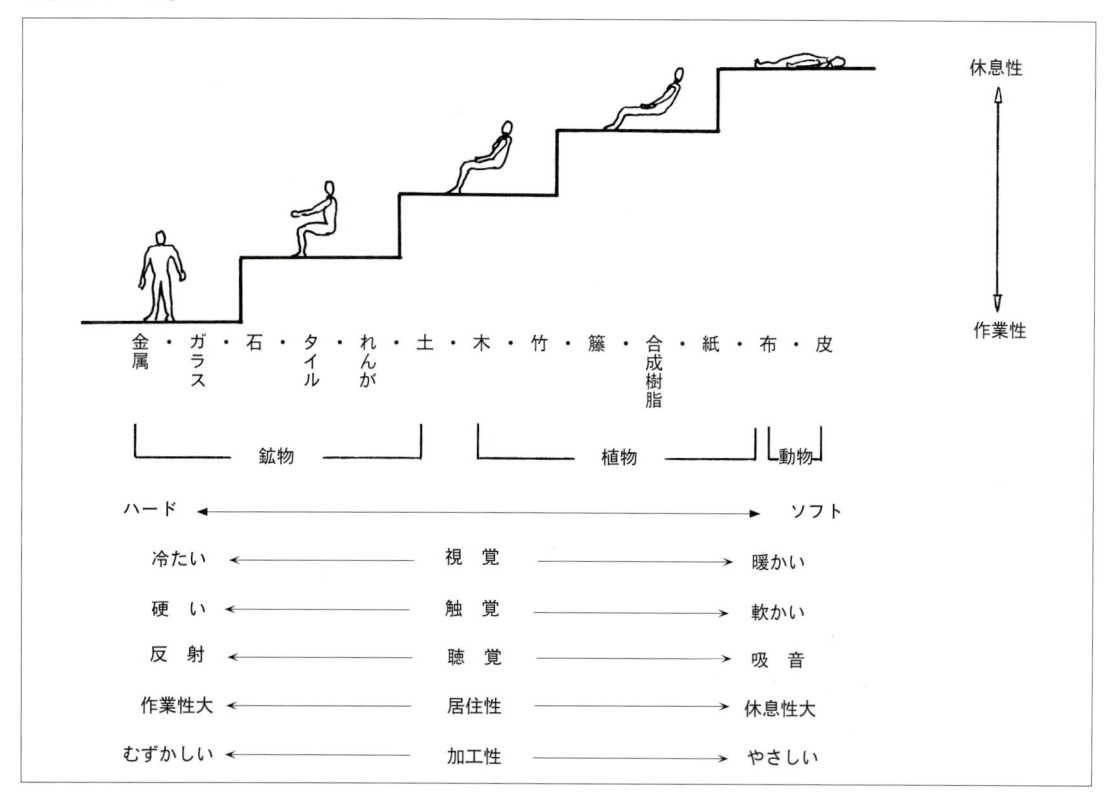

たとえば住居の場合，安らぎの間であるベッドルームでは，敷物やカーテンなどのファブリックス（織物）がおもな役割を果たすのに対して，作業性の強いクリーンなキッチンは，タイルやステンレスなどがその特性を発揮する。リビングルームのように，団らんやコミュニケーションをとるなど多目的に使われる空間では，木材など中間的な材料が主体となることが多い。これらは材料のもつ性能上の適性だけでなく，生活シーンと材質感の適合性が関係しているからである。

また，材質感には心理的に毛皮や布などは暖かく感じ，金属や石などは冷たく感じるが，これは材料のもつ熱伝導率と大きくかかわっている。

材質感においても色彩などと同様に，調和するもの，不調和のものがあるので，質感の差があいまいな組合せは避け，同質感または対比がはっきりした組合せにしたほうが無難である。毛足の長いシャギーカーペットの上に，大理石やガラスのテーブルを置くなど，明確な対比によって質感の調和を感じとることもできる。

(2) 光

あらゆるものは，光があってはじめて見ることができる。形や色は光がかわれば見え方もかわるので，造形の美的効果をコントロールするのは光だともいえる。

ライトアップなどによる光の効果は，光の位置や方向性などによって異なるが，インテリア空間において，光は明暗の対比や陰影がドラマチックな効果をあげることが多い。同じ室内でも，陰をつくらない平面的な拡散光による全般照明の場合と，陰を強調する立体的な局部照明の場合では，見え方がまったく異なり雰囲気も違ってくる。

また，空間の目的や性格によって，リビングルームなど休息空間の場合はそれぞれムードの異なった光が重視され，オフィスなど執務中心の空間では，明るさにむらのない光が求められる。

光の扱い方によって，低い位置の光は落ち着いた雰囲気をつくり，高い位置の光は気分を高揚させる。きらめきを強調するシャンデリアの光や，ちりばめられた多数の光などは華やかな感じになるなど，光の扱い方一つで焦点をつくり，ひきしまったインテリアにすることができる。暖炉の火やダイニングテーブルの上のペンダントライトのように求心性をもたせて，空間のまとまりを演出することもある。

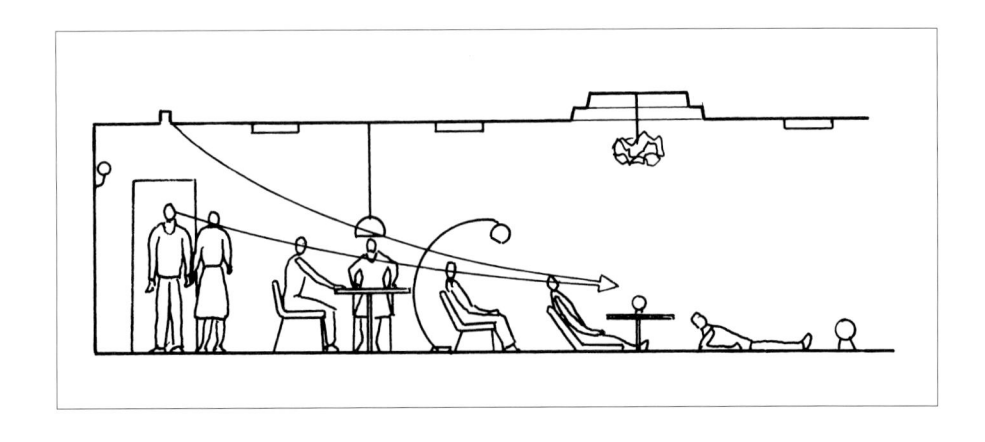

6 人と空間のかかわり

THE FOUNDATION OF INTERIOR DESIGN

人の空間のかかわり

諺に人の間（ま）は、座って半畳（3尺＝91cm）、寝て1畳（6尺＝182cm）、大の字に寝て2畳と昔からいわれている。これは禅宗のお坊さんが修行するときの座相（座禅のときの座り方の一つで結跏趺坐（けっかふざ）という）幅2尺、身長5尺にそれぞれプラス1尺の余裕をもった寸法で、修行僧の生活スペースからきている。

また、着物をたたむと箪笥にぴたりと納まり、箪笥を二棹（ふたさお）ならべるとたたみ1畳の幅に納まるように、人体の寸法や動作をもとにして、人→着物→家具→部屋→建物全体がシステマチックに構成されている。このようにたたみ1畳の大きさは、日本の住まいにおける居住空間の基準寸法になっているのである。

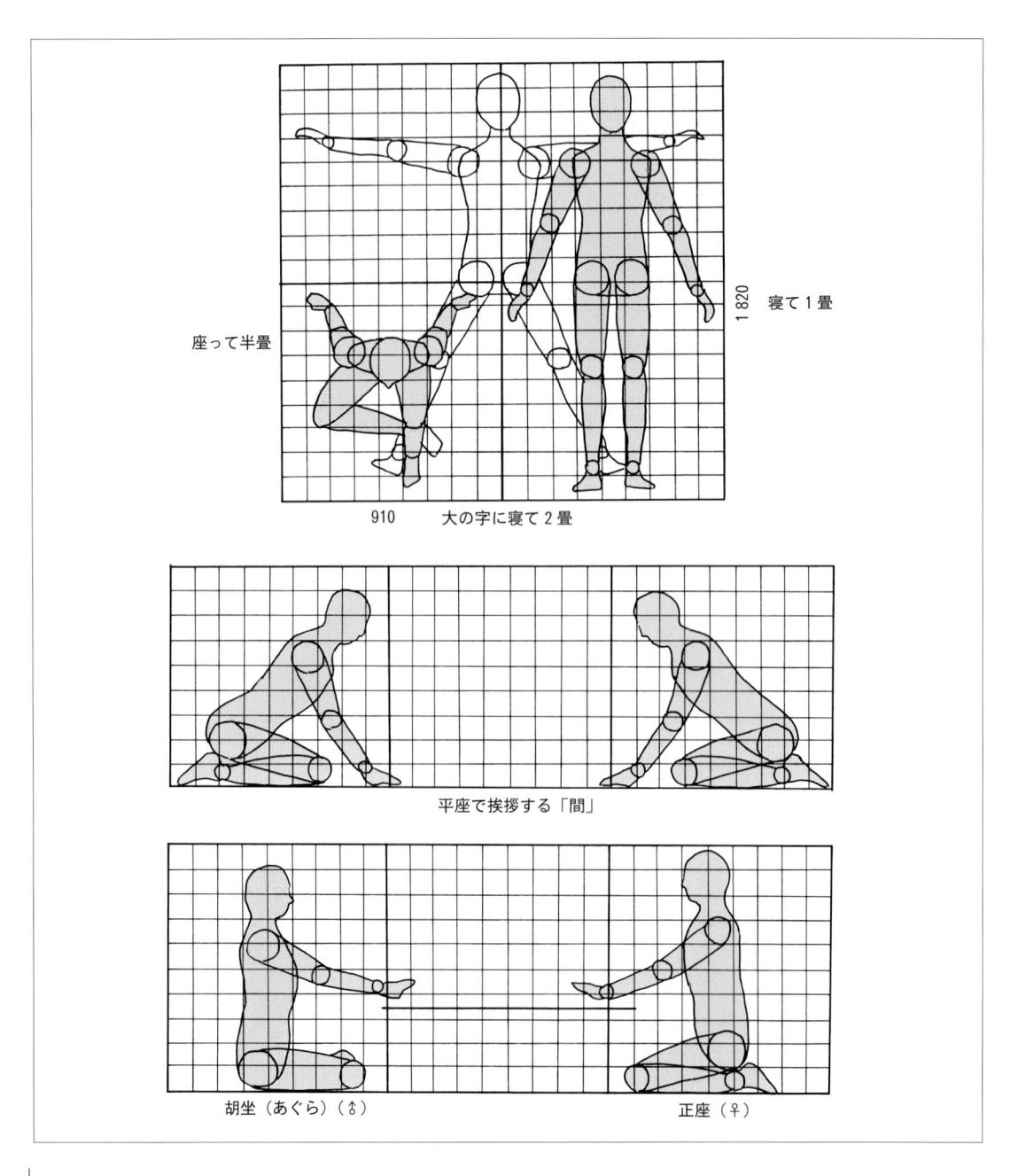

座って半畳　　910　大の字に寝て2畳　　1 820　寝て1畳

平座で挨拶する「間」

胡坐（あぐら）（♂）　　正座（♀）

6.1 人間工学

　人間工学とは，人と空間のかかわりにおいて，人体の各部位の寸法や，人間のあらゆる生活姿勢・動作に伴う動きの領域にもとづいて割り出される部屋の広さや高さの関係を始めとして，休息・団らんのための椅子・テーブル・ベッド，調理のための厨房器具，ものを収納する戸棚などの寸法について，人が最も快適に，機能的に使いやすく，かつ効果的であるのかを，デザインの根拠にするのが人間工学の目的である。

　人が空間とかかわる人間工学の基本となっている人体寸法には，人体そのものの「静的な人体寸法」と，生活行為を中心とした動作や移動に伴う「動的な人体寸法」があり，「人」と「もの」・「こと」を組み合わせた空間へと発展していく。
　人間工学における人体の部位寸法や生活動作域については，数多くの要因を細かく分析し，あらゆる角度から測定したデータを基礎としてつくられている。しかし，建築やインテリアのすべてが，人間工学的に適正な条件のもとにデザインされ，つくられたとき，そのなかでの生活は，人体や各感覚に見合った快適さ，安易さのあまり，逆におぼれてしまうおそれもあるのではないだろうか，また，男女の差，成長に伴う心や体位の変化に対しての配慮も必要になってくる。

　人体測定値としての寸法は，一般にヌード寸法であって，それがただちに設計寸法に結びつくものではないことも，十分認識しておく必要がある。人体寸法プラス「心理的あき」寸法も重要な要素である。ヌード寸法を基準とするのは浴室ぐらいのもので，人は衣服をまとい履物をはき，そのうえ人体はなんとなくわずかながらゆらゆらと自然に揺れ動いて行動している。
　また，人は防御本能ともいうべきものがあって，他のものとすこし離れようとする習性がある。部屋に入ると真ん中に座を占めるより，部屋の片隅に近い場所に座る傾向があるので，これらの習性を考慮にいれて，ヌード寸法からつかず離れずの広がりを，生活するうえでのヒューマン・スケールとすべきである。
　通路幅や出入口ドアの幅などを考えるとき，人は知らず知らずのうちに左右に5～6cm揺れ動いており，少なくとも壁から5cmは離れて歩いているので，1人の通路幅は70cm，ものをもっている場合を考慮すると80cm以上。2人すれ違いの場合は130cm，手荷物を含めると140cm以上は必要となる。
　高さについても同じようなことがいえる。JR上野駅の山手線・京浜東北線のホームから，常磐線・高崎線など長距離電車への連絡通路のなかに，成人の平均身長に近い梁下160cm前後のところがあるが，見ていると頭上を10cmぐらいあけ，かがんで潜りぬけていく人が多い。ドアの高さや鴨居の高さは，身長を基準にして履物の厚さプラス心理的あき寸法として10cmは必要ということになる。

6.2 昔の生活尺

　人間工学とは先に述べたとおり人体寸法や動作域などを基準に、「建築・インテリア」空間の広さ・高さ等について、機能的・効果的にデザインするためのシステム（体系）をいうが、昔の人は手を基準にしてものを測っていた。

　［諺］　座って半畳，寝て1畳（大の字に寝て2畳：1坪）

○指寸法（Finger Scale）

・丈・尋／10＝咫（寸法をあたる：親指〜人差指の長さ）
　　　　　一説には　親指〜中指の長さをいうこともある
・お箸の長さ→ひと咫半
　　　身長/10　♂　5寸6分（170mm）×1.5＝8寸4分（255mm）
　　　　　　　♀　5寸2分（158mm）×1.5＝7寸8分（237mm）
・親指〜中指＝1間（6尺=1 820mm）/10＝6寸（182mm）
・親指〜中指×2＝1尺2寸（364mm）とは…
　　　→お尻の幅・反物（着物）の幅・持ちやすいお盆の幅・ソファの高さなど
　　　→お盆をもった人の肩幅＝1尺5寸（455mm）
　　　お盆をもった人が通る
　　　→廊下の幅＝3尺（　910mm）
　　　→柱の間隔＝6尺（1 820mm）＝1間

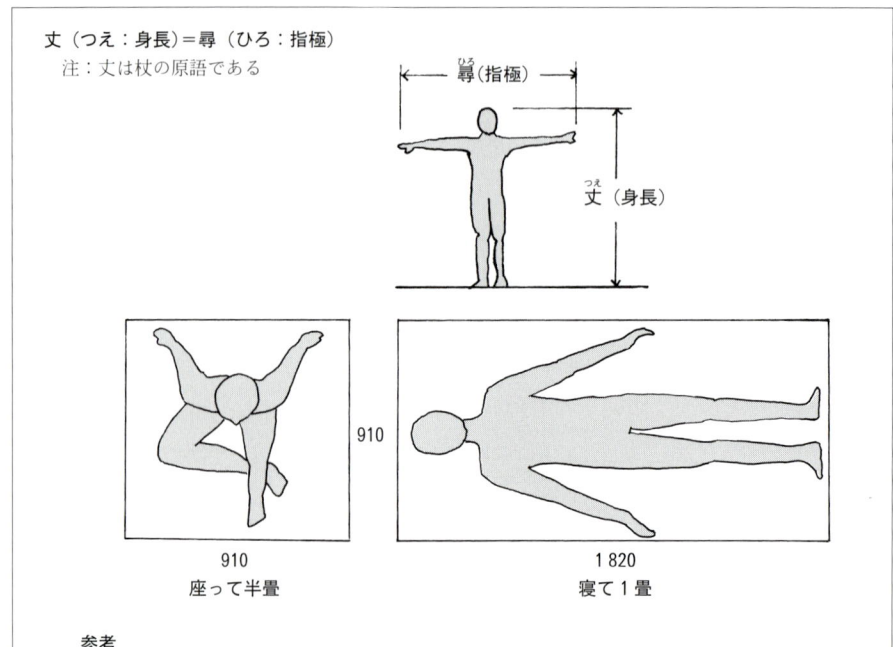

丈（つえ：身長）＝尋（ひろ：指極）
注：丈は杖の原語である

910　座って半畳
1 820　寝て1畳

参考

尺貫法	1尺	1尺2寸	1尺5寸	3尺	6尺（1間）
メートル法（mm）	303	364	455	910	1 820

金尺（1尺＝303mm）≒鯨尺（8寸＝302mm）

指寸法（フィンガースケール）

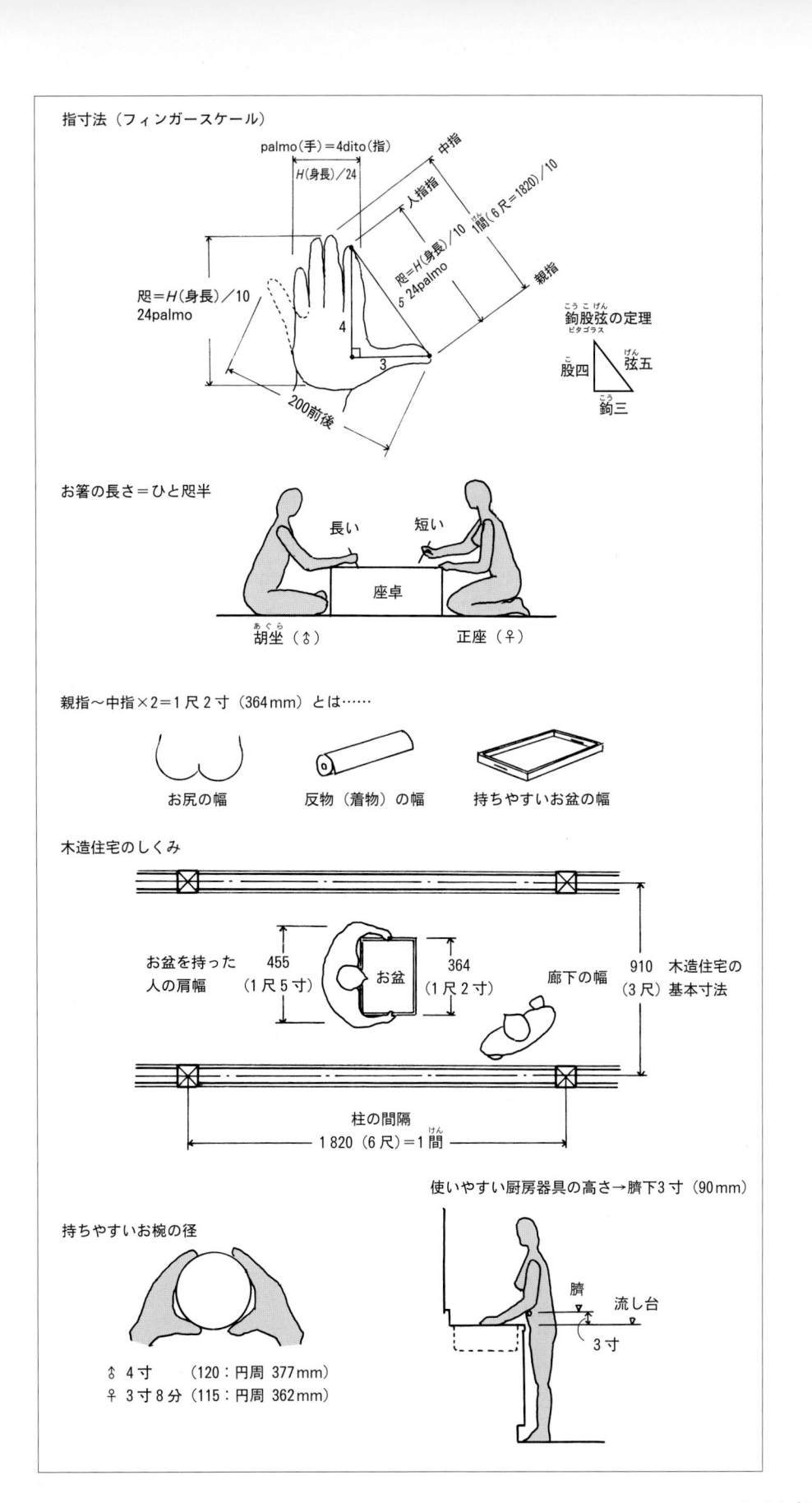

palmo（手）＝4dito（指）
H（身長）/24
中指
人指指
1間（6尺＝1820）/10
咫＝H（身長）/10
5 24palmo
親指
咫＝H（身長）/10
24palmo
200前後

鉤股弦の定理
ピタゴラス
股四　弦五
鉤三

お箸の長さ＝ひと咫半

長い　短い
座卓
胡坐（♂）　正座（♀）

親指〜中指×2＝1尺2寸（364mm）とは……

お尻の幅　　反物（着物）の幅　　持ちやすいお盆の幅

木造住宅のしくみ

お盆を持った人の肩幅　455（1尺5寸）　お盆　364（1尺2寸）　廊下の幅　910 木造住宅の（3尺）基本寸法

柱の間隔
1 820（6尺）＝1間（けん）

持ちやすいお椀の径

♂ 4寸　　（120：円周 377mm）
♀ 3寸8分（115：円周 362mm）

使いやすい厨房器具の高さ→臍下3寸（90mm）

臍　流し台
3寸

6 人と空間のかかわり

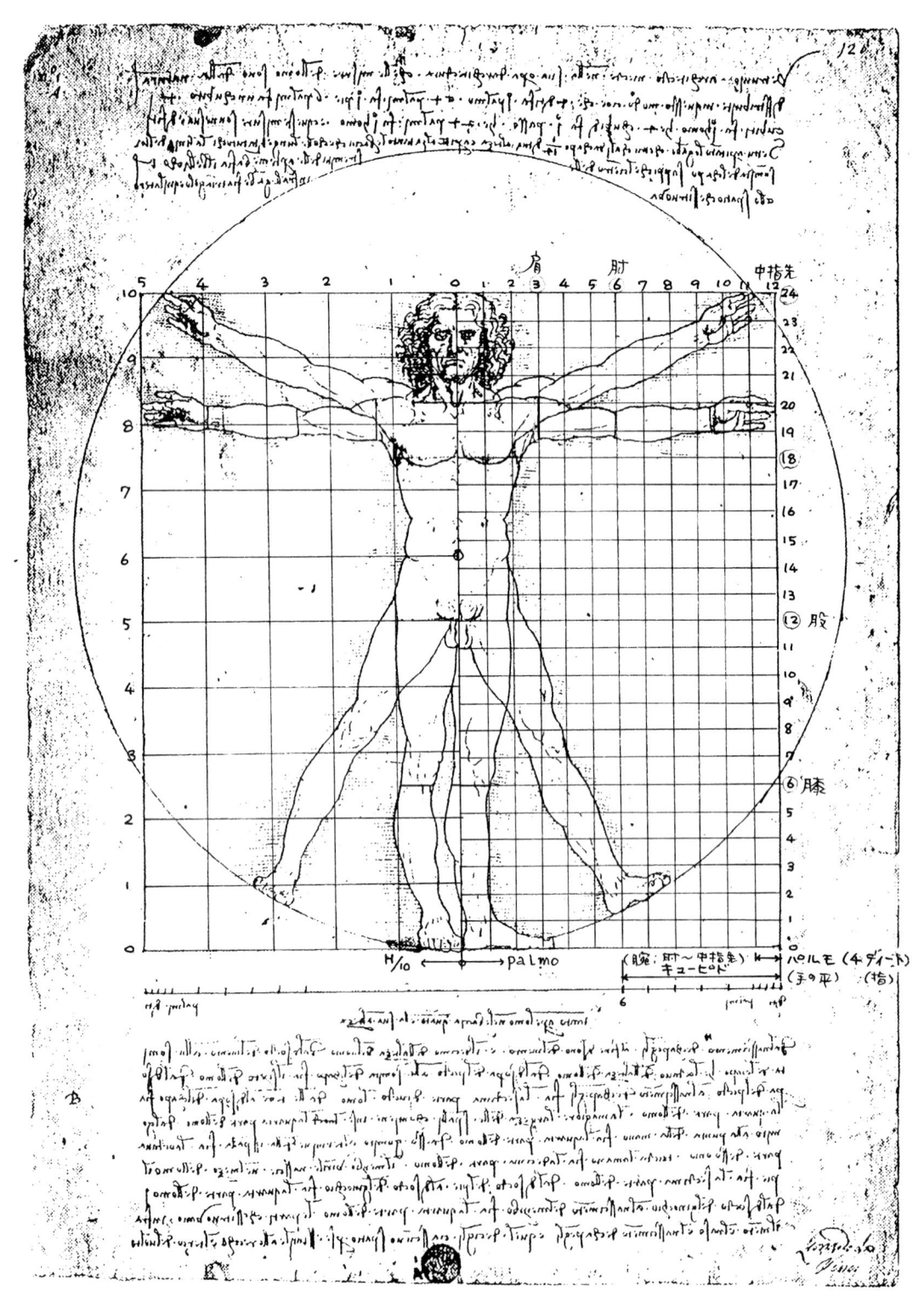

レオナルドのコスモロジー (cosmology：宇宙論)

ウィトルウィウス的人間像（ヴェネツィア，アカデミア美術館）

レオナルド・ダヴィンチのウィトルウィウス的人体図

イラスト上下の文章は鏡文字で右から左にむけて書かれており，人体寸法は自然から導かれているという。

4 ディート（指）＝1 パルモ（手の幅）
4 パルモ＝1 ピエ（足の長さ）
6 パルモ＝1 キューピド（腕：肘～中指先）
4 キューピド・24 パルモ＝1 ホモ（身長・指極）
1 キューピド＝腕，肩幅，足～膝，膝～股間

また，身長（H）を基準として

髪の生え際から顎まで　$1/10H$	肘から肩まで　$1/8H$
顎下から頭の先まで　$1/8H$	手の平の長さ　$1/10H$
胸の上から髪の生え際まで　$1/7H$	股間　$1/2H$（中央）
胸の下から頭の先まで　$1/6H$	足の長さ　$1/7H$
胸から頭の先まで　$1/4H$	足の下から膝まで　$1/4H$
肩幅　$1/4H$	膝下から股間まで　$1/4H$
肘から中指先まで　$1/4H$	顎と鼻，髪の生え際と眉の間は顔の$1/3$

レオナルド・ダヴィンチ（1452～1519）の「ウィトルウィウス的人体図」は，紀元前1世紀末から紀元1世紀初頭にかけて活躍した古代ローマの建築家・作家ウィトルウィウス・ポリオマルクスの作品に関するイラストレーションとして，著書『建築十書』の論文をベースに描かれたものである。

人体寸法に関して細かい整数を使い，幾何学の合理的な解釈に沿っていることを強調した構成で，ほぼ正確に描かれている点は，今日でも通じる人間工学の礎として注目される。
（注：原画，左ページの方眼は著者が記入）

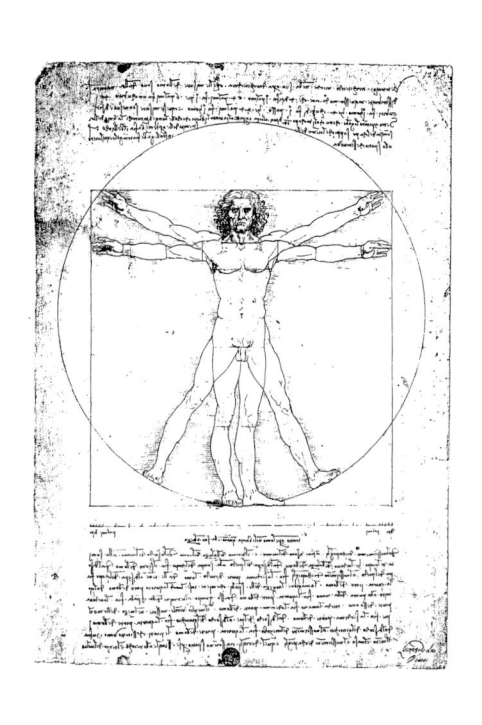

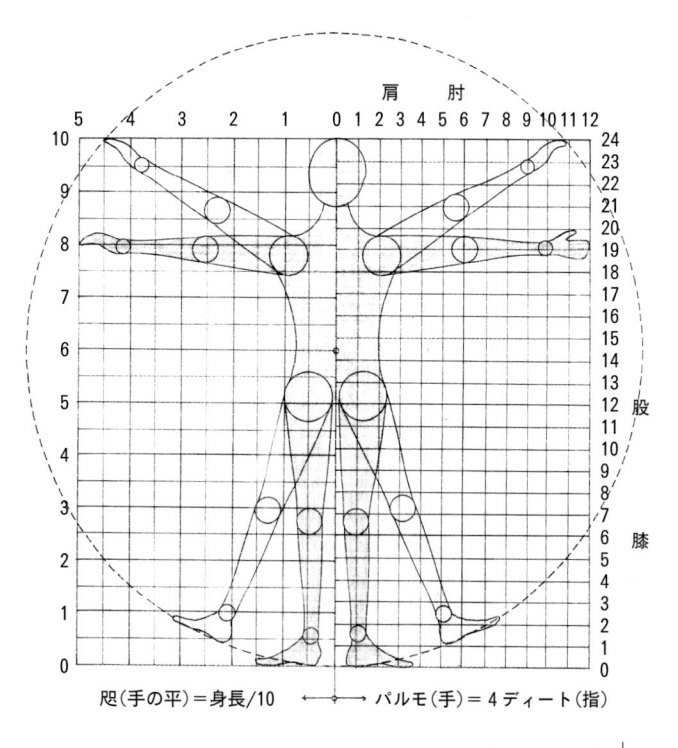

6 人と空間のかかわり

6.3 姿勢と動作

(1) 姿勢と動作

姿勢は身体全体で示す静的な状態の構えをいい，動作は各部位または全体で立ち振る舞う動的な要素が加わり，連続した姿勢の組合せをいう。

基本となる姿勢には，①立った状態の立位，②椅子に腰かける椅座位，③床に座る平座位，④横になる臥位（がい）姿勢があり，生活シーンによってさまざまな生活姿勢がとられている。

生活姿勢の分類

①立位：背伸び，直立，前かがみ（浅い，深い），中腰（浅い，深い）

②椅座位：寄りかかり，スツール 60cm（高さ） 20cm，作業姿勢，軽休息姿勢，休息姿勢

③平座位：しゃがむ，片膝立ち，膝立ち，長跪（ちょうき），四つんばい，正座，胡坐（あぐら），立て膝，投げ足

④臥位（がい）：伏臥（ふくが）・肘立て，側臥（そくが）・肘立て，仰臥（ぎょうが）

(2) 作業域・動作域

作業域とは，人が生活動作に伴って手足など身体の各部位を動かしたとき，そこに平面（水平）的・立面（垂直）的な行動エリアがつくられ動作域ともいう。

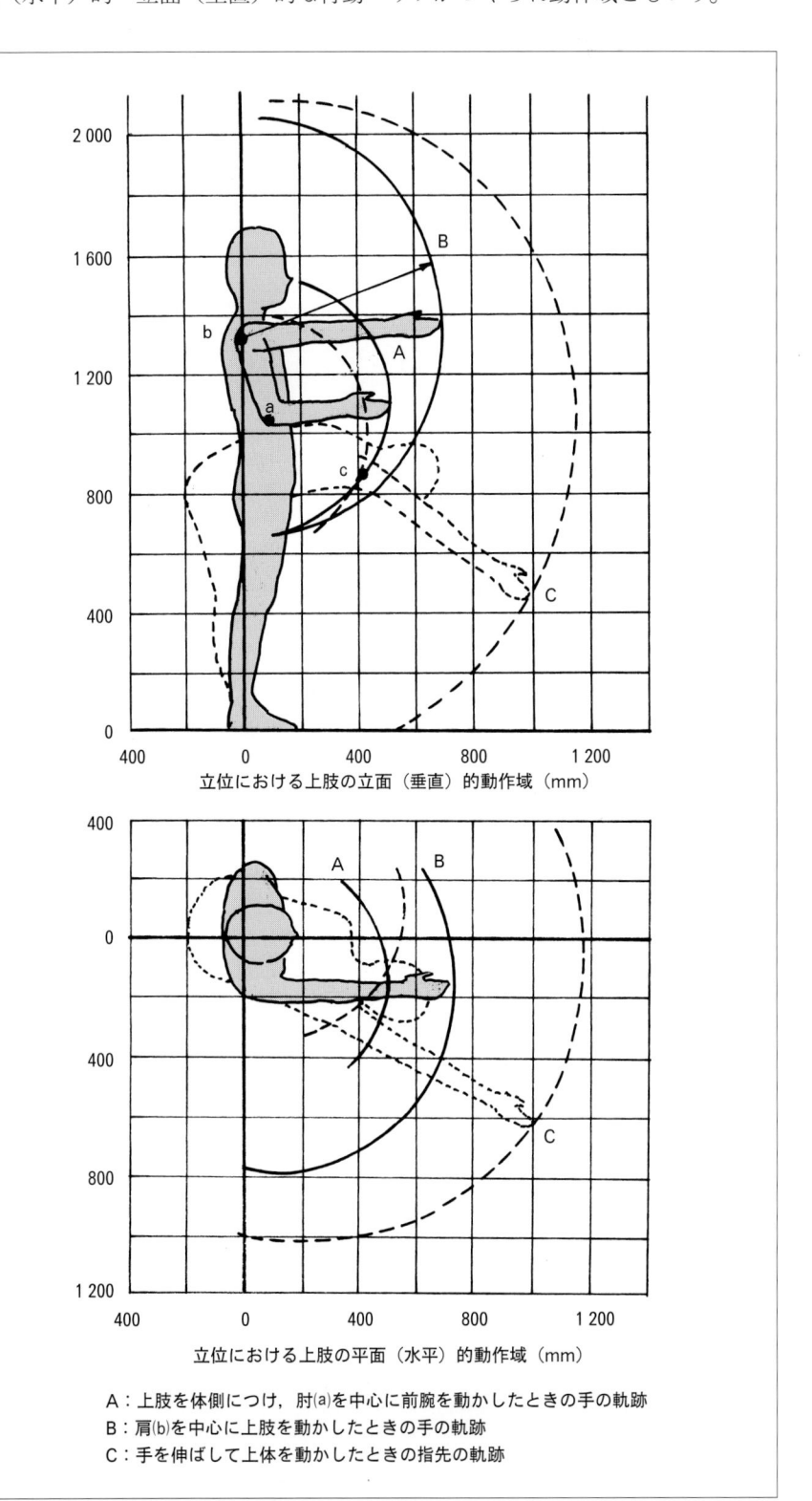

立位における上肢の立面（垂直）的動作域（mm）

立位における上肢の平面（水平）的動作域（mm）

A：上肢を体側につけ，肘(a)を中心に前腕を動かしたときの手の軌跡
B：肩(b)を中心に上肢を動かしたときの手の軌跡
C：手を伸ばして上体を動かしたときの指先の軌跡

調理台などの高さ・大きさや，水栓（蛇口：カラン）などのパーツ・装置の位置を決める基準には，人の動作域が大きくかかわってくる。動作域を無視すると無理な姿勢になって，作業効率を下げたり，むだな労力を使い疲労を招き，ひいてはけがなど事故を起こす原因となることがある。

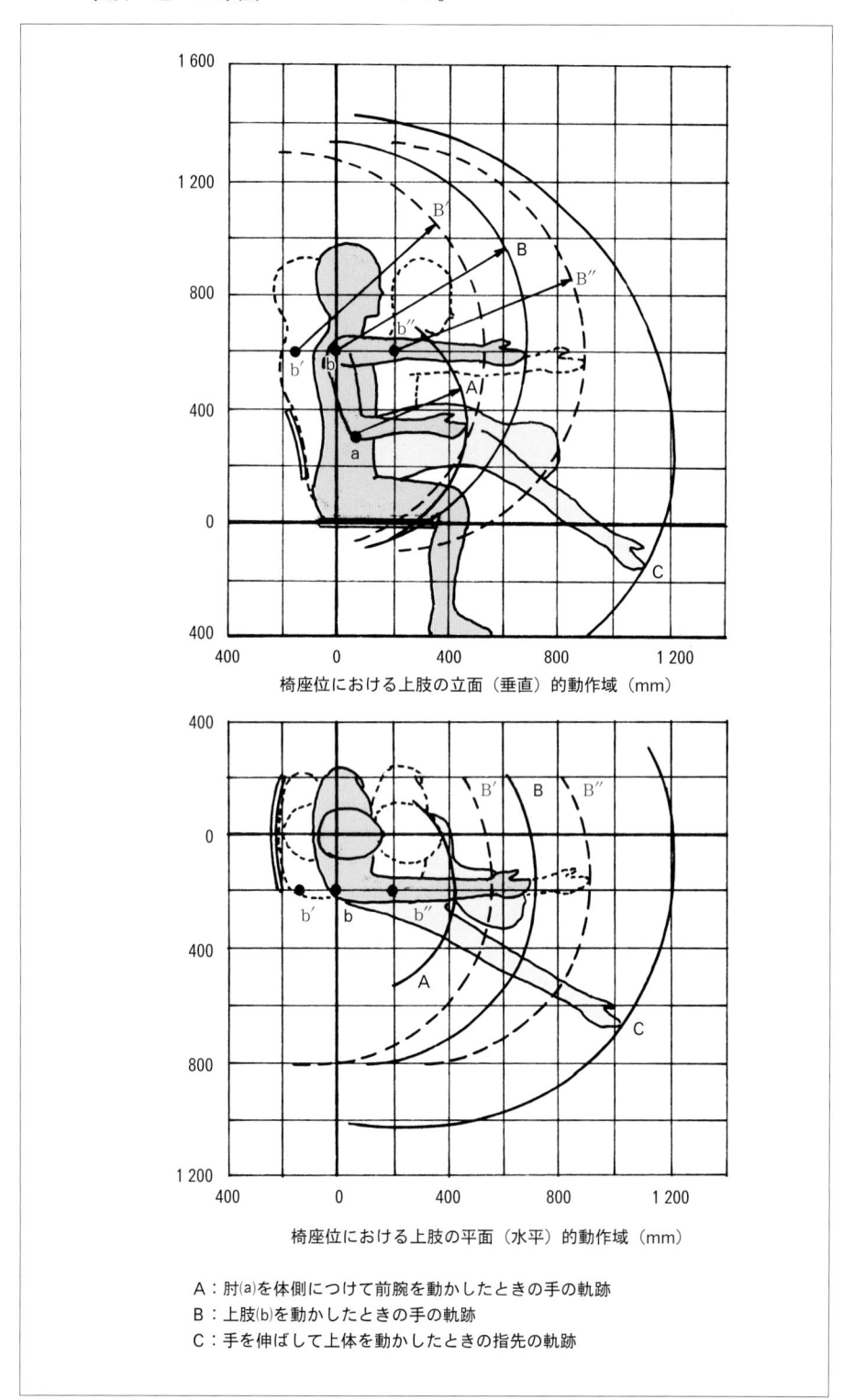

椅座位における上肢の立面（垂直）的動作域（mm）

椅座位における上肢の平面（水平）的動作域（mm）

A：肘(a)を体側につけて前腕を動かしたときの手の軌跡
B：上肢(b)を動かしたときの手の軌跡
C：手を伸ばして上体を動かしたときの指先の軌跡

① 水平作業域

手を使った作業は机や台など，水平の作業面上で行われることが多く，作業面は通常作業域と最大作業域に分けられる。

通常作業域は，上腕を軽く身体につけて肘を曲げた状態で，無理なく手の届く作業範囲をいい，最大作業域は，上肢を伸ばした状態で届く最大の作業範囲をいう。

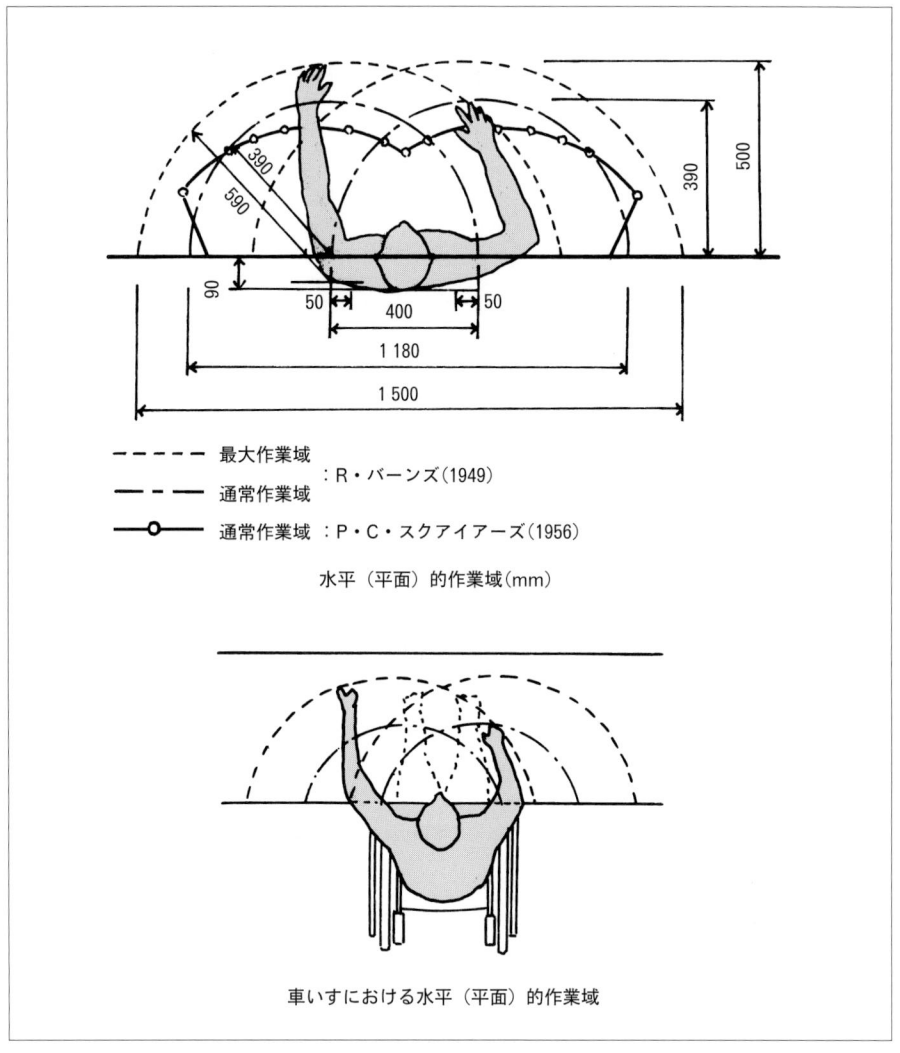

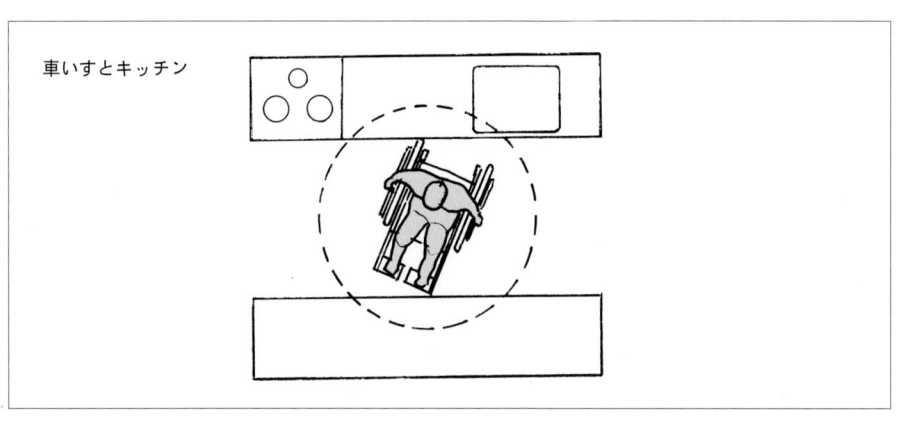

- ----- 最大作業域　：R・バーンズ(1949)
- ——— 通常作業域
- —○— 通常作業域　：P・C・スクアイアーズ(1956)

水平（平面）的作業域(mm)

車いすにおける水平（平面）的作業域

車いすとキッチン

② **垂直作業域・立体作業域**

　腕を上下方向に動かしたときに届く範囲を垂直作業域という。垂直作業域と各高さにおける水平作業域を組み合わせると立体作業域になり，立体作業域も通常作業域と最大作業域に分けられる。

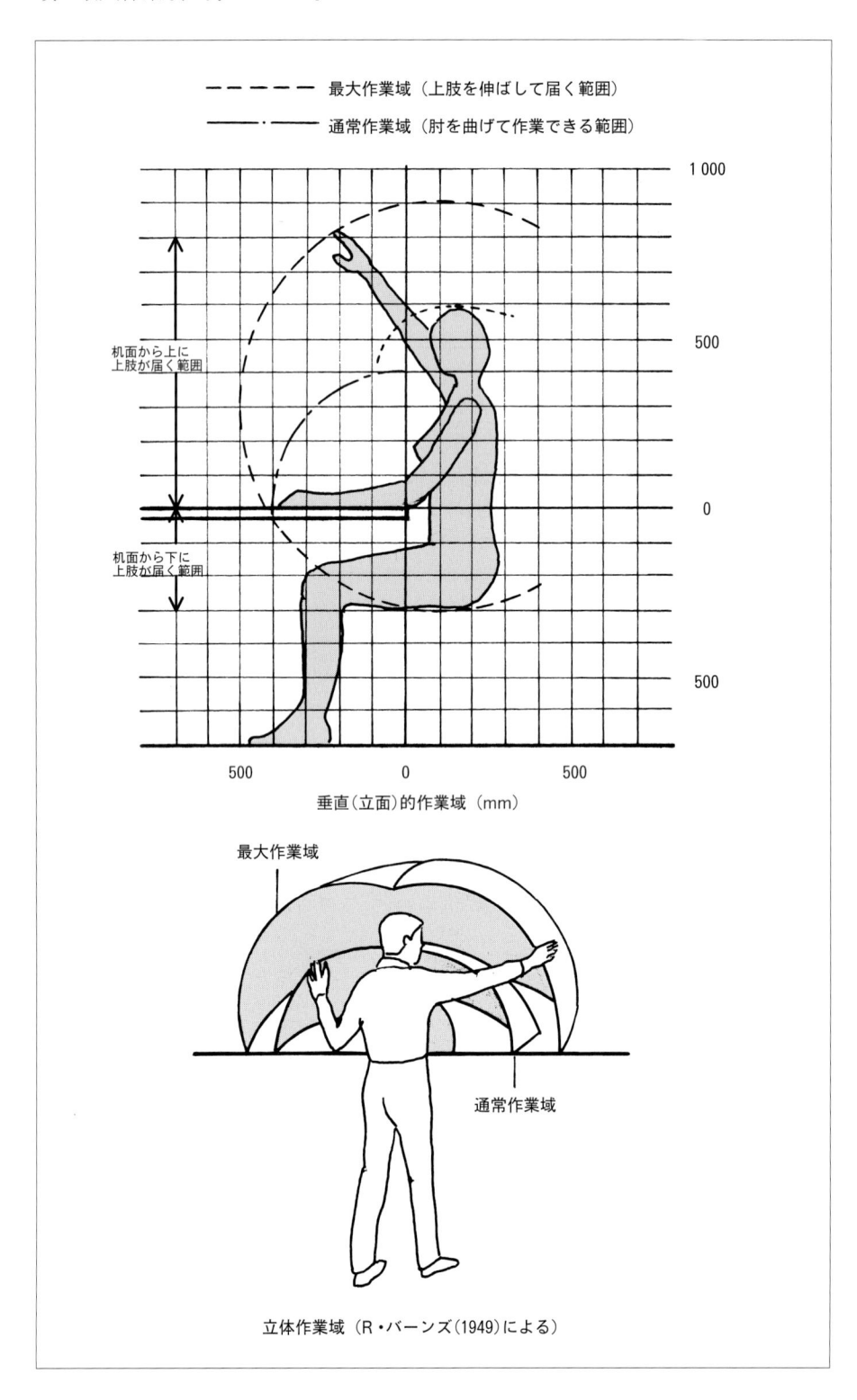

垂直(立面)的作業域 (mm)

立体作業域（R・バーンズ(1949)による）

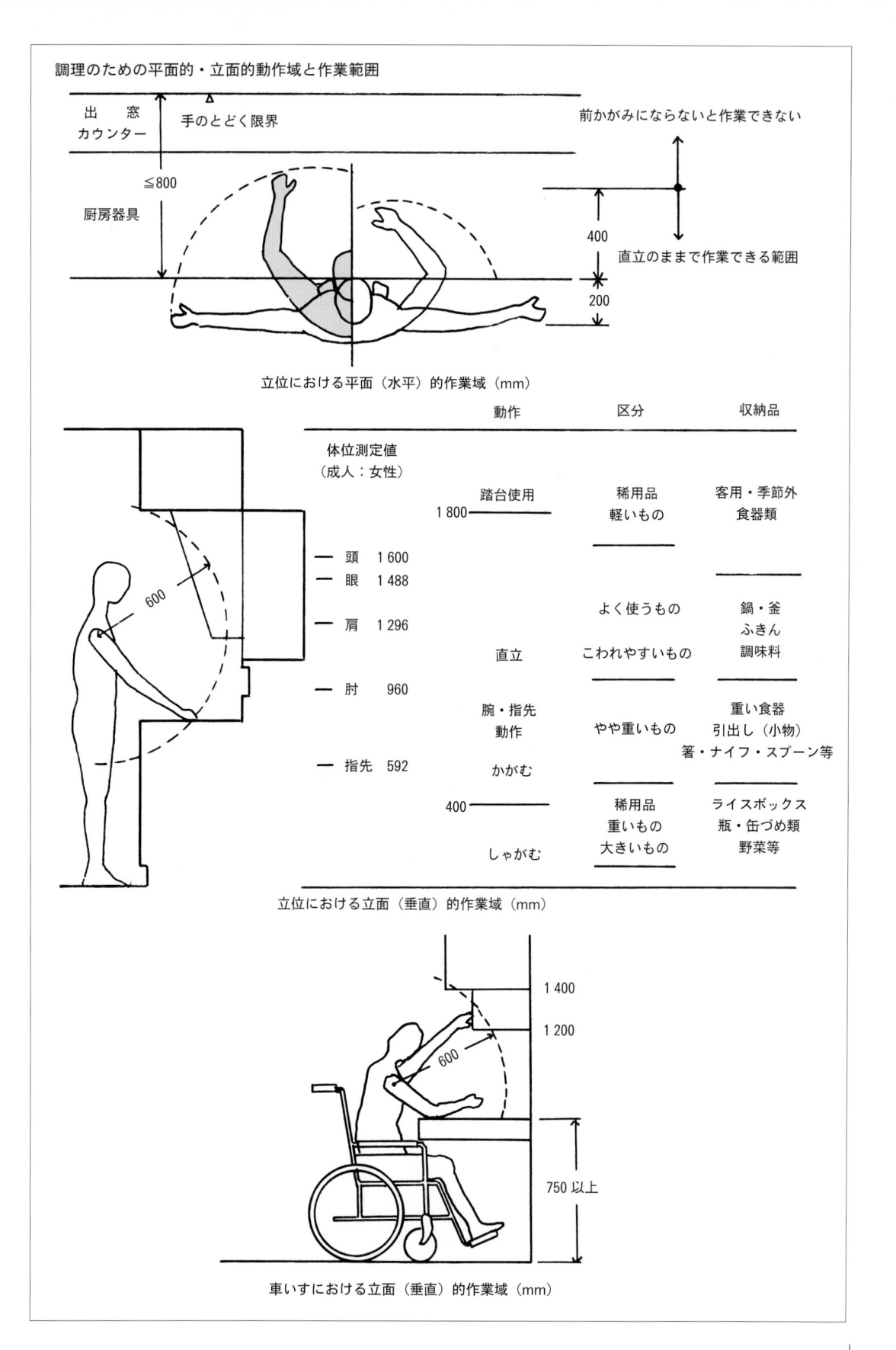

調理のための平面的・立面的動作域と作業範囲

出窓カウンター ≦800 厨房器具

手のとどく限界

前かがみにならないと作業できない

400 直立のままで作業できる範囲

200

立位における平面（水平）的作業域（mm）

体位測定値（成人：女性）

体位測定値	動作	区分	収納品
	踏台使用 1 800	稀用品 軽いもの	客用・季節外食器類
頭 1 600			
眼 1 488			
肩 1 296	直立	よく使うもの こわれやすいもの	鍋・釜 ふきん 調味料
肘 960	腕・指先動作	やや重いもの	重い食器 引出し（小物） 箸・ナイフ・スプーン等
指先 592	かがむ 400 しゃがむ	稀用品 重いもの 大きいもの	ライスボックス 瓶・缶づめ類 野菜等

立位における立面（垂直）的作業域（mm）

1 400
1 200
600
750 以上

車いすにおける立面（垂直）的作業域（mm）

6 人と空間のかかわり

成人女子

注：男子の場合プラス 50

立位で作業するときの，使いやすい範囲，使いにくい範囲は，最も筋活動の少ない点を計測した筋電図，ならびにエネルギー代謝率，酸素消費量などによって表すと図のようになる。

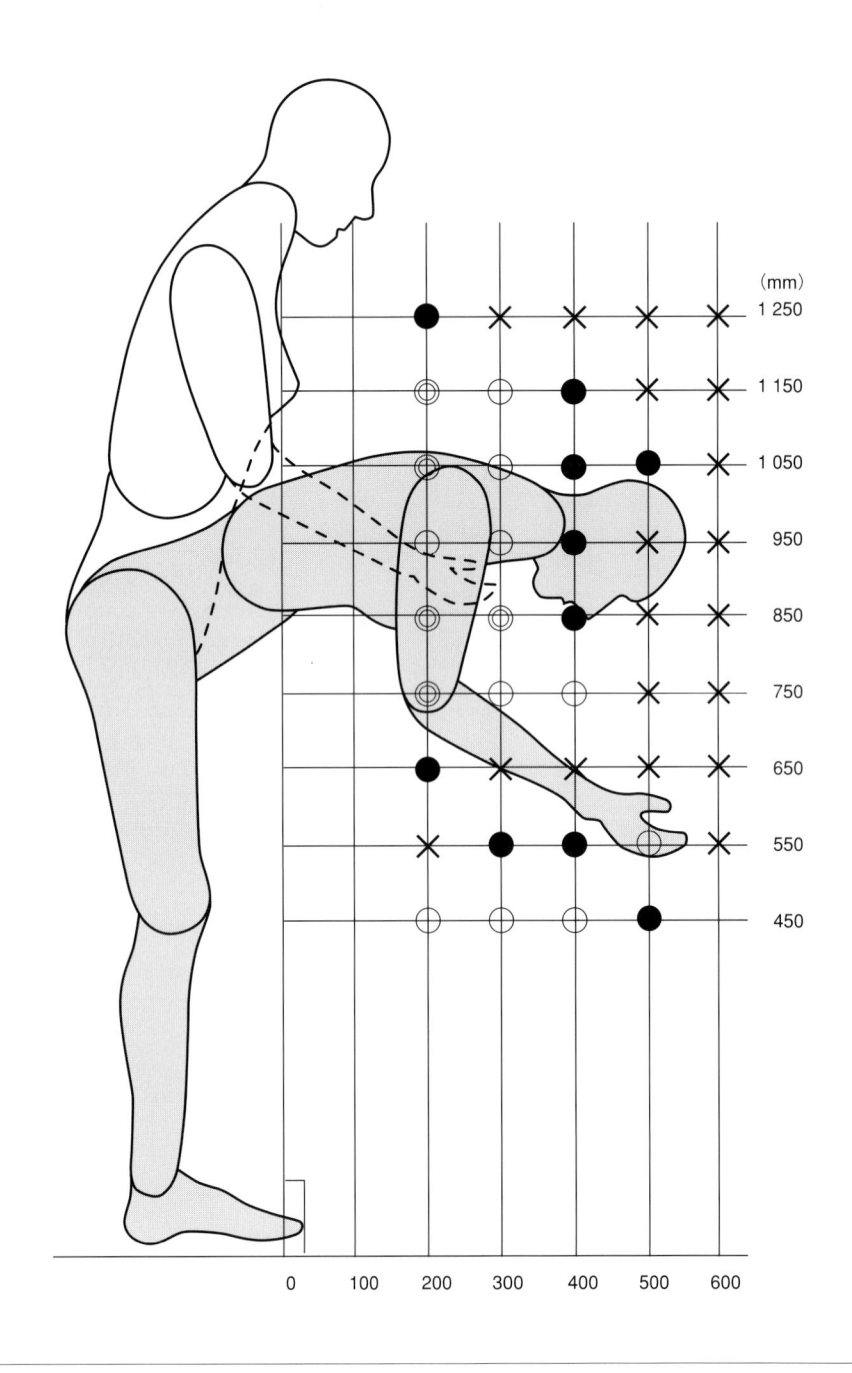

◎：最も使いやすい範囲
○：比較的使いやすい
●：使いにくい
×：最も使いにくい範囲

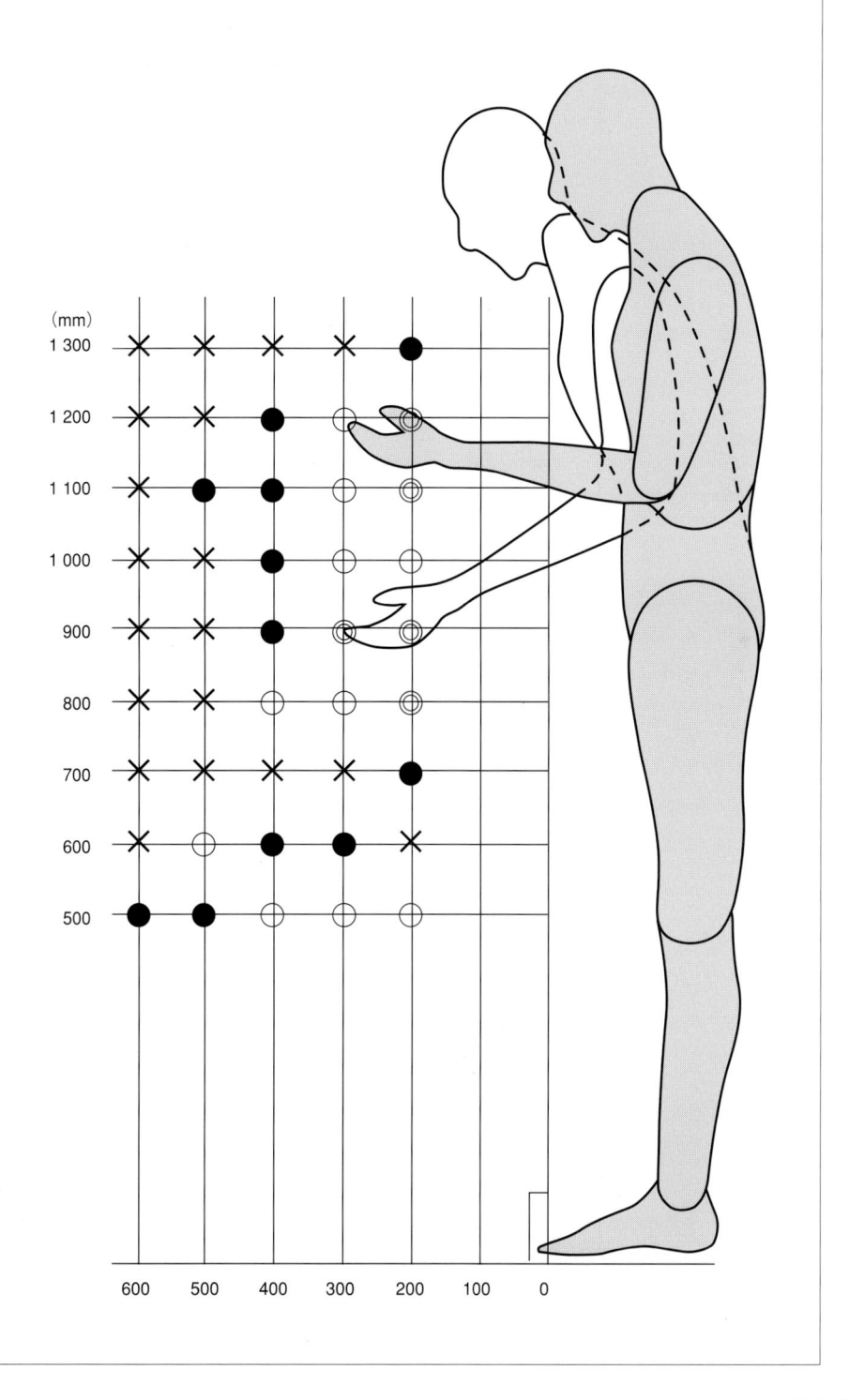

成人男子
注：女子の場合マイナス50

6 人と空間のかかわり

動作域と収納区分

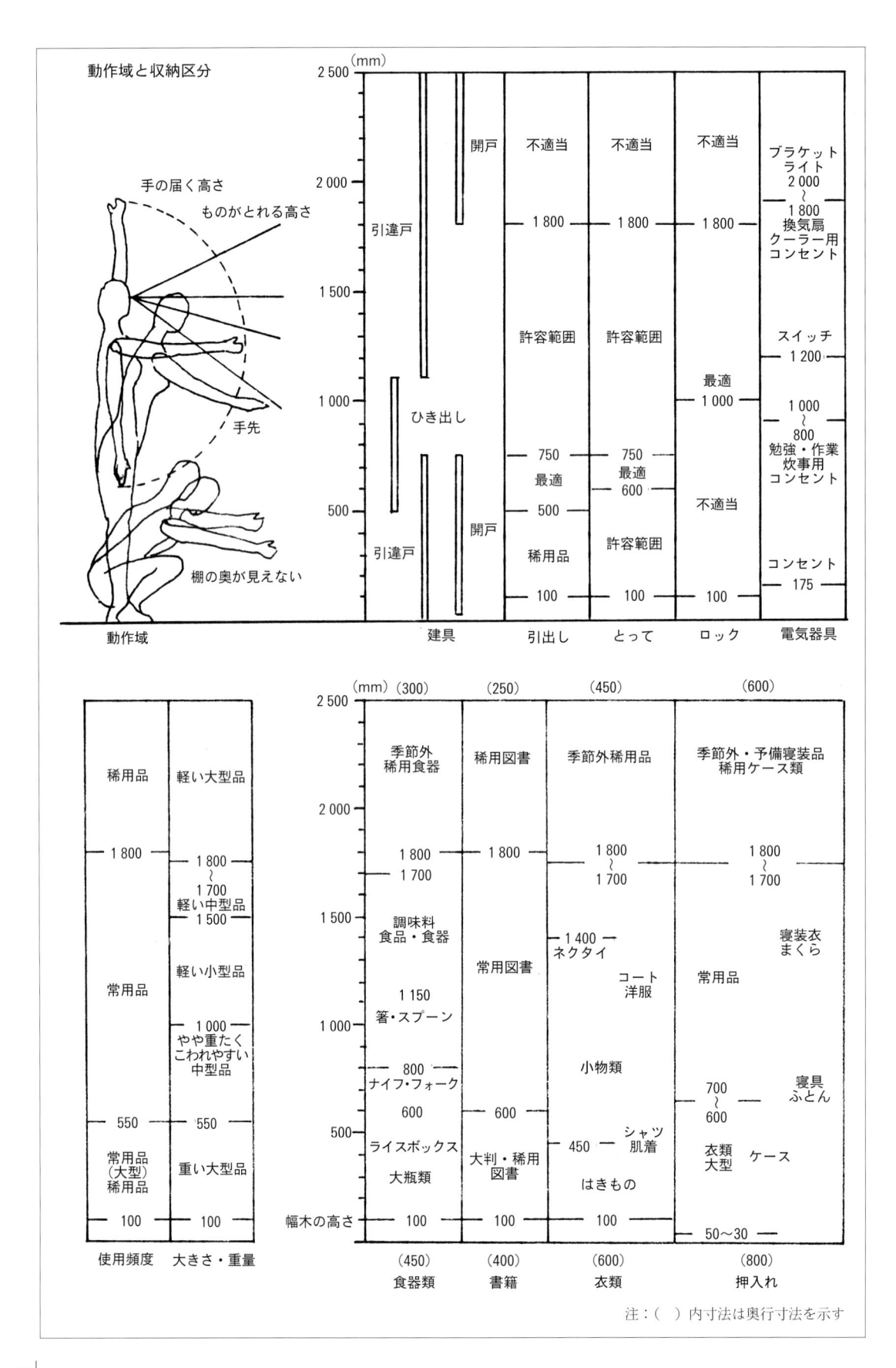

人体と商品陳列・展示の有効高さ

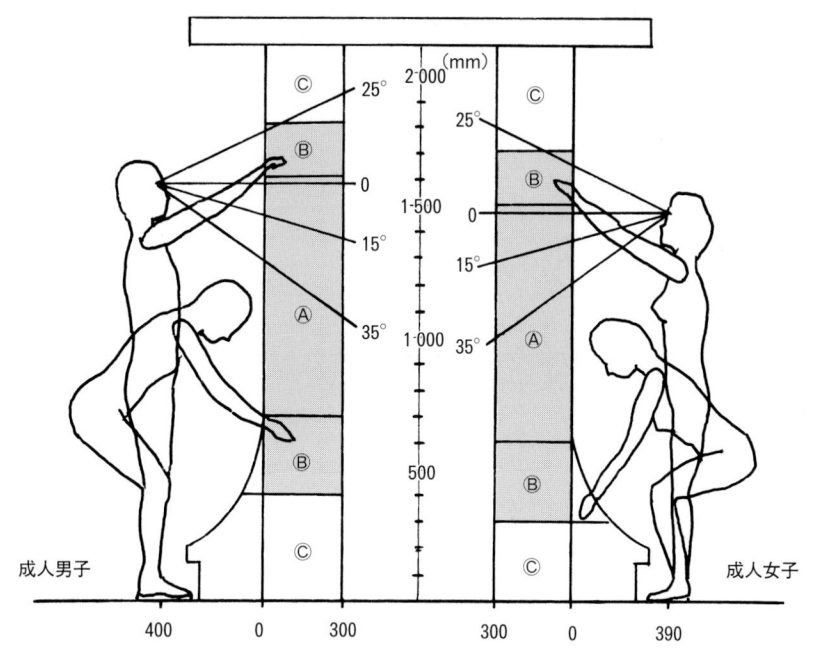

成人男子　　　　　　　　　　　　　　　　　　　　　　　成人女子

Ⓐ：最も見やすく，手に取りやすい高さ…ゴールデンライン
Ⓑ：姿勢を大きく崩さずに届く範囲
Ⓒ：背伸びや膝を曲げなければ届かない範囲
　（一般にはストック商品などの収納に用いられる）

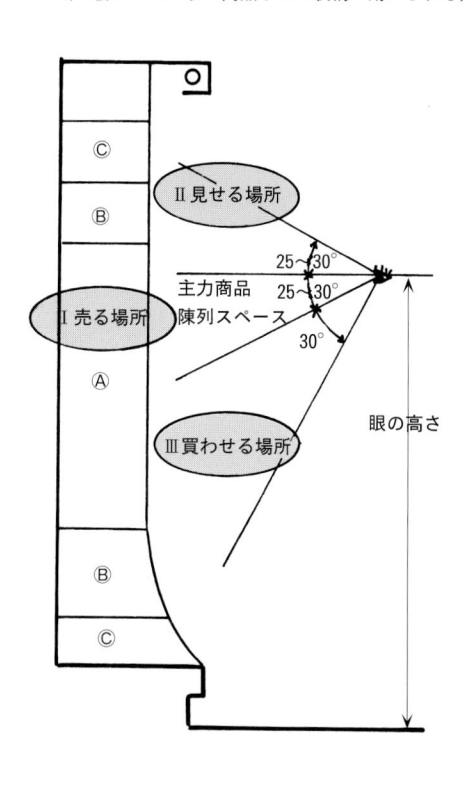

Ⅰ 売る場所
Ⅱ 見せる場所
Ⅲ 買わせる場所

主力商品陳列スペース

眼の高さ

6 人と空間のかかわり

成人男子／立位

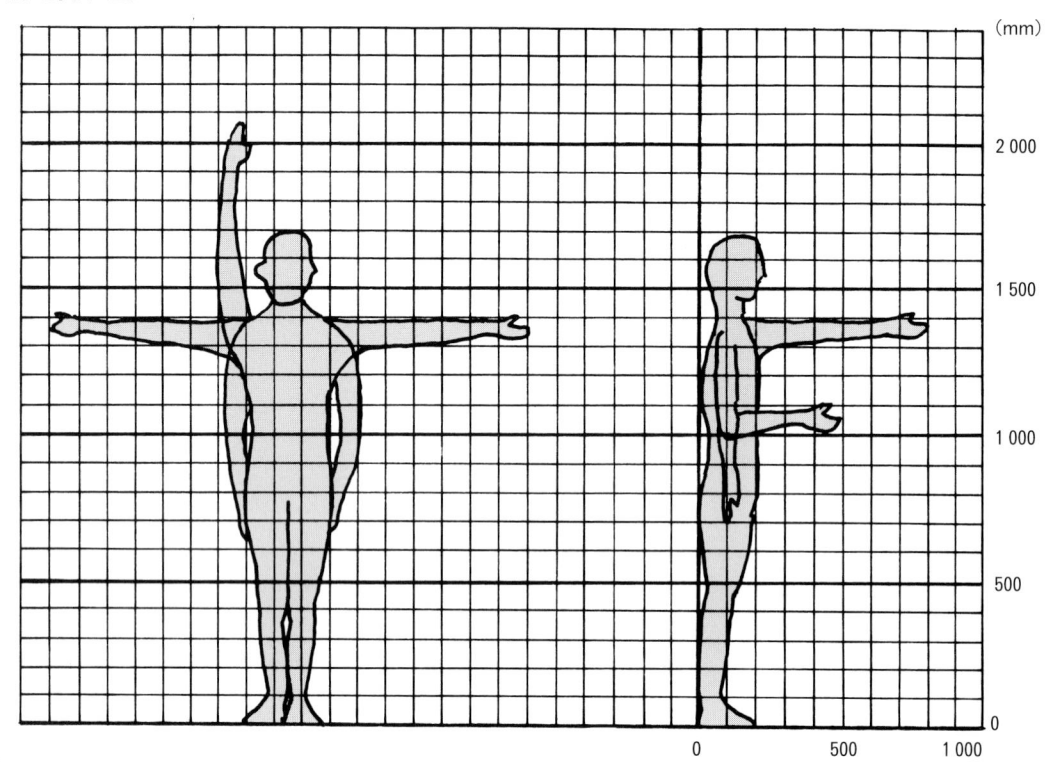

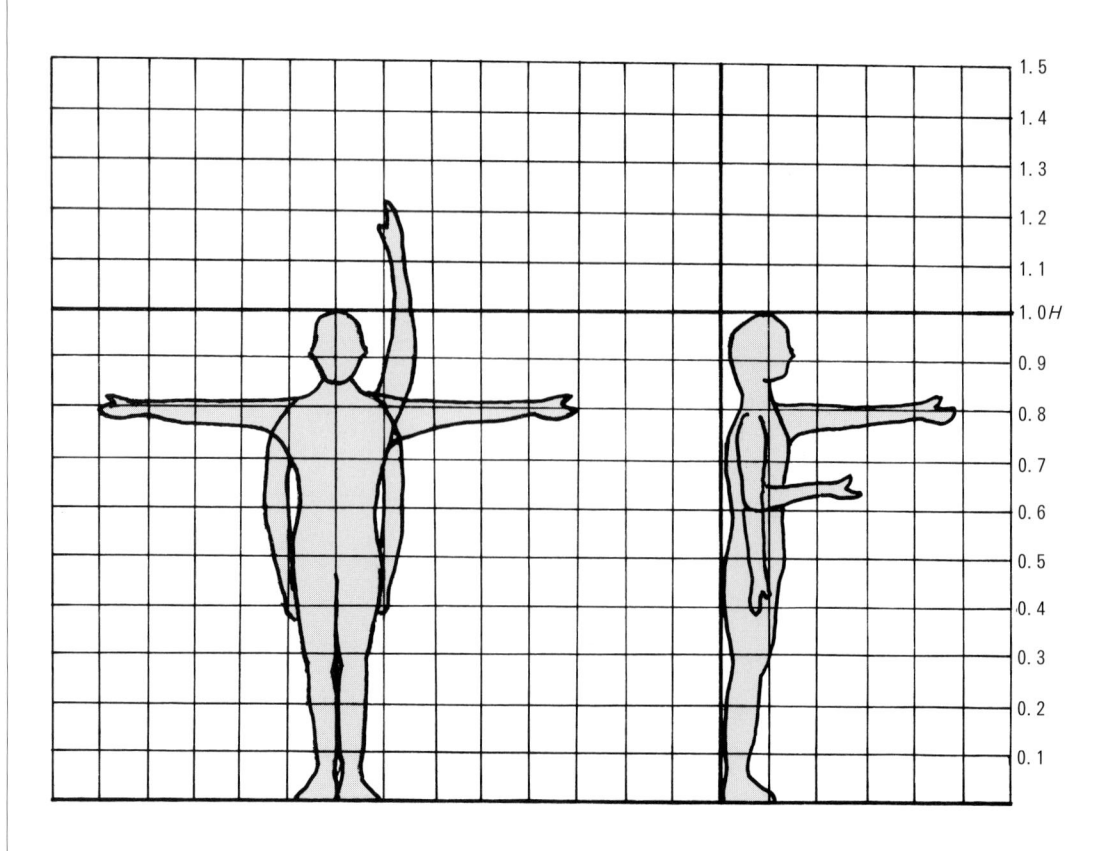

成人男子／椅座位

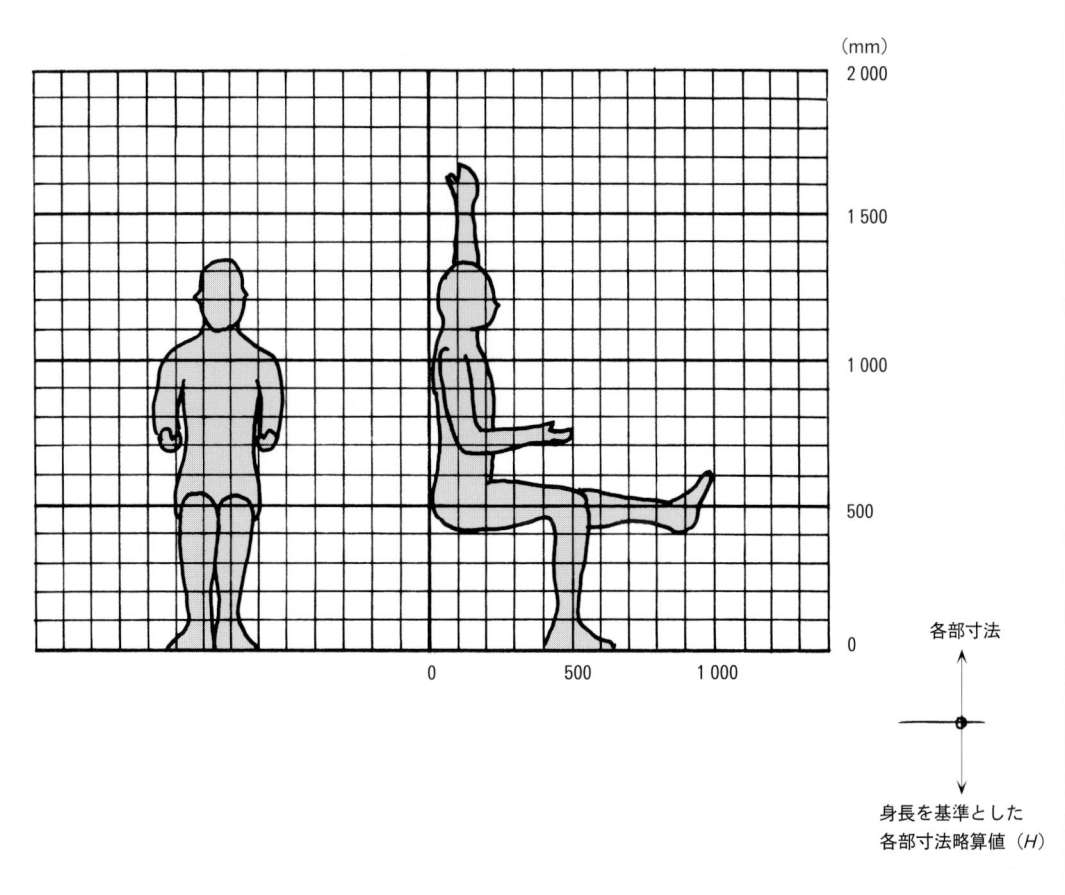

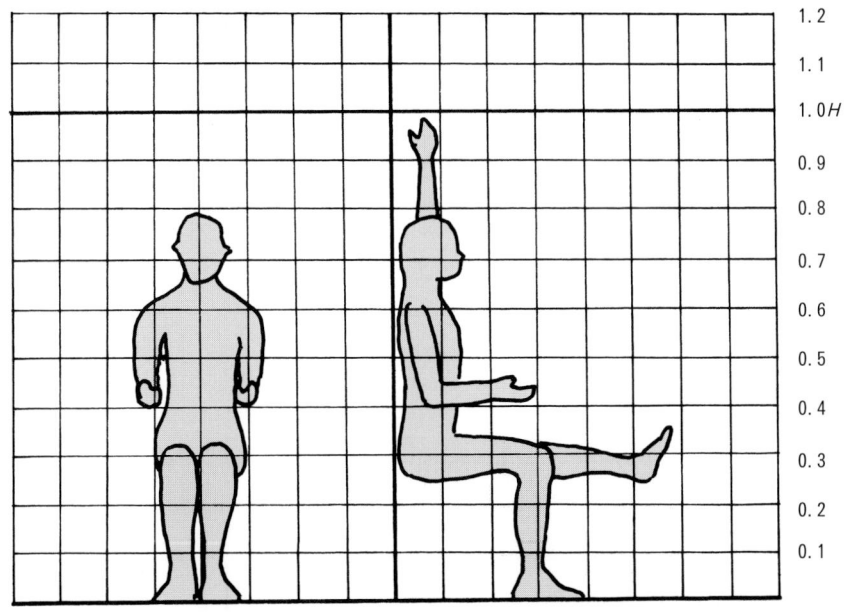

各部寸法
身長を基準とした
各部寸法略算値（H）

6 人と空間のかかわり

成人女子／立位

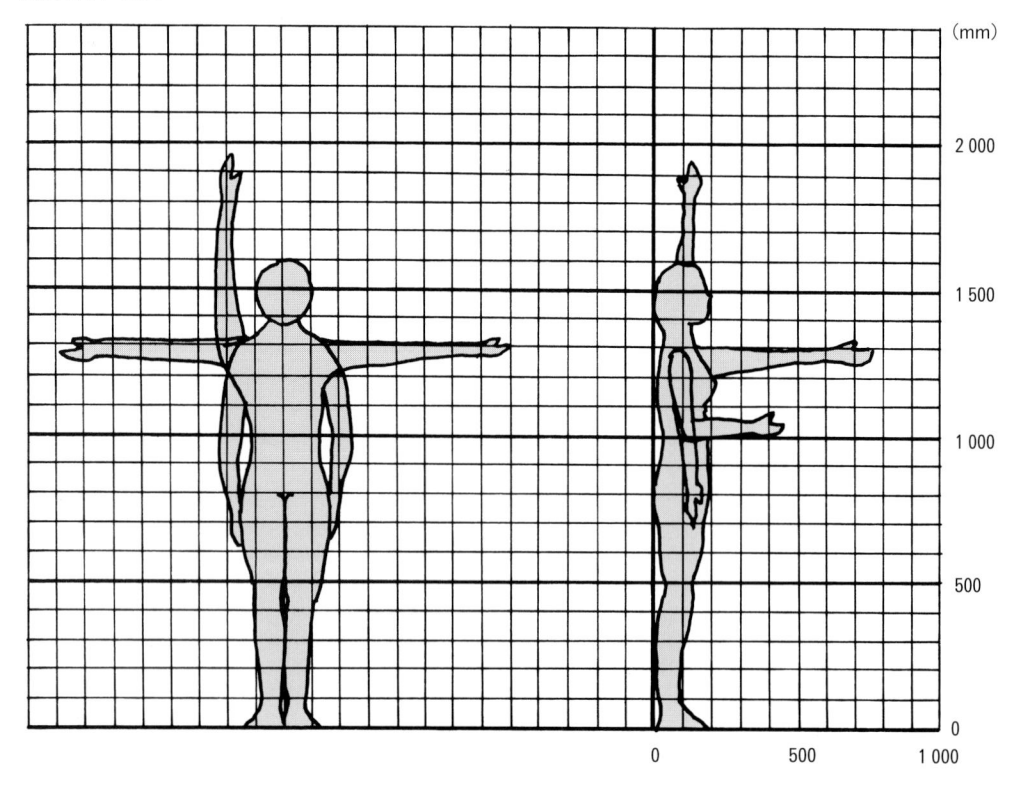

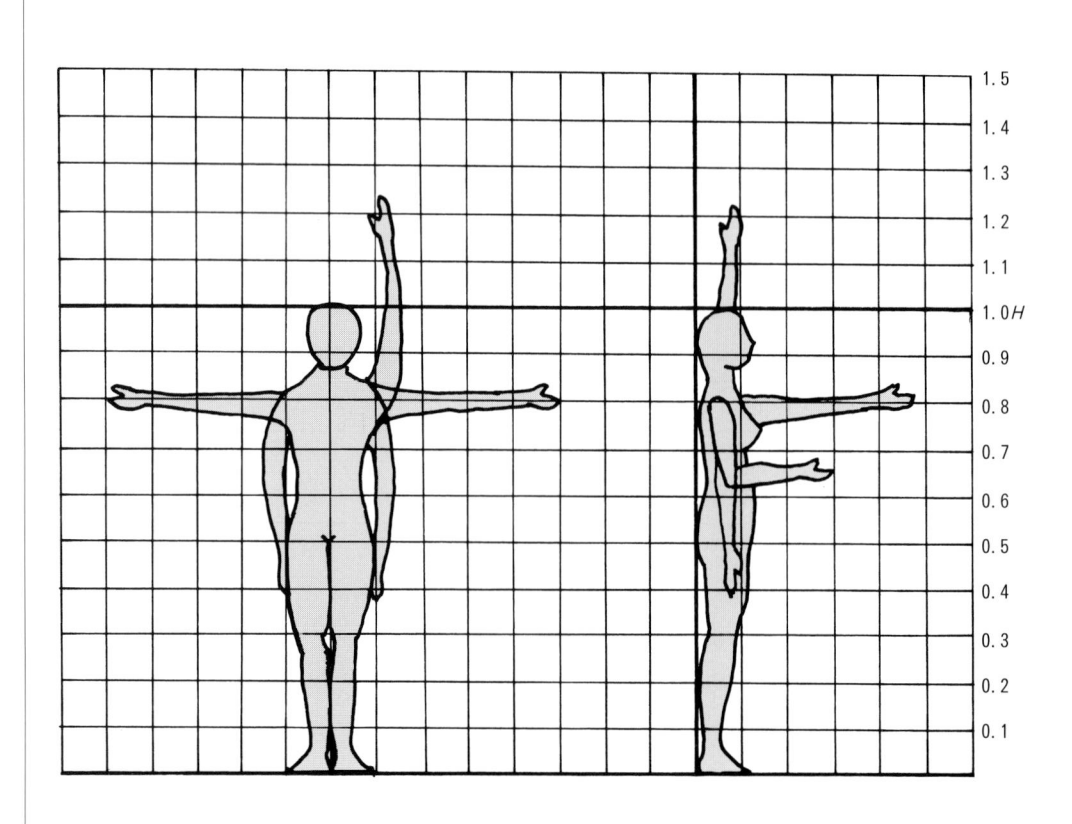

(mm)

成人女子／椅座位

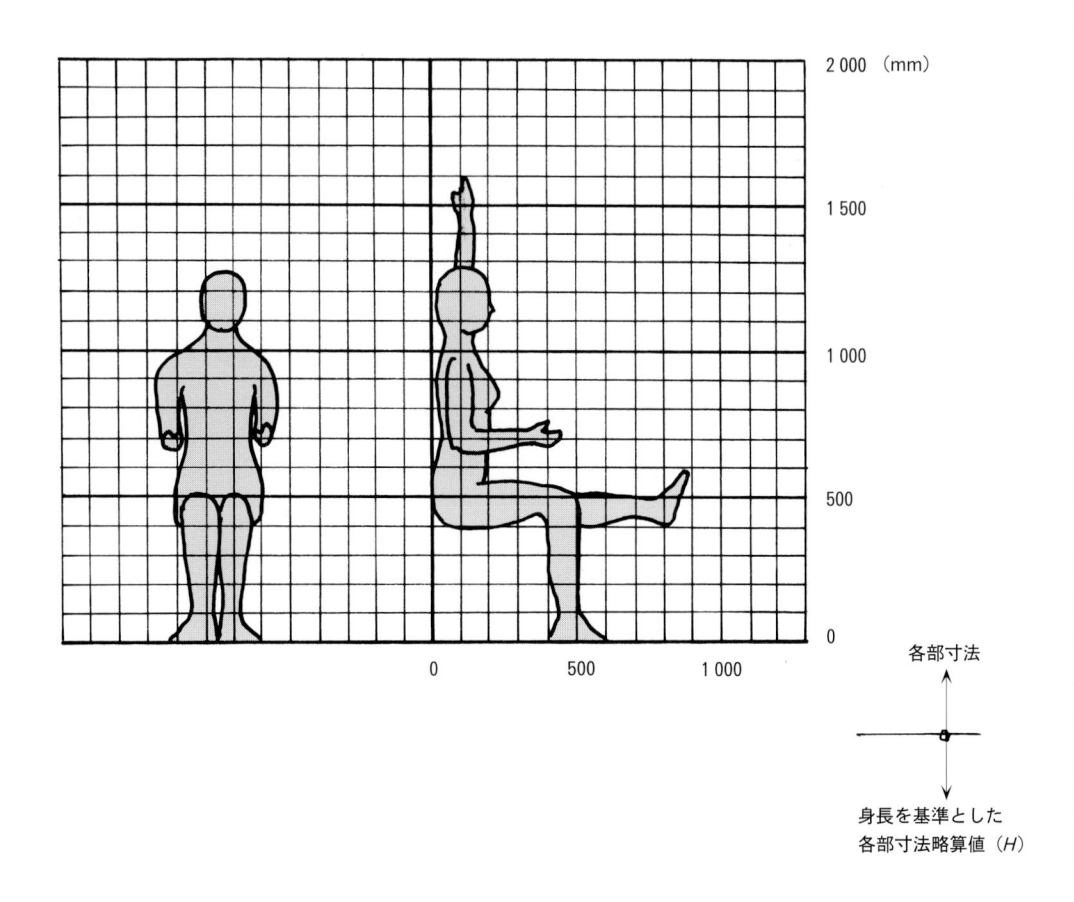

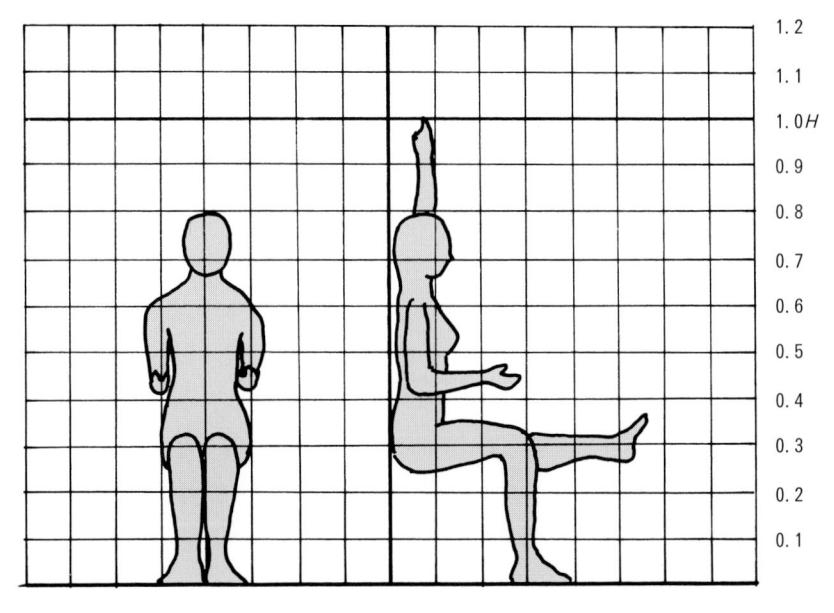

各部寸法

身長を基準とした
各部寸法略算値（H）

6 人と空間のかかわり

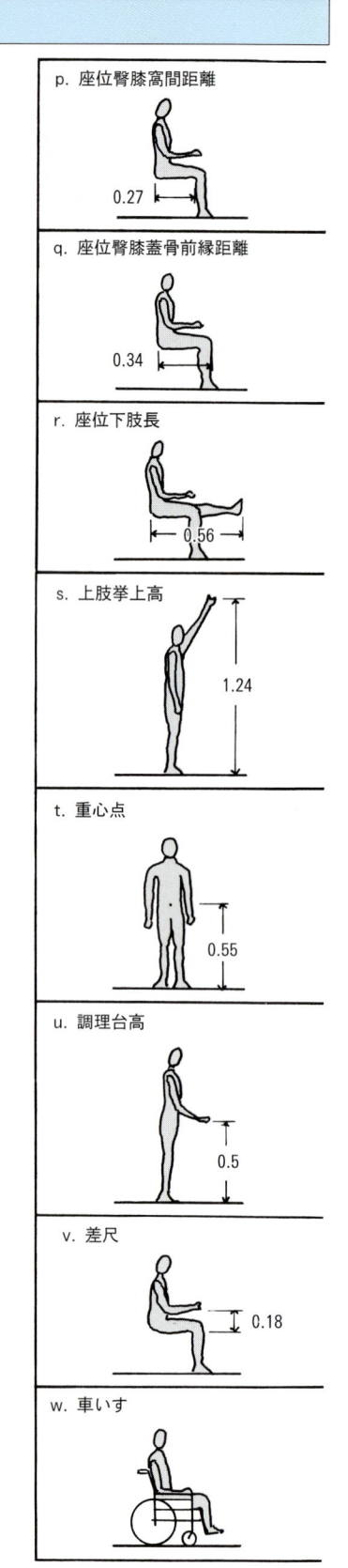

6.4 身長を基準とした尺度

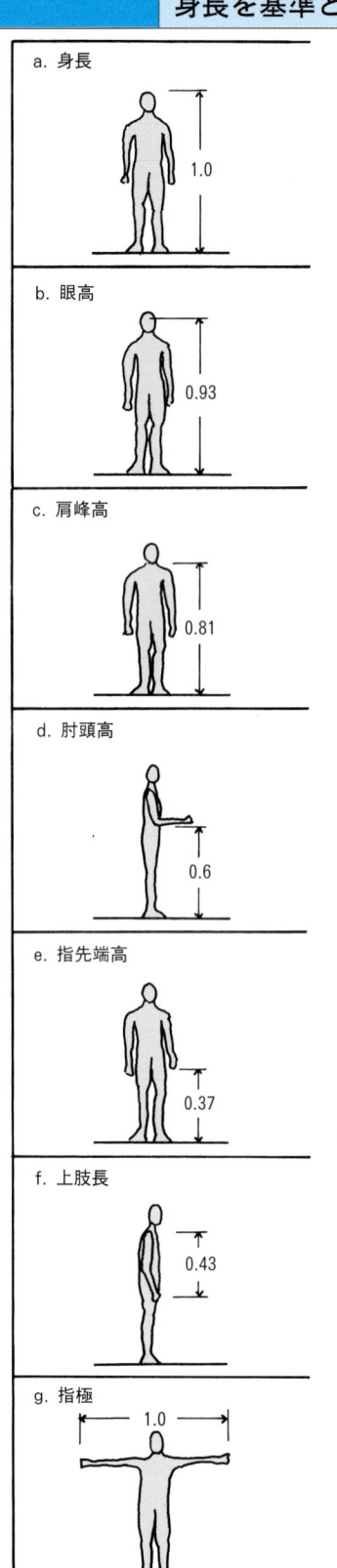

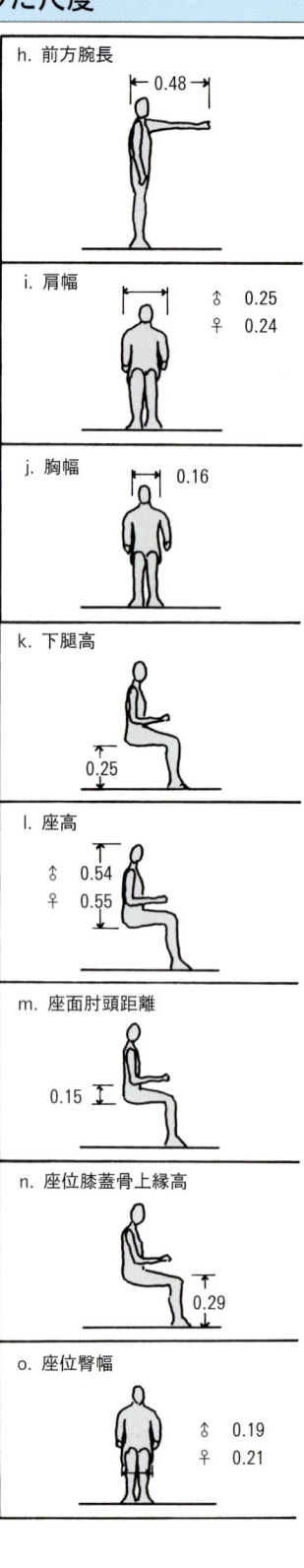

a	身長	1.0
b	眼高	0.93
c	肩峰高	0.81
d	肘頭高	0.6
e	指先端高	0.37
f	上肢長	0.43
g	指極	1.0
h	前方腕長	0.48
i	肩幅	♂ 0.25 / ♀ 0.24
j	胸幅	0.16
k	下腿高	0.25
l	座高	♂ 0.54 / ♀ 0.55
m	座面肘頭距離	0.15
n	座位膝蓋骨上縁高	0.29
o	座位臀幅	♂ 0.19 / ♀ 0.21
p	座位臀膝窩間距離	0.27
q	座位臀膝蓋骨前縁距離	0.34
r	座位下肢長	0.56
s	上肢挙上高	1.24
t	重心点	0.55
u	調理台高	0.5
v	差尺	0.18
w	車いす	

人体各部寸法略算値（*H*）

身長を基準とした人体各部寸法の略算係数一覧

各部位	年齢	5歳	6歳	7歳	8歳	9歳	10歳	11歳	12歳	13歳	14歳	15歳	16歳	17歳	成人	60歳〜
a．身長（mm）	男	1 107	1 167	1 225	1 281	1 336	1 391	1 453	1 529	1 600	1 655	1 686	1 701	1 708	1 714	1 589
	σ*	47.1	49.6	51.4	54.5	57.4	61.3	71.4	80.6	76.9	64.9	58.9	57.9	58.3	62.6	42.0
	女	1 099	1 158	1 217	1 275	1 335	1 403	1 471	1 521	1 551	1 568	1 573	1 577	1 581	1 591	1 468
	σ*	46.9	48.7	51.3	55.7	61.7	67.9	66.7	59.3	54.0	53.0	52.2	52.3	52.5	53.0	53.8
b．眼高	男	0.90	0.91	0.91	0.91	0.92	0.92	0.92	0.92	0.93	0.93	0.95	0.93	0.93	0.93	0.92
	女	0.91	0.91	0.91	0.91	0.92	0.92	0.92	0.93	0.93	0.93	0.93	0.93	0.93	0.93	0.92
c．肩峰高	男	0.78	0.78	0.79	0.79	0.79	0.80	0.80	0.80	0.80	0.81	0.81	0.81	0.81	0.81	0.81
	女	0.75	0.78	0.79	0.79	0.79	0.80	0.80	0.80	0.80	0.81	0.81	0.81	0.81	0.81	0.81
d．肘頭高	男	0.60	0.60	0.60	0.60	0.60	0.60	0.60	0.60	0.60	0.60	0.60	0.60	0.60	0.60	0.60
	女	0.60	0.60	0.60	0.60	0.60	0.60	0.60	0.60	0.60	0.60	0.60	0.60	0.60	0.60	0.60
e．指先端高	男	0.37	0.37	0.37	0.37	0.37	0.37	0.37	0.37	0.37	0.37	0.37	0.37	0.37	0.37	0.37
	女	0.37	0.37	0.37	0.37	0.37	0.37	0.37	0.37	0.37	0.37	0.37	0.37	0.37	0.37	0.37
f．上肢長	男	0.43	0.43	0.43	0.43	0.43	0.43	0.43	0.43	0.43	0.43	0.43	0.43	0.43	0.43	0.43
	女	0.43	0.43	0.43	0.43	0.43	0.43	0.43	0.43	0.43	0.43	0.43	0.43	0.43	0.43	0.43
g．指極	男	0.97	0.97	0.97	0.98	0.98	0.98	0.99	0.99	0.99	1.00	1.00	1.00	1.00	1.00	0.97
	女	0.97	0.97	0.97	0.98	0.98	0.98	0.99	0.99	0.99	1.00	1.00	1.00	1.00	1.00	0.97
h．前方腕長	男	0.48	0.48	0.48	0.48	0.48	0.48	0.48	0.48	0.48	0.48	0.48	0.48	0.48	0.48	0.50
	女	0.48	0.48	0.48	0.48	0.48	0.48	0.48	0.48	0.48	0.48	0.48	0.48	0.48	0.48	0.50
i．肩幅	男	0.24	0.24	0.24	0.24	0.24	0.24	0.24	0.24	0.25	0.25	0.25	0.25	0.25	0.25	0.26
	女	0.24	0.24	0.24	0.24	0.24	0.24	0.24	0.24	0.24	0.24	0.24	0.24	0.24	0.24	0.26
j．胸幅	男	0.16	0.16	0.16	0.16	0.16	0.16	0.16	0.16	0.16	0.16	0.16	0.16	0.16	0.16	0.16
	女	0.16	0.16	0.16	0.16	0.16	0.16	0.16	0.16	0.16	0.16	0.16	0.16	0.16	0.16	0.16
k．下腿高	男	0.25	0.25	0.25	0.25	0.25	0.25	0.25	0.25	0.25	0.25	0.25	0.25	0.25	0.25	0.24
	女	0.25	0.25	0.25	0.25	0.25	0.25	0.25	0.25	0.25	0.25	0.25	0.25	0.25	0.25	0.25
l．座高	男	0.56	0.56	0.55	0.55	0.55	0.54	0.54	0.53	0.53	0.53	0.53	0.53	0.53	0.54	0.54
	女	0.56	0.56	0.55	0.55	0.55	0.54	0.54	0.54	0.54	0.54	0.54	0.54	0.54	0.55	0.54
m．座面肘頭距離	男	0.15	0.15	0.15	0.15	0.15	0.15	0.15	0.15	0.15	0.15	0.15	0.15	0.15	0.15	0.14
	女	0.15	0.15	0.15	0.15	0.15	0.15	0.15	0.15	0.15	0.15	0.15	0.15	0.15	0.15	0.14
n．座位膝蓋骨上縁高	男	0.29	0.29	0.29	0.29	0.29	0.29	0.29	0.29	0.29	0.29	0.29	0.29	0.29	0.29	0.30
	女	0.29	0.29	0.29	0.29	0.29	0.29	0.29	0.29	0.29	0.29	0.29	0.29	0.29	0.29	0.30
o．座位臀幅	男	0.18	0.19	0.19	0.19	0.19	0.19	0.19	0.19	0.19	0.19	0.19	0.19	0.19	0.19	0.23
	女	0.19	0.19	0.19	0.19	0.20	0.20	0.20	0.20	0.21	0.21	0.21	0.21	0.21	0.21	0.23
p．座位臀膝窩間距離	男	0.27	0.27	0.27	0.27	0.27	0.27	0.27	0.27	0.27	0.27	0.27	0.27	0.27	0.27	0.28
	女	0.27	0.27	0.27	0.27	0.27	0.27	0.27	0.27	0.27	0.27	0.27	0.27	0.27	0.27	0.28
q．座位臀膝蓋骨前縁距離	男	0.32	0.32	0.32	0.33	0.33	0.33	0.34	0.34	0.34	0.34	0.34	0.34	0.34	0.34	0.35
	女	0.32	0.32	0.32	0.33	0.33	0.33	0.34	0.34	0.34	0.34	0.34	0.34	0.34	0.34	0.35
r．座位下肢長	男	0.55	0.55	0.55	0.56	0.56	0.56	0.56	0.56	0.56	0.56	0.56	0.56	0.56	0.56	0.56
	女	0.55	0.55	0.55	0.56	0.56	0.56	0.56	0.56	0.56	0.56	0.56	0.56	0.56	0.56	0.56

* σは標準偏差値を示す。

身長を基準とした高さ等の目やす／略算係数

		係数	係数×♂1714mm	係数×♀1591mm
1	[S：上肢挙上高さ]	1.24H	2 125.4	1 972.8
2	手を伸ばして届く高さ	1.2H	2 056.8	1 909.2
3	出し入れできる棚の上限高さ	1.16H	1 988.2	1 845.6
4	[a：身長・g：指極]	1.0H	1 714.0	1 591.0
5	視線を遮る間仕切りの最低高さ	0.95H	1 628.3	1 511.5
6	[b：眼高（立位）]	0.93H	1 594.0	1 479.6
7	引き出しの上限高さ	0.9H	1 542.6	1 431.9
8	[c：肩峰高さ]	0.81H	1 388.3	1 288.7
9	使いやすい棚の上限高さ	0.8H	1 371.2	1 272.8
10	[眼高：椅座位（作業用）]	0.7H	1 199.8	1 113.7
11	[眼高：椅座位（休息用）]	0.63H	1 079.8	1 002.3
12	引っ張りやすいものの高さ・[d：肘頭高さ]	0.6H	1 028.4	954.6
13	[r：座位下肢長さ]	0.56H	959.8	891.0
14	立位の作業点・[l：座高・t：重心点]	0.55H	942.7	875.1
15	調理台の高さ	0.5H	857.0	795.5
16	[h：前方腕長・眼高（平座位）]	0.48H	822.7	763.7
17	[f：上肢長さ]	0.43H	737.0	684.1
18	食卓の高さ・洗面台の高さ・棚の下限高さ	0.4H	685.6	636.4
19	手に下げるものの最高長さ・[e：指先端高さ]	0.37H	634.2	588.7
20	[q：座位臀膝蓋骨前縁距離]	0.34H	582.8	540.9
21	机の下端上限高さ	0.32H	548.5	509.1
22	[n：座位膝蓋骨上縁高さ]	0.29H	497.1	461.4
23	[p：座位臀膝窩（か）間距離]	0.27H	462.8	429.6
24	作業用椅子座位基準点・[i：肩幅・k：下腿高さ]	0.25H	428.5	397.8
25	軽作業用椅子座位基準点	0.22H	377.1	350.0
26	軽休息用椅子座位基準点・[o：座位臀幅]	0.2H	342.8	318.2
27	差尺（椅子座面～テーブル上端）	0.18H	308.5	286.4
28	休息用椅子座位基準点・[j：胸幅]	0.16H	274.2	254.6
29	肘掛けの高さ・[m：座面肘頭距離]	0.15H	257.1	238.7

注：・[　]内のアルファベットは，身長を基準とした人体各部寸法の略算係数一覧の各部位を示す。
・係数値には履物などの高さは含まない。

●身長を基準とした高さ等の目やす（略算値）

H（成人男子・女子平均身長：mm）＝ ♂ 1 714 σ 62.6　♀ 1 591 σ 53.0

注：ヌード寸法
プラス
- 高さ　　…履物（スリッパ，ロー・ハイヒール etc），帽子
- 幅・厚さ…衣服（夏・冬（コート）etc）満員電車…夏：冬（20%増）
- 持ち物・心理的アキ寸法

◎上肢挙上高さ（1.24H＝ ♂ 2 125.4　♀ 1 972.8）　　成人男・女の平均寸法(平均身長×係数)(mm)を示す ［以下同じ］

　…垂直方向の最大動作域（背伸び＋α）

- 出し入れできるものの上端
- クローゼットのハンガーパイプ，乗物の吊り革・網棚(手掛バー)などの高さ

［参考］ 吊り革の高さ
- JR東日本　　168cm（乗降ドア前180cm）
- 営団地下鉄　166cm
- 東急　　　　153〜163cm交互
- 西武　　　　153cm（優先席前）
- 都営地下鉄　165cm（浅草線：155cm）
　　　　　　　└高齢者多い…浅草・蔵前・泉岳寺など

◎指極（1H＝ ♂ 1 714　♀ 1 591）…水平方向の最大動作域

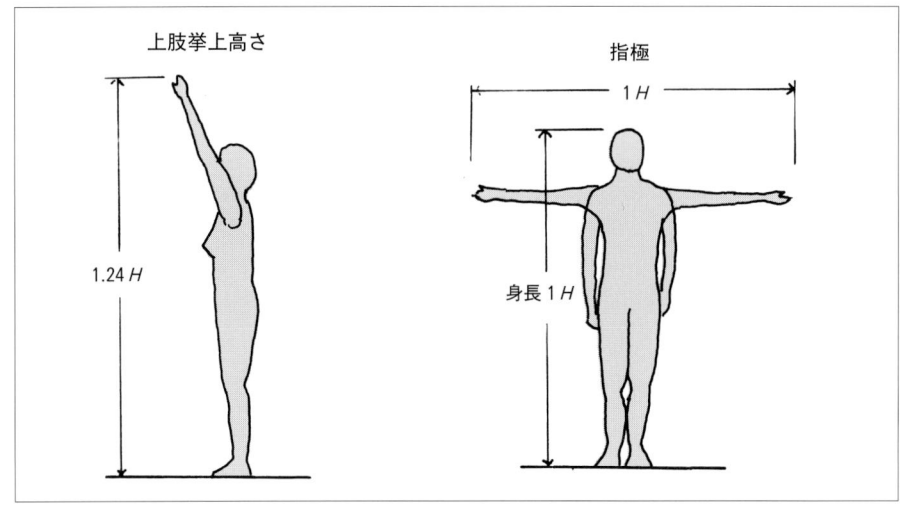

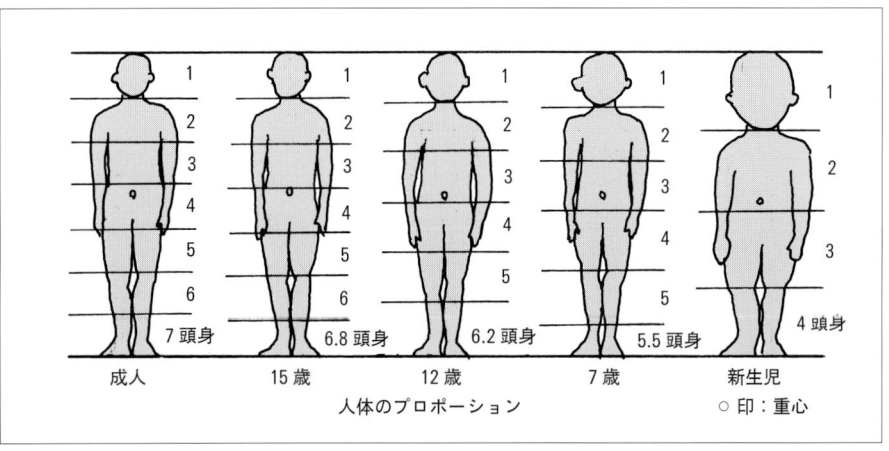

人体のプロポーション　○印：重心

成人 7頭身　／　15歳 6.8頭身　／　12歳 6.2頭身　／　7歳 5.5頭身　／　新生児 4頭身

6 人と空間のかかわり

◎**身長**（1*H*＝♂ 1 714　♀ 1 591）

　開口部・ドアの高さ＝身長＋（100（心理的アキ）＋20（履物）～）

　　≒1 835⇒2 000（公共的建築物のドアの高さ（一般））

　　　＋100（心理的アキ）の根拠…JR上野駅構内の中央連絡通路（p.127参照）

・和室の鴨居高さ＝1 760（5尺8寸）　1 730（5尺7寸）

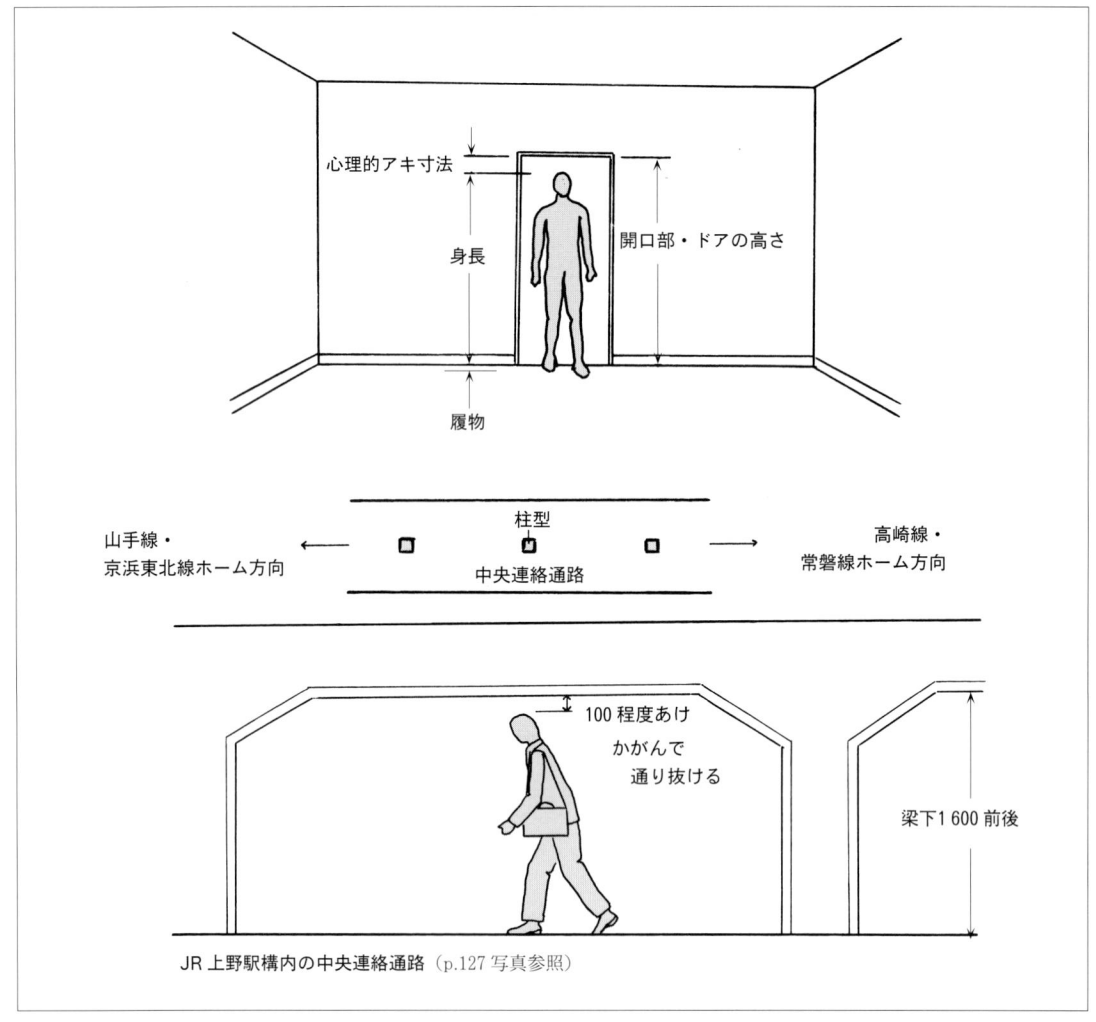

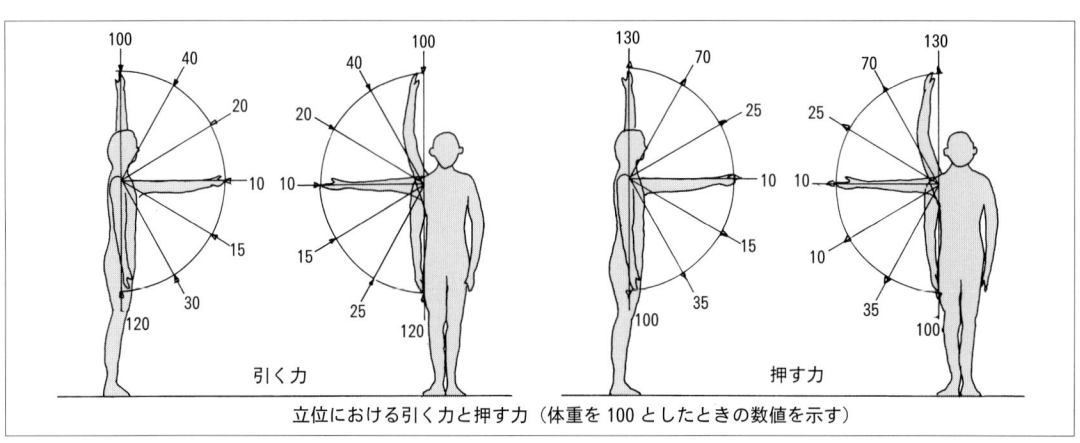

心理的アキ寸法
身長
開口部・ドアの高さ
履物

山手線・
京浜東北線ホーム方向　←　柱型　中央連絡通路　→　高崎線・
常磐線ホーム方向

100程度あけ
かがんで
通り抜ける

梁下1 600前後

JR上野駅構内の中央連絡通路（p.127写真参照）

引く力　　押す力

立位における引く力と押す力（体重を100としたときの数値を示す）

◎眼高…ものの見やすい高さ
- 立位眼高（0.93H＝♂ 1 594　♀ 1 479.6）
　…展示・陳列：絵画・売れ筋商品（ゴールデンライン）などの高さ
- 椅座位眼高（0.7H（作業用）＝♂ 1 199.8　♀ 1 113.7
　　　　　　～0.63H（休息用）＝♂ 1 079.8　♀ 1 002.3）
　　　　　注：椅子の座面高さによって眼高は異なる。
　…映画館・劇場客席の段床，ＴＶなどの高さ
- 平座位眼高（0.48H＝♂ 822.7　♀ 763.7）

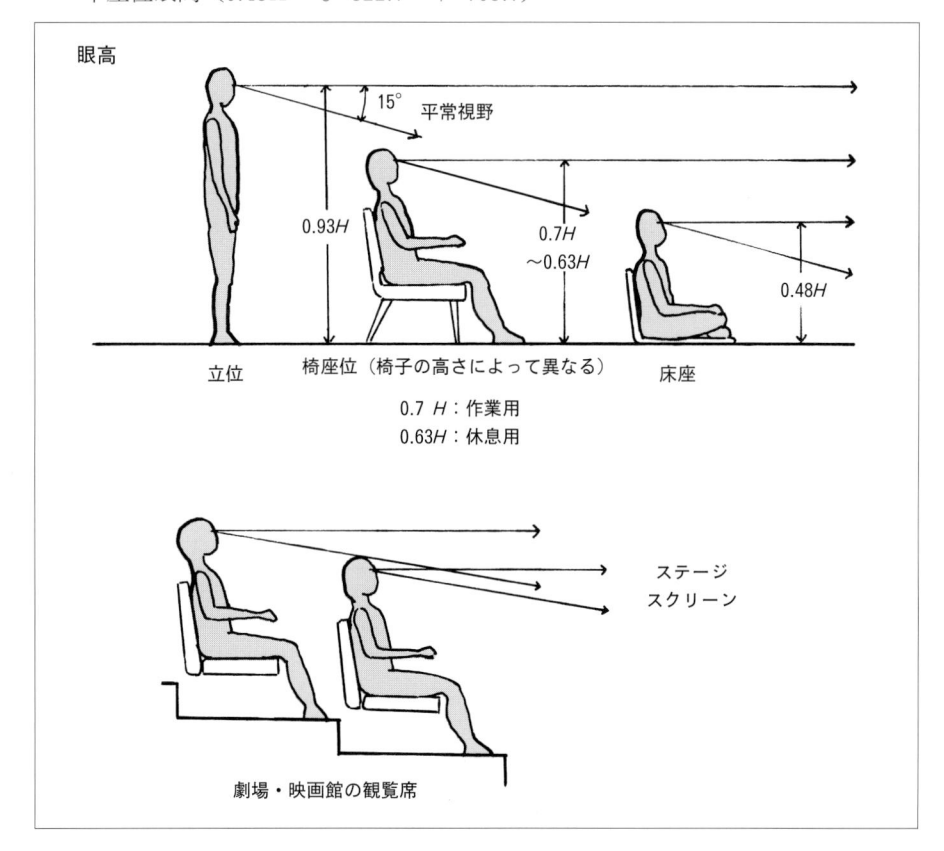

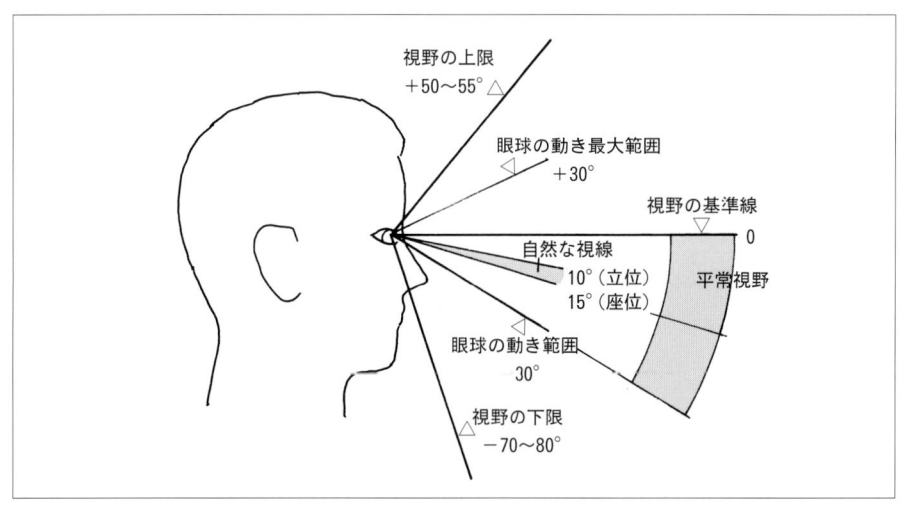

眼高

15° 平常視野

0.93H　0.7H〜0.63H　0.48H

立位　椅座位（椅子の高さによって異なる）　床座
0.7 H：作業用
0.63H：休息用

ステージ
スクリーン

劇場・映画館の観覧席

視野の上限
＋50〜55°

眼球の動き最大範囲
＋30°

視野の基準線　0

自然な視線
10°（立位）
15°（座位）

平常視野

眼球の動き範囲
30°

視野の下限
－70〜80°

パーティション（間仕切り）の高さと視線

- 透視…オープン（コミュニケーション・プロジェクトチーム）
- 遮断…クローズド（プライバシー/デザイン）

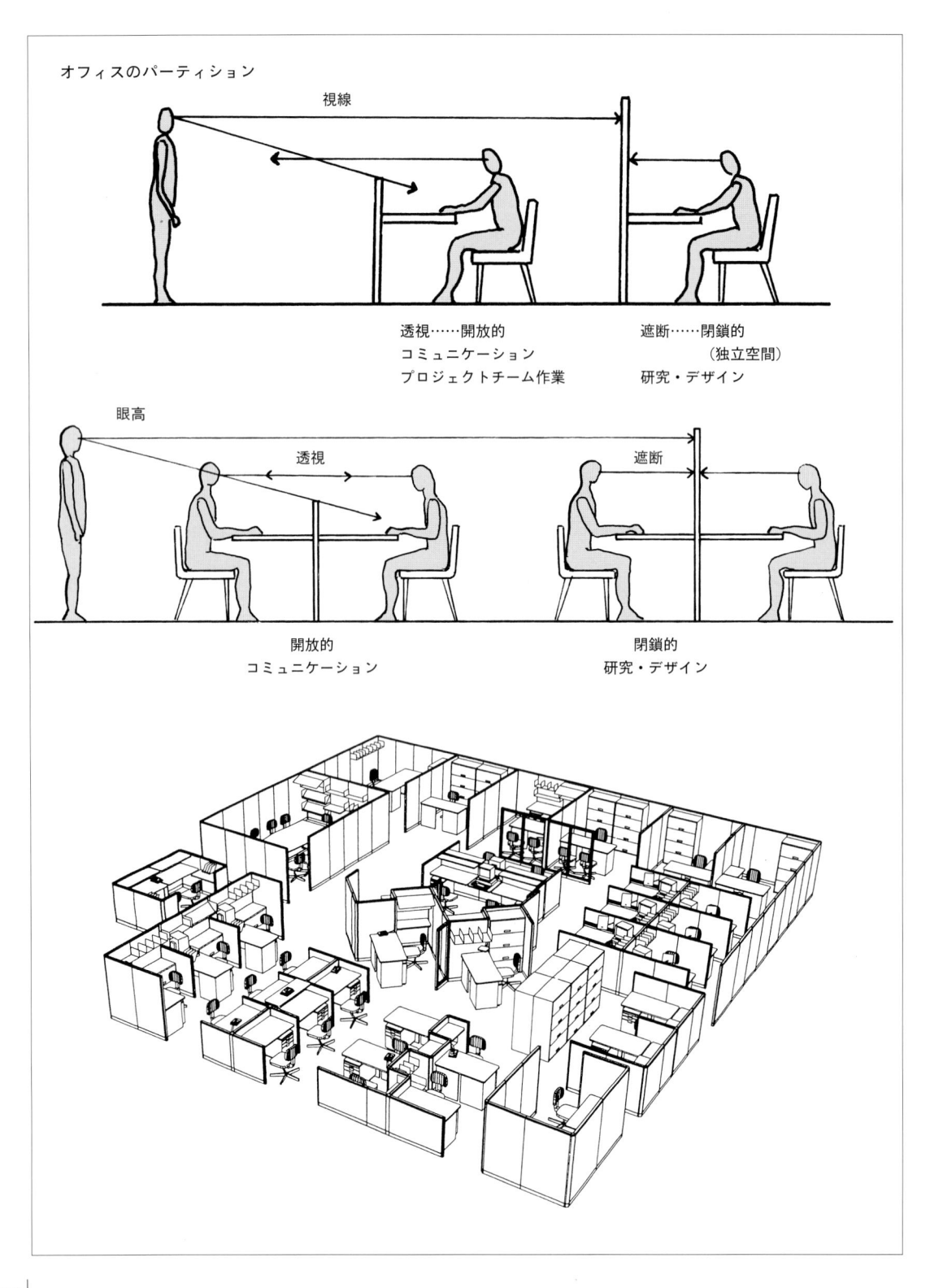

オフィスのパーティション

視線

透視……開放的
コミュニケーション
プロジェクトチーム作業

遮断……閉鎖的
（独立空間）
研究・デザイン

眼高

透視

遮断

開放的
コミュニケーション

閉鎖的
研究・デザイン

くつろぎの度合いと視線の高さ

視点が高いほど緊張度は強く作業性が高くなり，休息性が増してくつろぐほど次第に視点は低くなる。床に座ったり，寝転んだりすることは，気持ちを安定させくつろぎにつながるためである。

眼高（立位・椅座位・平座位）いわゆる視線の高さの関係は，立つと天井面が視野の多くを占め，座ると床面が視野に入ってくる。

一般に，高い視点では客観的に見えやすく，低い視点からは主観的になりがちになるので，生活する視点の高さを考慮に入れて，天井の高さ，開口部の位置，家具の高さやレイアウトなどを設（しつら）えないと，室内のバランスがくずれやすい。

茶室のように狭く，天井の低い空間でも窮屈さを感じないのは，茶室に入る躙り口（にじりぐち）での視点を低くおさえた演出によるものである。

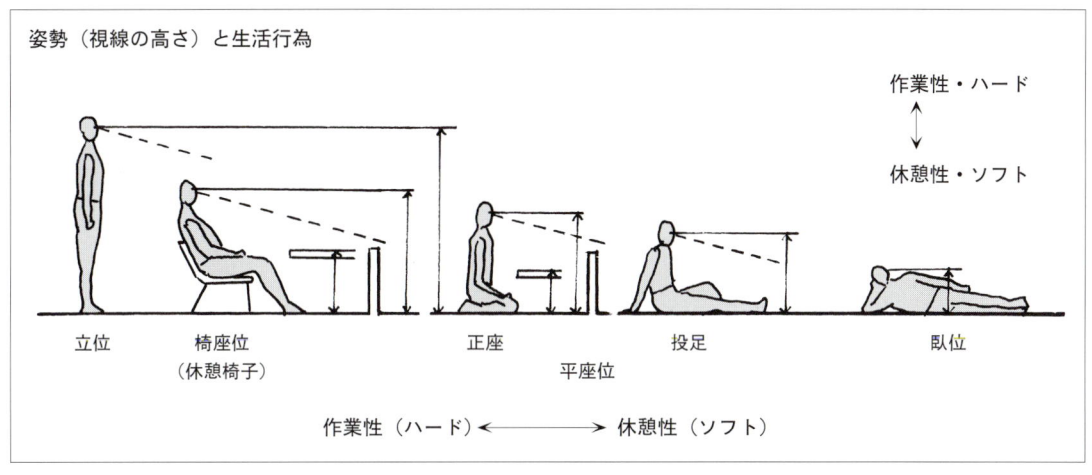

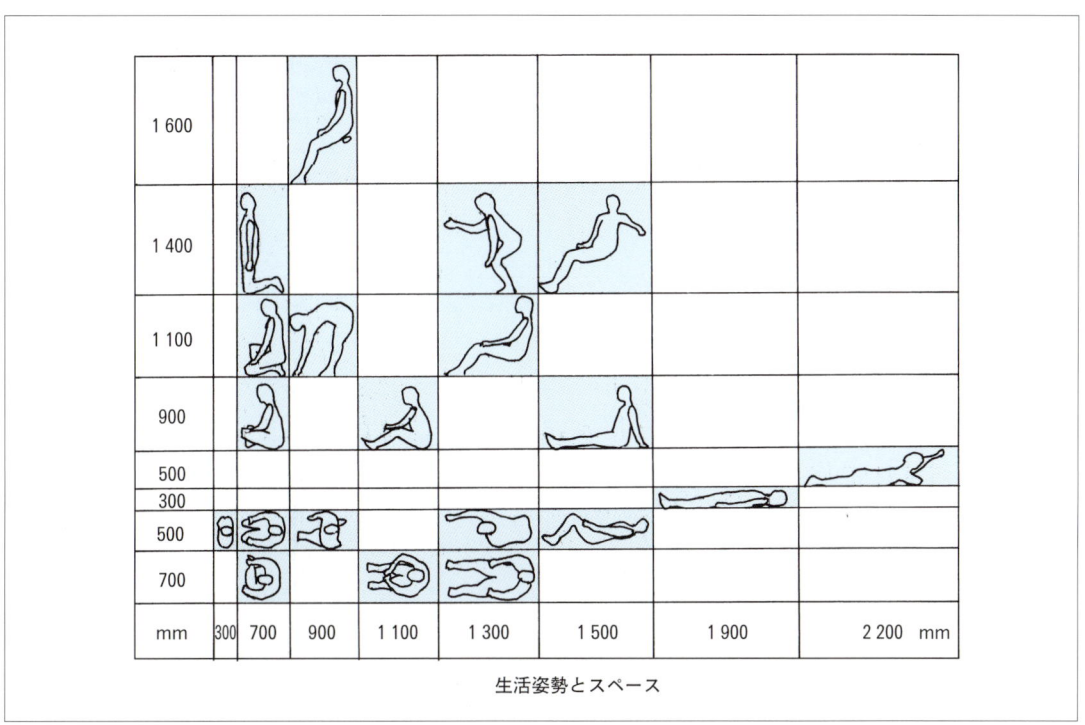

姿勢（視線の高さ）と生活行為

生活姿勢とスペース

天井と視点の高さ（成人男・女平均）

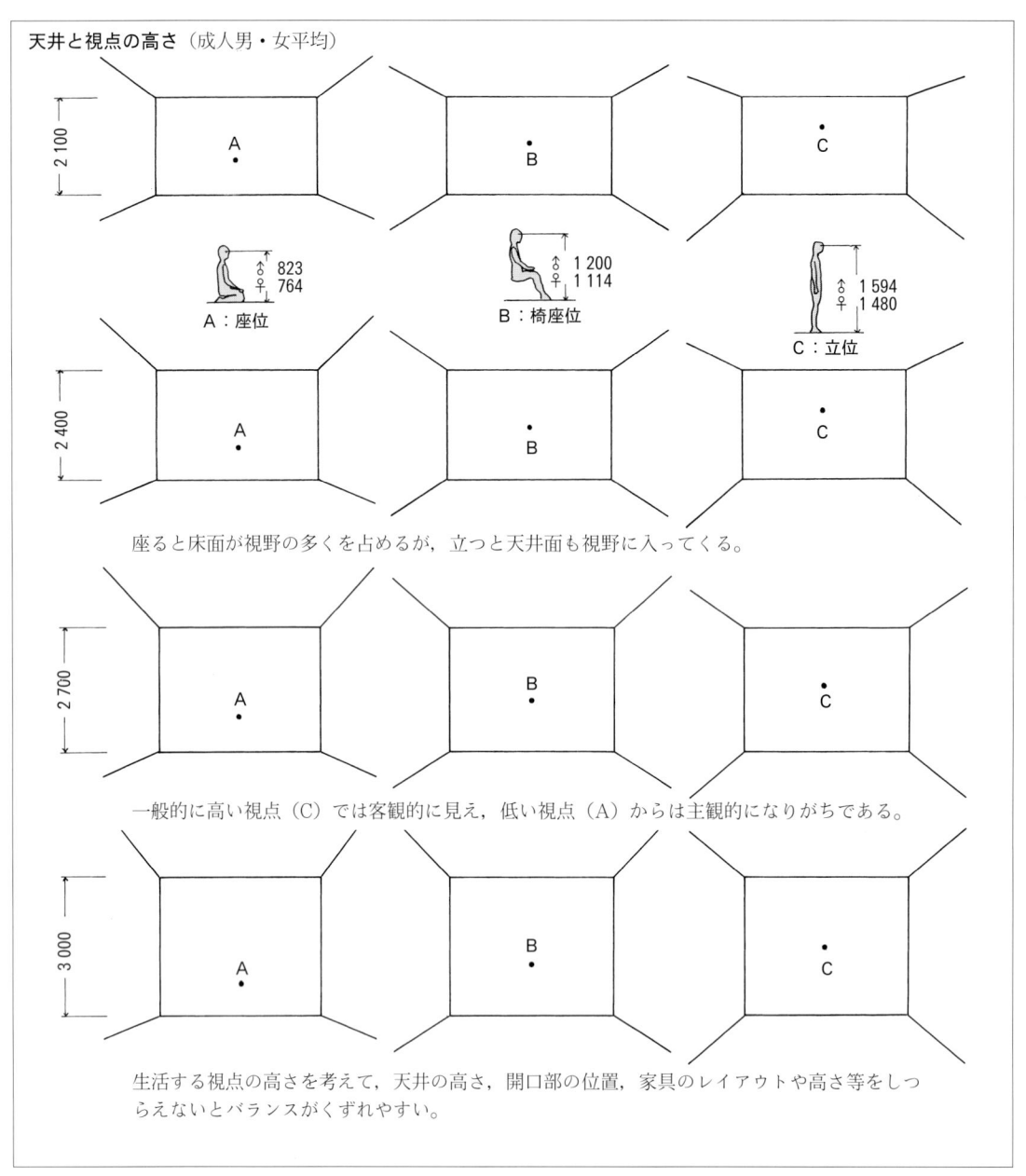

2 100

A：座位 ♂ 823 ♀ 764
B：椅座位 ♂ 1 200 ♀ 1 114
C：立位 ♂ 1 594 ♀ 1 480

2 400

座ると床面が視野の多くを占めるが，立つと天井面も視野に入ってくる。

2 700

一般的に高い視点（C）では客観的に見え，低い視点（A）からは主観的になりがちである。

3 000

生活する視点の高さを考えて，天井の高さ，開口部の位置，家具のレイアウトや高さ等をしつらえないとバランスがくずれやすい。

住まいにおける室面積と天井高さの目やす

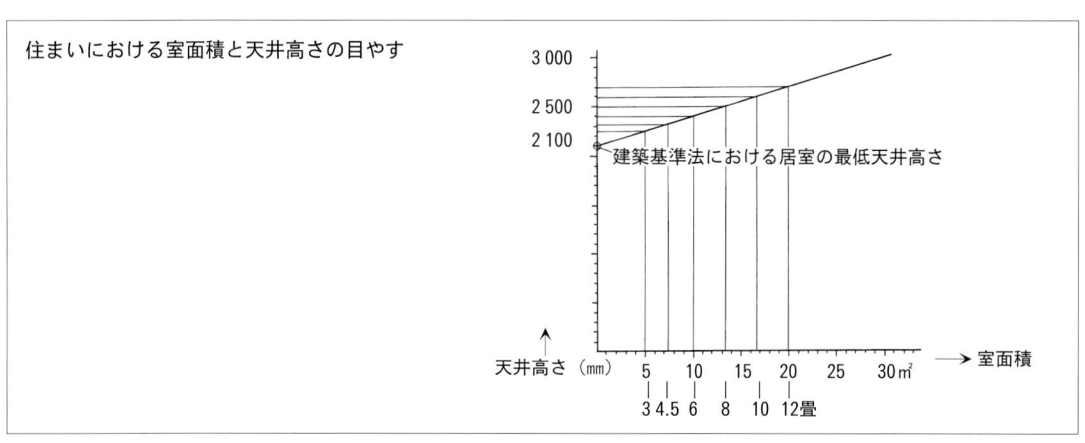

2 100　建築基準法における居室の最低天井高さ

天井高さ（mm）　室面積

5　10　15　20　25　30 m²
3　4.5　6　8　10　12畳

◎肩峰高（0.81H＝♂ 1 388.3　♀ 1 288.7）
　…扱いやすい，とりやすい高さの上限
　　操作しやすいスイッチの高さ　1 200（一般）
◎重心点（0.55H＝♂ 942.7　♀ 875.1）
　…手摺の高さ＝重心点＋α
　　⇨建築基準法（屋上・バルコニーなどの手摺の高さ：1 100以上）
　　手摺の高さが重心より低いと転落するおそれがある。
◎座高（♂0.54H＝ 925.6　♀0.55H＝ 875.1）
　…寝台車・2段ベッドの高さ＝座高＋α
　　→楽な姿勢のときは－50

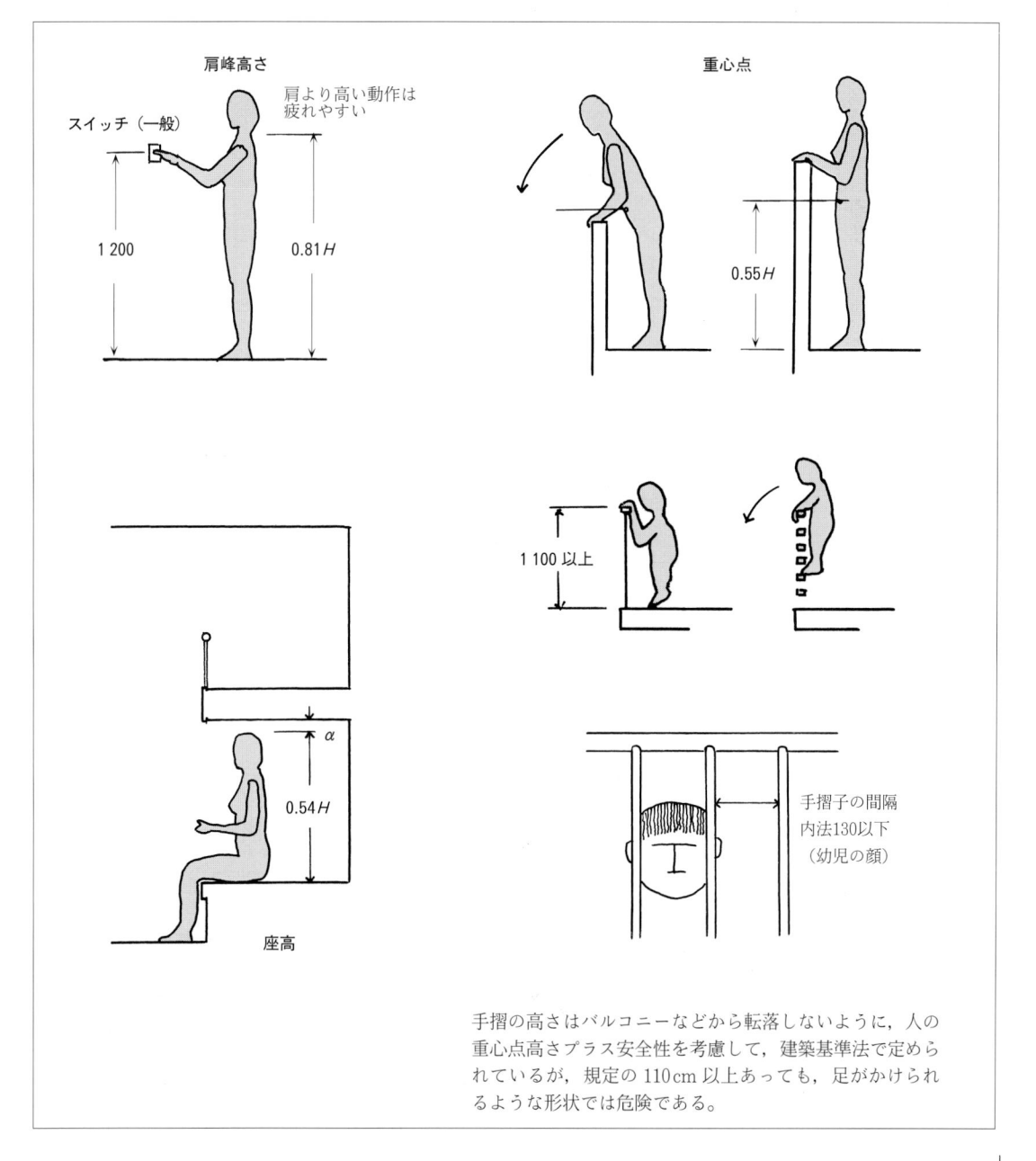

肩峰高さ
スイッチ（一般）
肩より高い動作は疲れやすい
1 200
0.81H

重心点
0.55H

1 100 以上

α
0.54H
座高

手摺子の間隔
内法130以下
（幼児の顔）

手摺の高さはバルコニーなどから転落しないように，人の重心点高さプラス安全性を考慮して，建築基準法で定められているが，規定の110cm以上あっても，足がかけられるような形状では危険である。

◎調理台の高さ（$0.5H=$ ↕ 857.0　♀ 795.5）

　　…JISでは 850（当分の間800も含まれる）に規定されている。

　車椅子や椅子の場合は，700前後が適している⇨高さ昇降調節装置付き調理台が便利

◎洗面台の高さ（$0.4H=$ ↕ 685.6　♀ 636.4）…JIS 680・720

　　⇨高すぎると，洗顔時など水が肘を伝って垂れる。

　車椅子や椅子の場合⇨高さ昇降調節装置付き洗面化粧台が便利

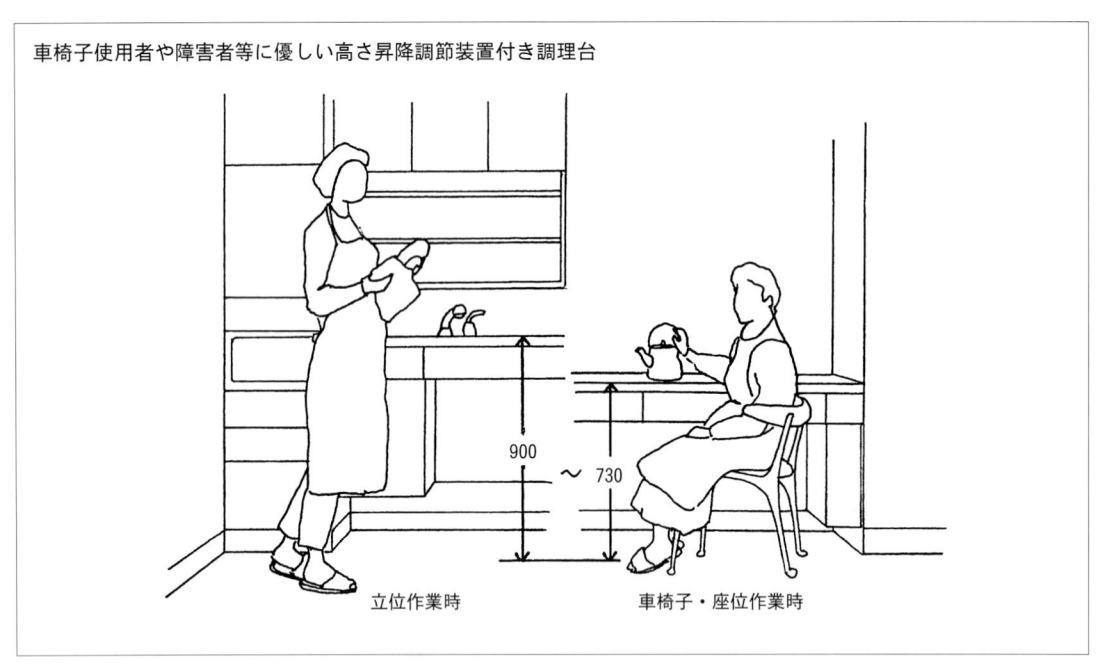

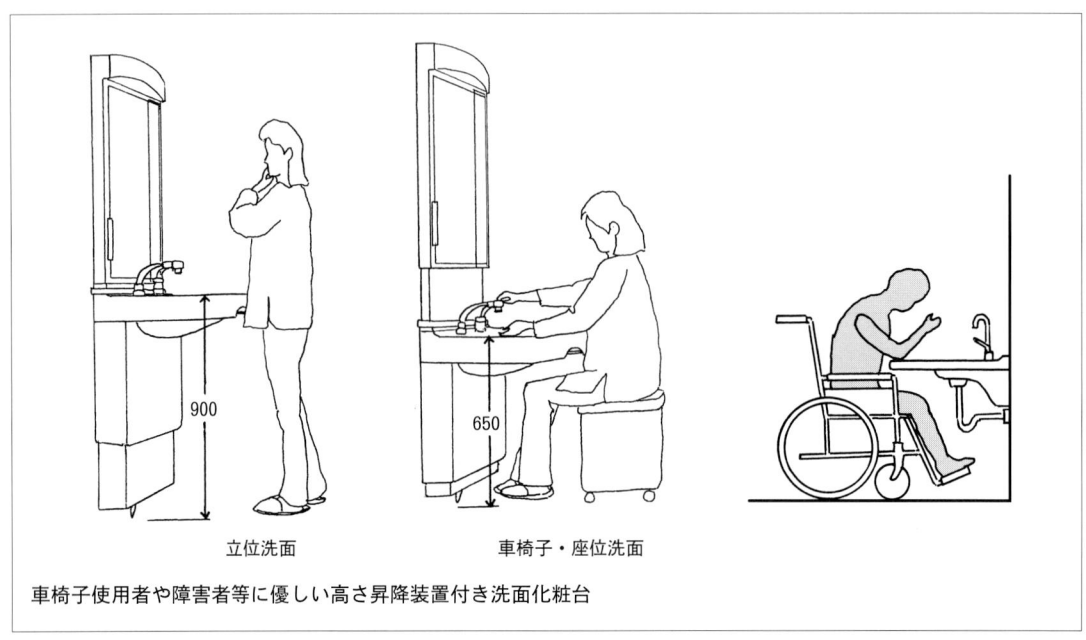

車椅子使用者や障害者等に優しい高さ昇降調節装置付き調理台

立位作業時　900

車椅子・座位作業時　〜730

車椅子使用者や障害者等に優しい高さ昇降装置付き洗面化粧台

立位洗面　900

車椅子・座位洗面　650

◎机面（食卓・勉強机）高さ（$0.4H=$ ♂ 685.6　♀ 636.4）

　…幼児〜少年：小学生（成長期）⇒高さ調整機能付き勉強机が便利

◎指先端高さ（$0.37H=$ ♂ 634.2　♀ 588.7）

　…立位作業面の下限高さ，棚の高さ

◎肩幅（♂$0.25H=428.5$　♀$0.24H=381.8$）…身体幅

・連結椅子の座席幅→映画館・スタジアムの客席

・通路・ドア幅$=a+2b$

　a：470（肩幅＋着衣・腕の振り）

　b：50〜60（身体の揺れ）＋50（心理的なアキ…壁やドア枠すれすれに歩く人はいない）

　2人$=2a+2b+c$　　$c=50$〜60（身体の揺れ）＋50（心理的アキ）

・車椅子に乗った人の両肘幅＋$\alpha=800$以上

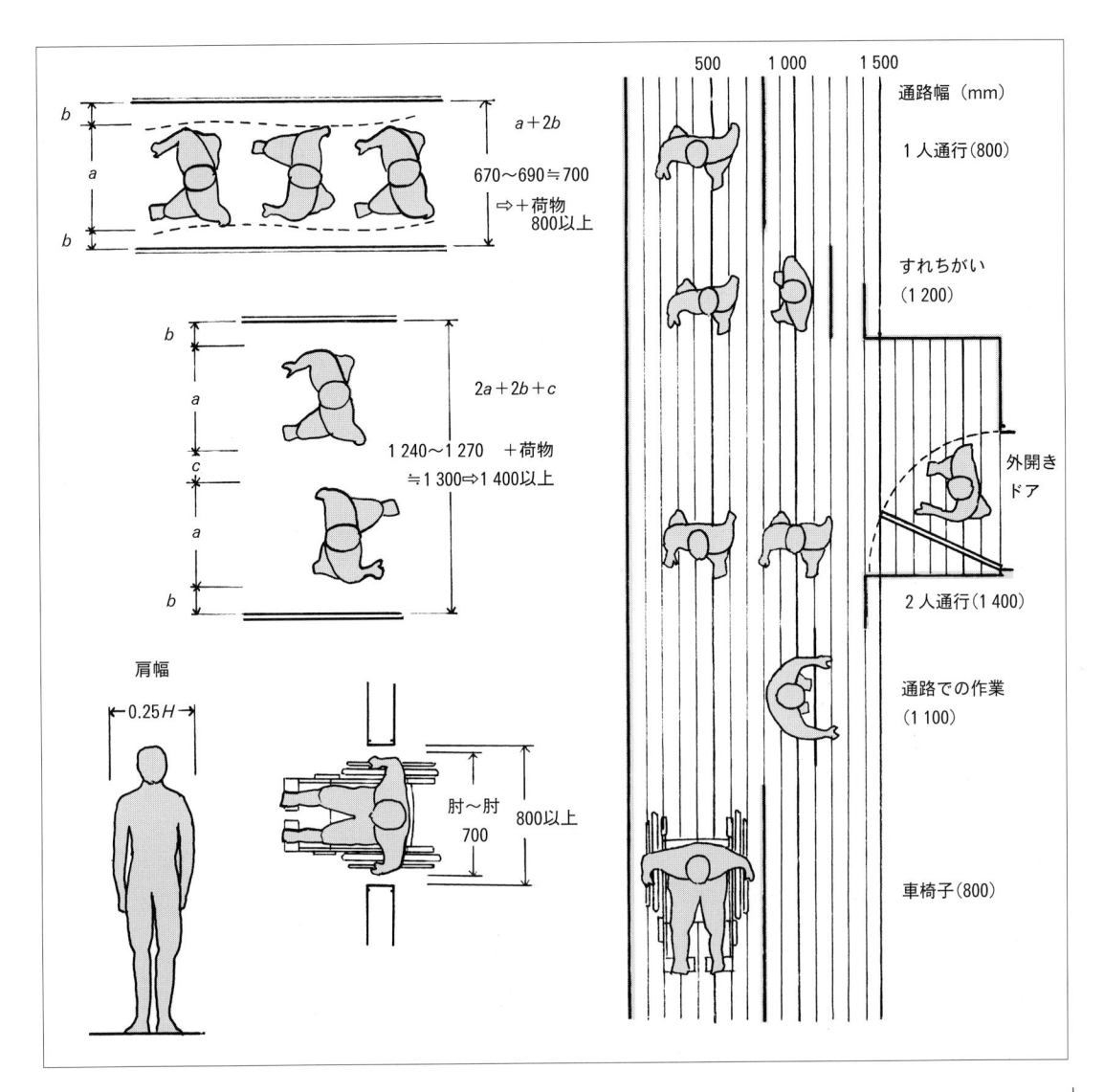

- ◎**下腿（かたい）高さ**（$0.25H=$ ♂ 428.5　♀ 397.8）…作業用椅子の座面（座位基準点）高さ
- ◎**脛（すね）（膝～足首）**（$0.18H=$ ♂ 308.5　♀ 286.4）…休息用椅子（ソファ）
- ◎**差尺**（$0.18H=$ ♂ 308.5　♀ 286.4 または　差尺＝座高（$0.55H$）/3－10）
  …テーブルの上端～椅座面の寸法
  - 作業用（$0.17H$）　270～290
  - 食事用（$0.18H$）　280～300…一般的に用いられる適性寸法

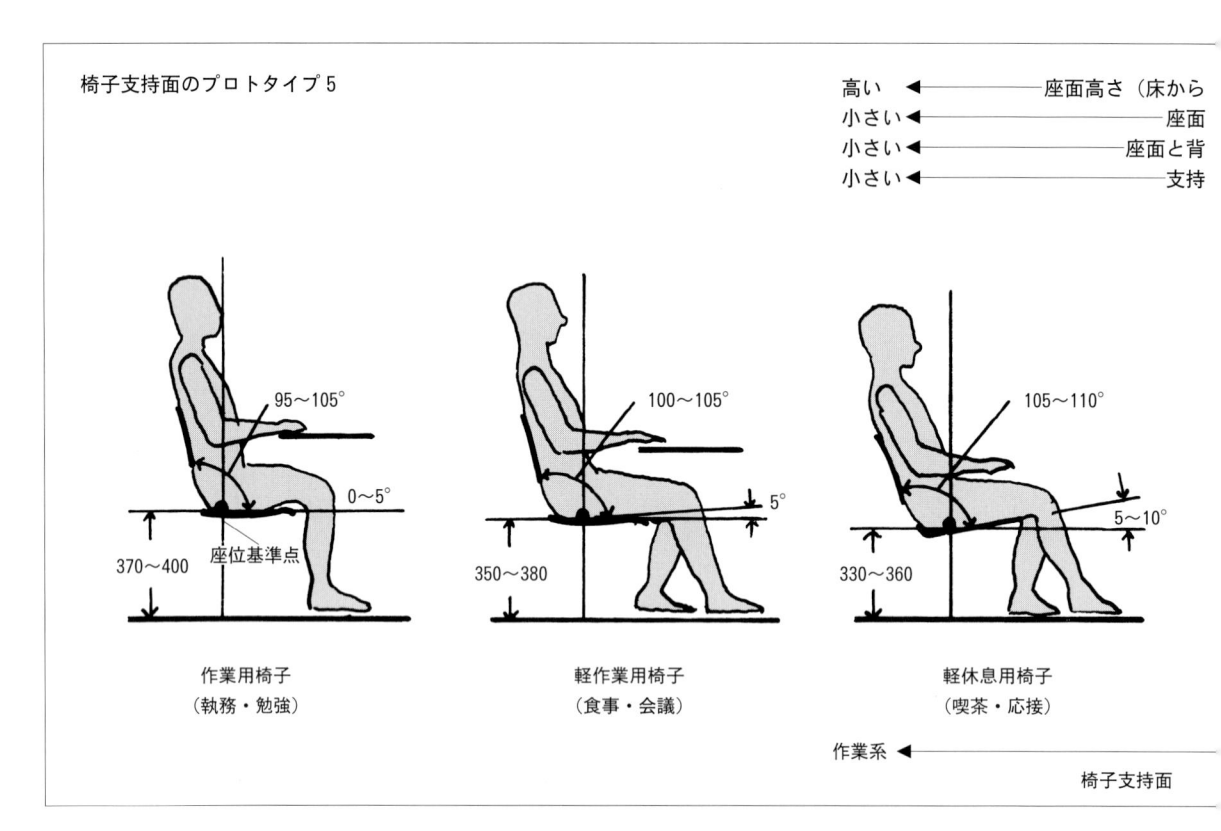

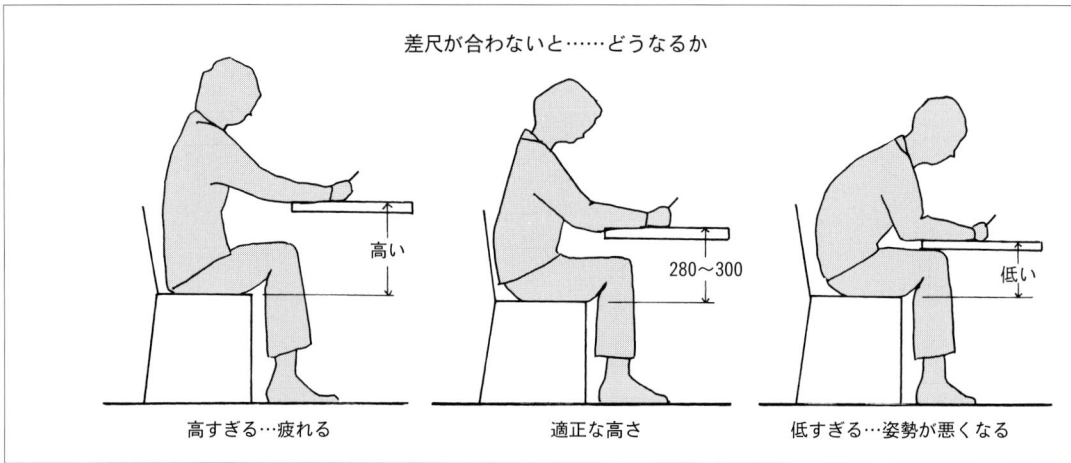

椅子支持面のプロトタイプ 5

高い ◀──── 座面高さ（床から
小さい ◀──── 座面
小さい ◀──── 座面と背
小さい ◀──── 支持

作業用椅子（執務・勉強）　95～105°　0～5°　370～400　座位基準点

軽作業用椅子（食事・会議）　100～105°　5°　350～380

軽休息用椅子（喫茶・応接）　105～110°　5～10°　330～360

作業系 ◀────
椅子支持面

差尺が合わないと……どうなるか

高すぎる…疲れる　｜　適正な高さ　280～300　｜　低すぎる…姿勢が悪くなる

◎座面肘頭距離（肘掛け高さ）($0.15H=$ ♂ 257.1 ♀ 238.7）…椅座面〜肘掛け
◎座位膝蓋骨上縁高さ（膝高）($0.29H=$ ♂ 497.1 ♀ 461.4)
　…床〜テーブル甲板・引き出しの下端
　　注：椅子の高さ，膝のたて方によって異なる。

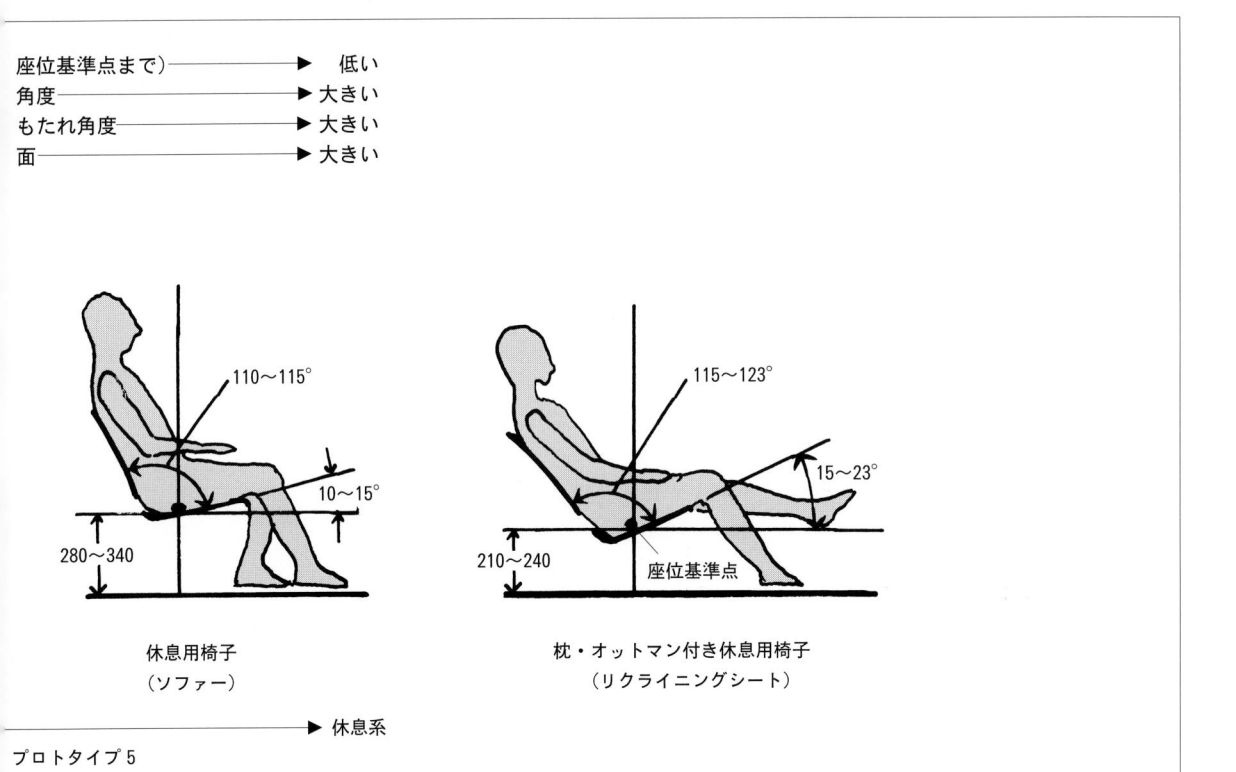

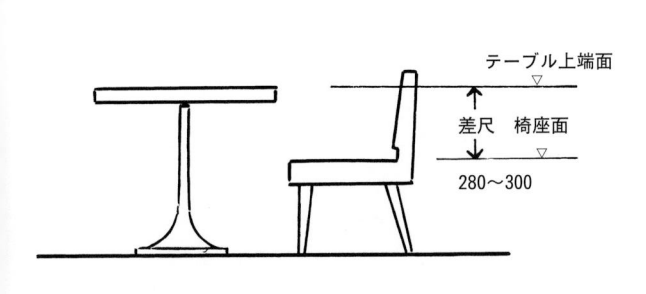

座位基準点まで）──────▶ 低い
角度──────────────▶ 大きい
もたれ角度──────────▶ 大きい
面───────────────▶ 大きい

休息用椅子
（ソファー）
110〜115°
10〜15°
280〜340

枕・オットマン付き休息用椅子
（リクライニングシート）
115〜123°
15〜23°
210〜240
座位基準点

──────▶ 休息系

プロトタイプ5

テーブル上端面
差尺　椅座面
280〜300

◎座位臀膝窩間距離：膕（ひかがみ：膝の後ろのくぼんだ部分）〜臀（でん）長
  （$0.27H$＝ ♂ 462.8　♀ 429.6）
　　…椅子座面の（最大）奥行
◎つま先〜臀長 …映画館・劇場（固定）客席の前後間隔
　　注：椅子の高さによって異なる。
◎座位臀（ヒップ）幅（♂$0.19H$＝ 325.7　♀$0.21H$＝ 334.1）…椅子の内法幅
 ・普通電車　360〜420
 ・新幹線　　450（肘掛けの内法）
 ・航空機（ファーストクラス）　600（肘掛けの内法）

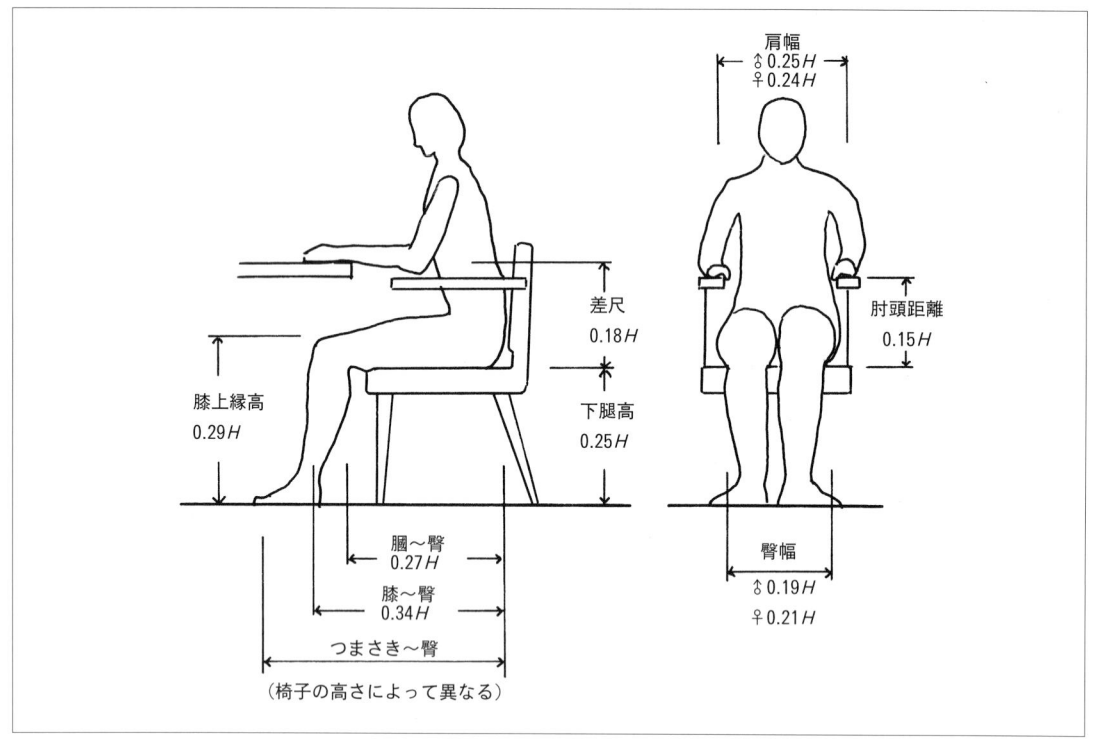

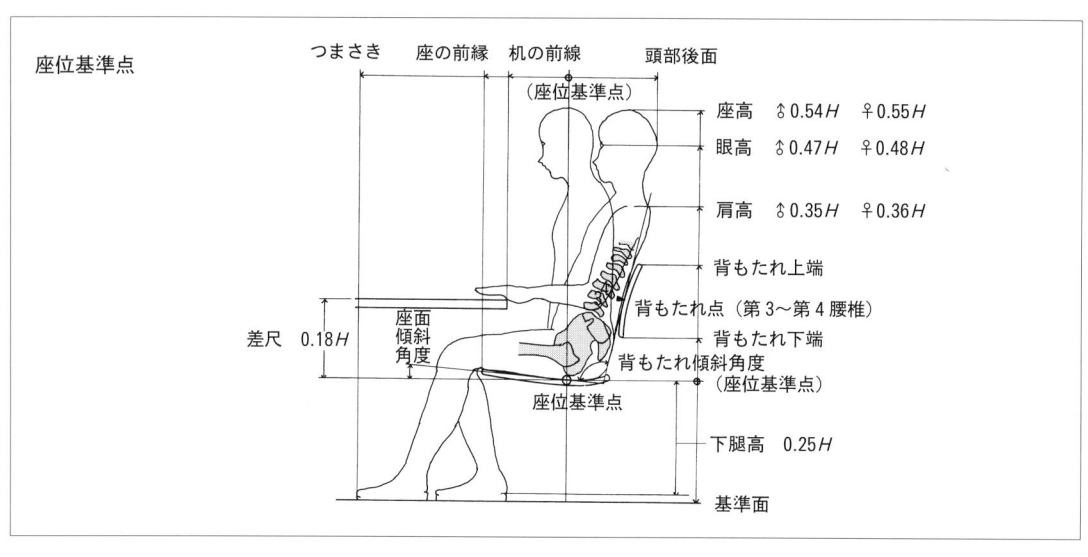

肩幅
♂ $0.25H$
♀ $0.24H$

差尺 $0.18H$

膝上縁高 $0.29H$

下腿高 $0.25H$

肘頭距離 $0.15H$

膕〜臀 $0.27H$
膝〜臀 $0.34H$
つまさき〜臀
（椅子の高さによって異なる）

臀幅
♂ $0.19H$
♀ $0.21H$

座位基準点

つまさき　座の前縁　机の前線　頭部後面
（座位基準点）

座高　♂$0.54H$　♀$0.55H$
眼高　♂$0.47H$　♀$0.48H$
肩高　♂$0.35H$　♀$0.36H$
背もたれ上端
背もたれ点（第3〜第4腰椎）
背もたれ下端
背もたれ傾斜角度
（座位基準点）

差尺 $0.18H$
座面傾斜角度
座位基準点

下腿高　$0.25H$

基準面

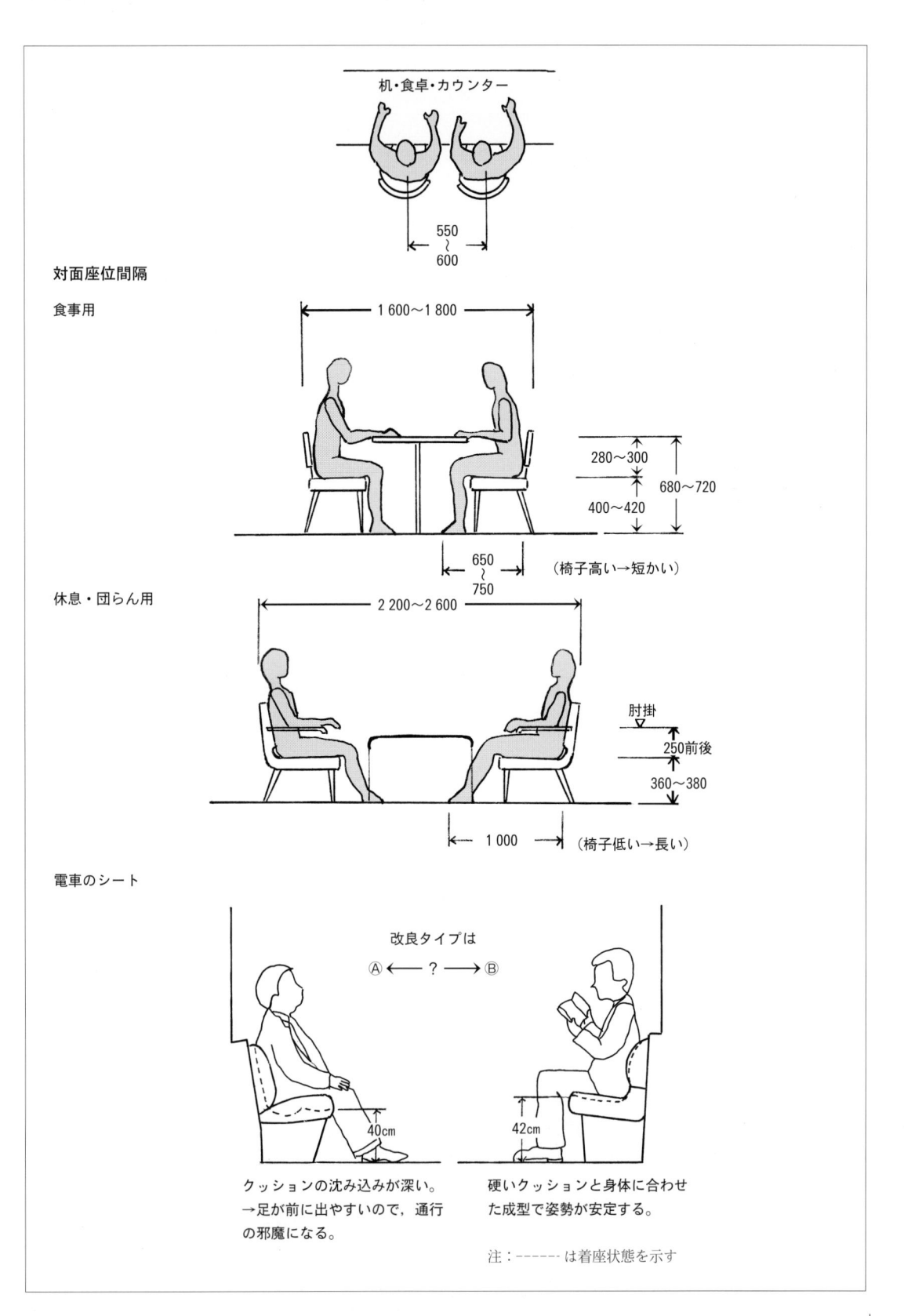

◎**肘幅** …食卓・カウンター席の椅子の間隔

机・食卓・カウンター

550〜600

対面座位間隔

食事用

1 600〜1 800
280〜300
400〜420
680〜720
650〜750
（椅子高い→短かい）

休息・団らん用

2 200〜2 600
肘掛
250前後
360〜380
1 000
（椅子低い→長い）

電車のシート

改良タイプは
Ⓐ ← ？ → Ⓑ

40cm
クッションの沈み込みが深い。
→足が前に出やすいので，通行の邪魔になる。

42cm
硬いクッションと身体に合わせた成型で姿勢が安定する。

注：------ は着座状態を示す

6 人と空間のかかわり

◎その他
・部位
・体重：身体の部位別重量比（％）

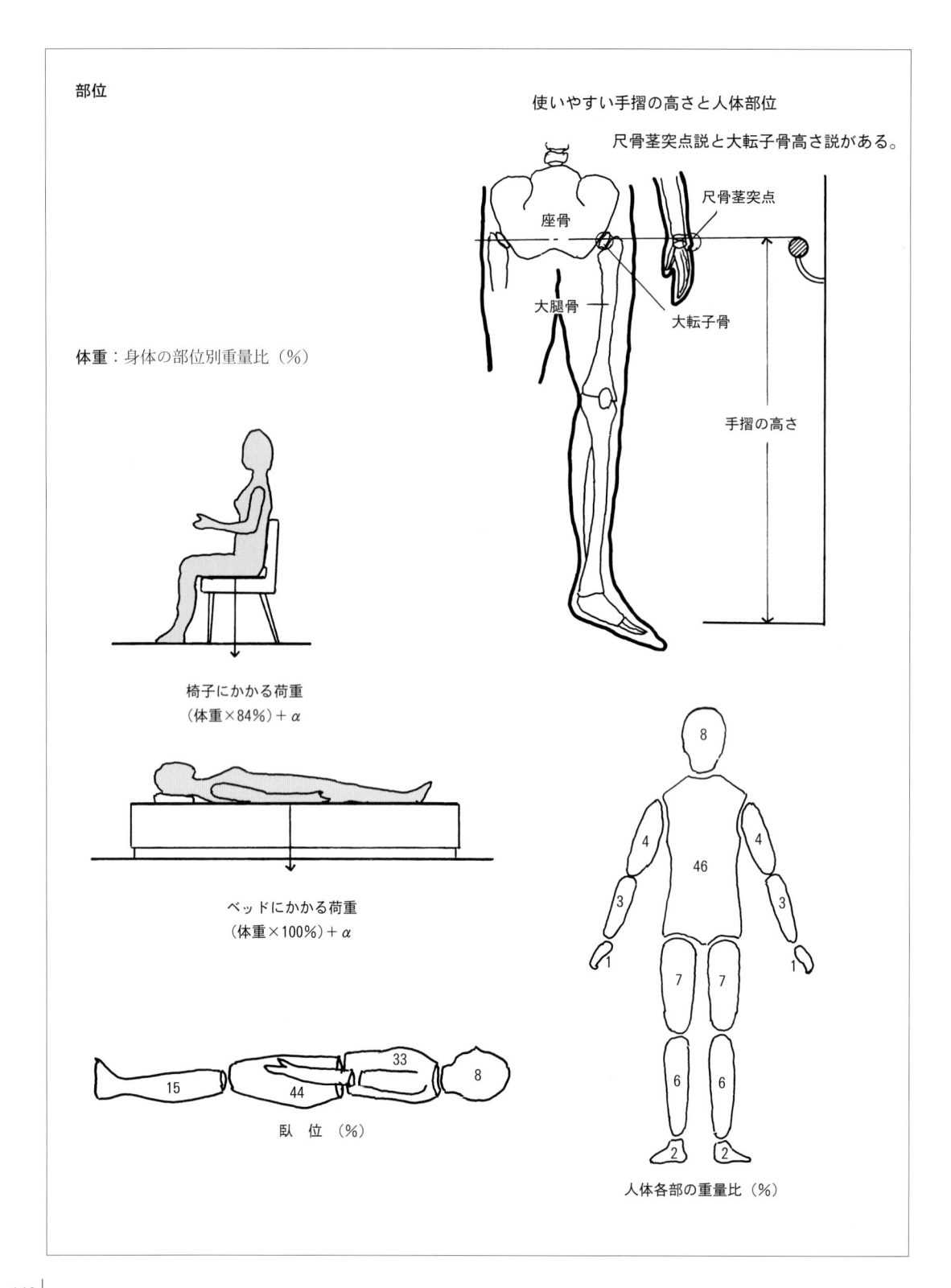

部位

使いやすい手摺の高さと人体部位
尺骨茎突点説と大転子骨高さ説がある。

尺骨茎突点
座骨
大腿骨
大転子骨
手摺の高さ

体重：身体の部位別重量比（％）

椅子にかかる荷重
（体重×84％）＋α

ベッドにかかる荷重
（体重×100％）＋α

臥位（％）
15　44　33　8

人体各部の重量比（％）
8　4　46　4　3　3　1　1　7　7　6　6　2　2

・人体・寝返りとベッドの寸法

　人の上体は，頭と胴・臀部の3つのブロックを，頸椎と腰椎の2つのジョイントでつないでいる。立っているときは重力の方向にうまく重なっているが，仰向けに寝た場合，不自然なWの字型になるので，寝返りを繰り返して腰椎のカーブを矯正しようとする。

　仰臥位の姿勢は，立位，続いて椅子に座った座位姿勢に対して，腰椎のカーブが伸び身体が不安定になるので，寝返りして腰椎のカーブを正常な形に戻し，安定させようとする現象がみられる。

　一晩のうちに身体全体の寝返りは，平均20〜30回。手足の細かい動きは，平均50〜60回寝返りすることによって，安眠を保っているといわれている。

ベッド（寝具）の幅（W）＝肩幅×2.5（平均寝返り幅）

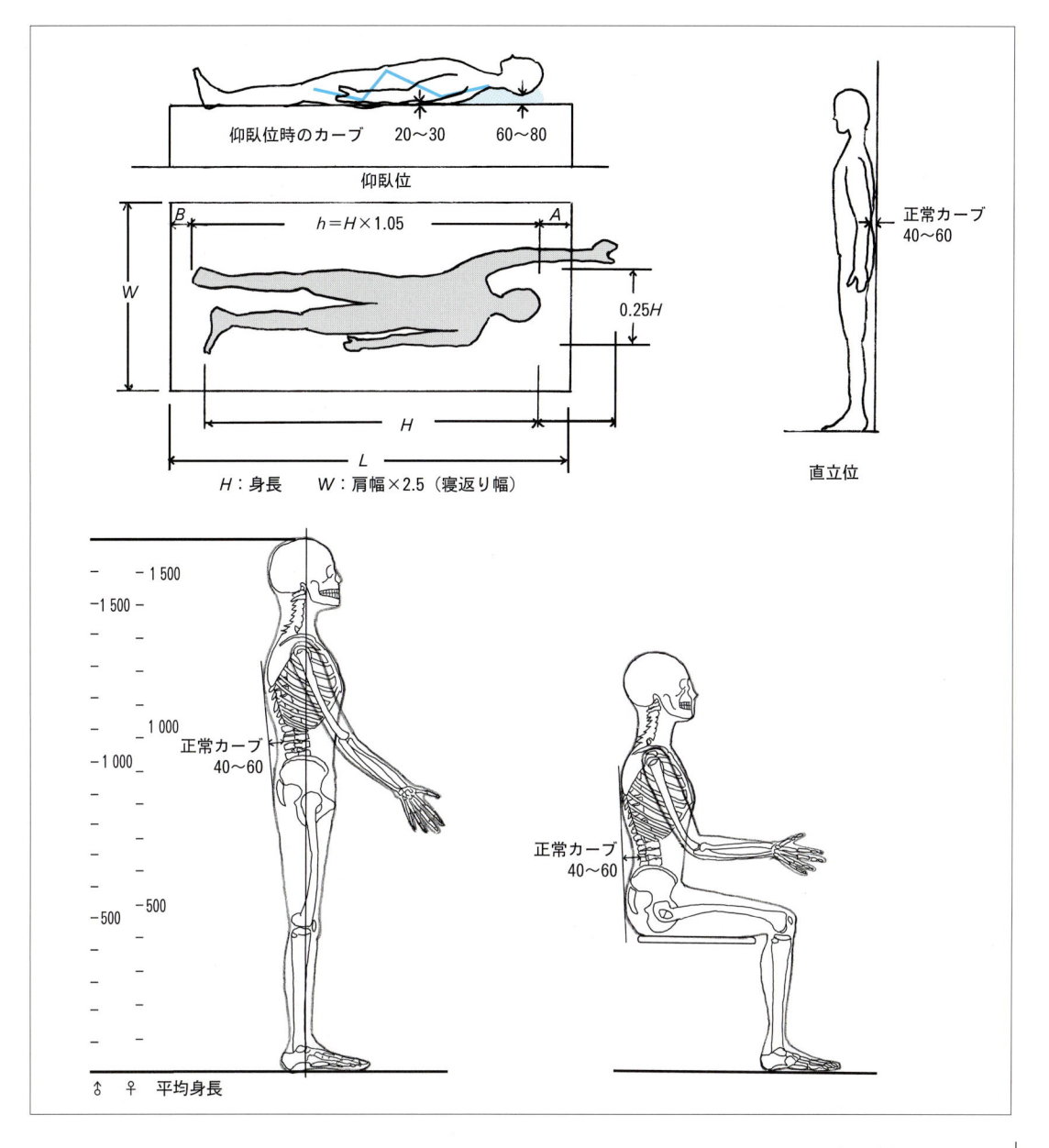

H：身長　W：肩幅×2.5（寝返り幅）

♂ ♀ 平均身長

6 人と空間のかかわり

ベッドの幅と睡眠：幅の狭いベッド（肩幅＋α＝50cm）の場合，就寝中にベッドから落ちないようにするのか，脳が緊張して眠りが浅くなり，寝返り回数は15～20回と平均回数の30％程度減少する傾向があるので，睡眠をさまたげないようにするには，ベッドの幅は最小限70cm以上は必要となる。

JISによる住宅用ベッド寸法（mm）

L \ W	900	1 000	1 050	1 100	1 300	1 500
1 900	○					
1 950	○	○	○	○	○	○
2 000	○	○	○	○	○	○
2 050		○	○	○	○	○

シングルベッド ←⊕→ セミダブル・ダブルベッド

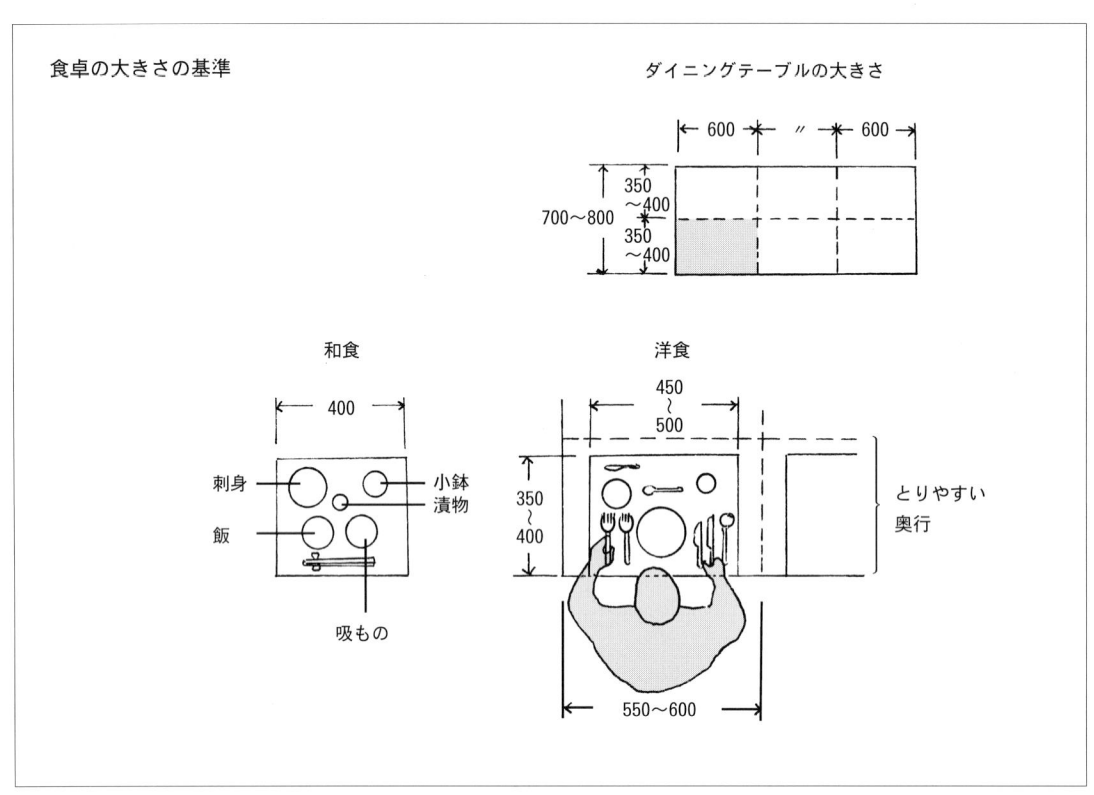

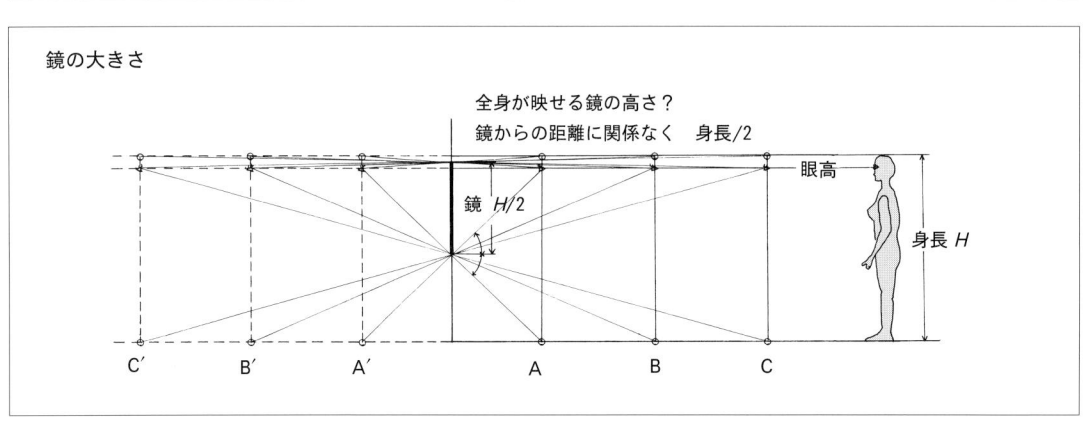

食卓の大きさの基準

ダイニングテーブルの大きさ

和食

洋食

刺身　小鉢　漬物　飯　吸もの

とりやすい奥行

鏡の大きさ

全身が映せる鏡の高さ？
鏡からの距離に関係なく　身長/2

鏡 $H/2$　眼高　身長 H

6.5 人と人の距離

(1) 物理尺度と心理尺度

人と空間のかかわり（人間工学）には，人体寸法や動作などの物理的な尺度のほかに，欠かすことのできない心理的な尺度についても考える必要がある。人と人は相対する距離が遠くなれば声が大きくなったり，話し方が不自然になるなど，お互いの位置関係がかわると会話の仕方も無意識のうちにかわってくる。

たとえば，身の上相談をするときに，向かいあって座ると話にくいが，視線がそらせる斜め前に座ると気楽にしゃべれるようになる。また，家庭教師の場合，机を挟んで正面に向かいあうより，直角の位置に座ったほうが効率が上がるなどである。

人は何らかの形で他人とかかわりをもちながら生活している。親しい人の場合は，できるだけ接近して会話しやすい位置に座を占めるが，かかわりたくない人とはなるべく距離をあけようとする。

文化人類学者エドワード・T・ホールは著書『かくれた次元』のなかで，地域性や文化・性別・地位などによって異なるが，4つの距離があると記している。

① 密接距離（Close）：最も親密な関係の人の場合，身体を密接させるか，触れ合える距離を保つ。
② 個体距離（Solid）：仲のいい友達の場合，相手の表情がよくわかり，温もりを感じとることができる距離を保つ。
③ 社会距離（Public）：個人的に関係のない人の場合，お互いに普通の声で話し合える距離を保つ。
④ 公衆距離（Community）：群衆など社会的にのみかかわりのある場合，大声で一方的に伝達できる距離を保つ。

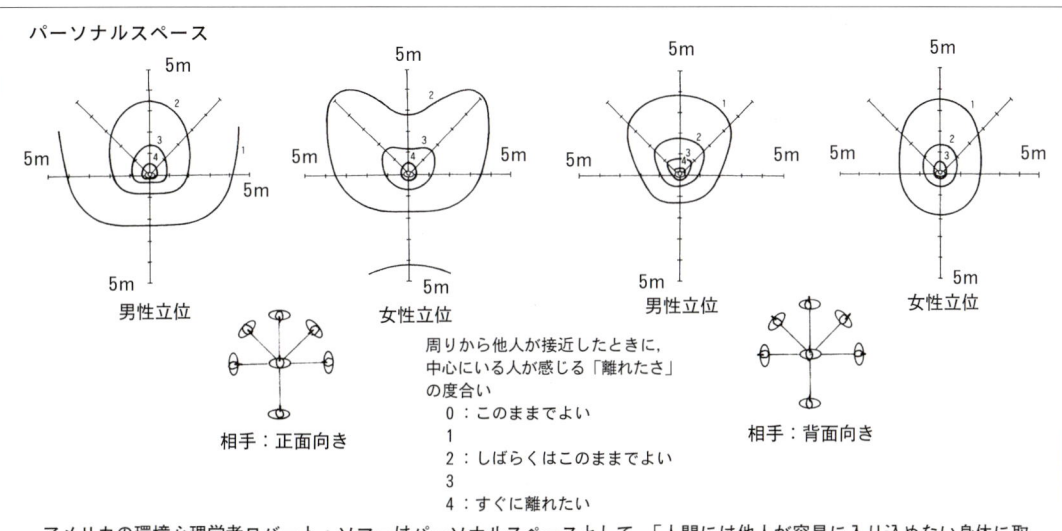

パーソナルスペース

男性立位　　女性立位　　男性立位　　女性立位
相手：正面向き　　　　　　　　　　　相手：背面向き

周りから他人が接近したときに，中心にいる人が感じる「離れたさ」の度合い
0：このままでよい
1：
2：しばらくはこのままでよい
3：
4：すぐに離れたい

アメリカの環境心理学者ロバート・ソマーはパーソナルスペースとして，「人間には他人が容易に入り込めない身体に取り巻く目に見えない領域がある」という。たとえば図のように，男性は前方に他人がいるのを嫌がるのに対して，女性は周囲から見られるのを嫌う傾向があり，パーソナルスペースが侵されると不安やストレスを感じるようになる。

①密接距離　Close：愛着・親密な関係

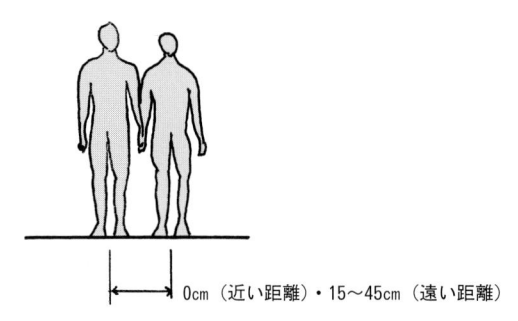

0cm（近い距離）・15〜45cm（遠い距離）

②個体距離　Solid：信頼・友好・仲のいい関係

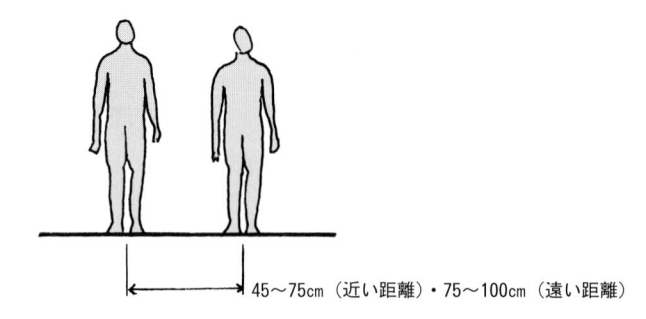

45〜75cm（近い距離）・75〜100cm（遠い距離）

③社会距離　Public：集団・仲間の関係

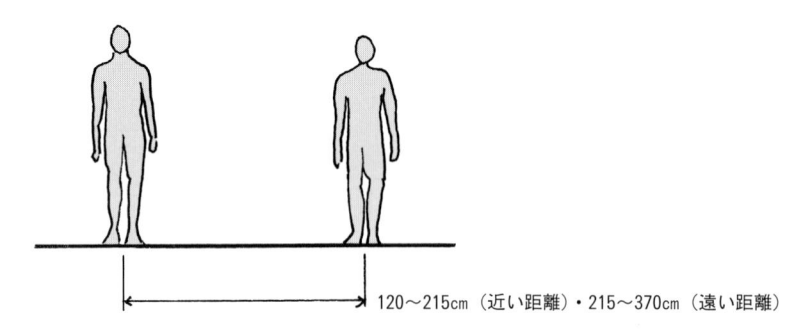

120〜215cm（近い距離）・215〜370cm（遠い距離）

④公衆距離　Community：地域・社会的な関係

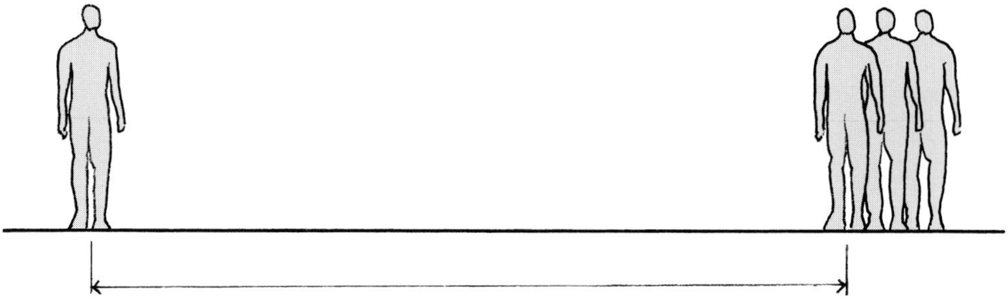

370〜760cm（近い距離）・760cm以上（遠い距離）

エドワード・T・ホール『かくれた次元』より

・人と人の感覚距離として…

a 親近感をいだきやすい距離　　　　　　　　　　600〜1 200

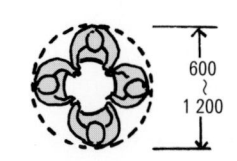

b コミュニケーション（家族・友人）をとりやすい距離　　1 500

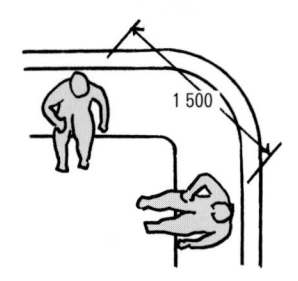

c 対話（食事・ミーティング）しやすい距離　　　　2 000〜2 500

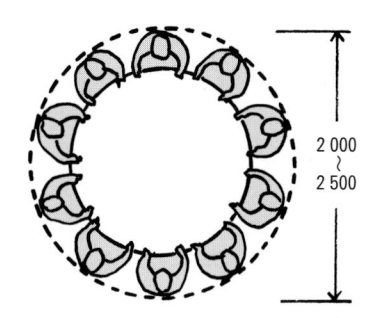

などに分類する場合もある。

ソシオペタルとソシオフーガル（人の集まりの型）

　ソシオペタルは，ミーティングや団らんの場でとられる対面型の求心的（Centri petal）な位置関係をいい，ソシオフーガルは他人とかかわりをもちたくない場合，プライバシーを保つために身体の向きが反対になるような遠心的（Centri fugal）な位置関係をいう。

　また，中間の型として自分からは見れるが，相手からは見にくい位置関係のものもある。

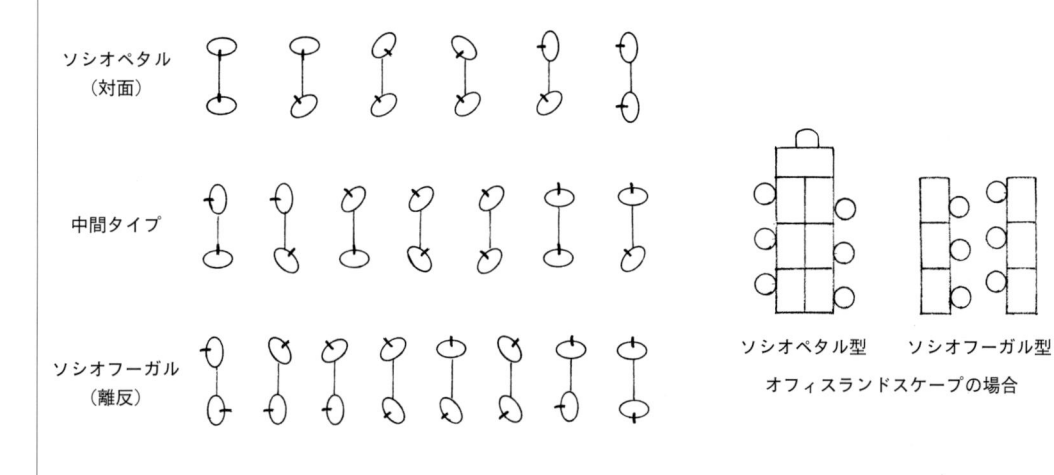

ソシオペタル（対面）

中間タイプ

ソシオフーガル（離反）

ソシオペタル型　　ソシオフーガル型

オフィスランドスケープの場合

6 人と空間のかかわり

(2) 集まりの型

　食事やミーティングの場合，コミュニケーションをとりやすいように，お互いが向き合うように座る。反面，劇場のホワイエ・ホテルのロビーや駅の待合室などでは，他の人と離れて座ったり背中合わせに座ることが多い。

　一つの空間のなかで何人かの人が時間を過ごす場合，目的に応じて，右図のような集合の型がつくられる。

　座り方のレイアウト　：目的によってかわる座席の選択テスト
　（アメリカの環境心理学者ロバート・ソマーの調査より）

　座り方のレイアウトには，コミュニケーションしやすい位置関係，挨拶など儀礼的な位置関係，説教など威圧感を与える位置関係などがあり，座る場所によって話が弾んだり，ぎこちなくなったりする。

　2人の人が長方形のテーブルにつくとき，その目的や状況によって，どんな座り方を選ぶ人が多いだろうか…という調査データである。

a **普通の会話の場合**：①のようにテーブルの角を挟むか，②のように向かい合ってコミュニケーションがとれるように，近い位置に座る人が最も多い。

b **協力して何かをする場合**：⑤のように打合せやものの受け渡しがしやすいように，テーブルの長手方向に並んで2分する位置に座る人が多い。

c **同時に別々のことをする場合**：③のように相手と空間的・視覚的に距離をおいた対角線上に座る人が多い。

d **競い合って何かをする場合**：②のように相手と距離をおいて，向き合った位置を選ぶ人が多い。

　初対面の人と話す場合，テーブルの角を挟んで座るか，テーブルを挟んですこし斜め向かいに座ると，視線を合わせたり，外したりすることが自然にでき，あらたまった気がしないので，気楽な雰囲気で話すことができる。

　真向かいの場合は，視線を外すのが難しく，相手の話にいちいち反応しなければならない煩わしさがある。特に，相手の緊張をほぐしながら情報を引き出したいときは，テーブルの角を挟む座り方が適している。逆に話の決着をつけたいときは，真向かいに座ったほうが効果的である。

　コミュニケーションをとりやすいエレメントとして，集いの核となるテーブルやこたつ・囲炉裏・暖炉などがあり，上下・席次の差別なく最も対等にコミュニケーションをはかるには，円形テーブル（円卓）がよいといわれている。

　また，外向的な人は，向かい合う位置や隣り合う位置を好む傾向があり，内向的な人は相手から離れて座りたがる。人の性格によって座る位置も異なるので，座る位置の選び方ひとつで相手の性格や心理を読み取ることもできる。

座り方	a. 会話	b. 協力	c. 同時作業	d. 競争
① 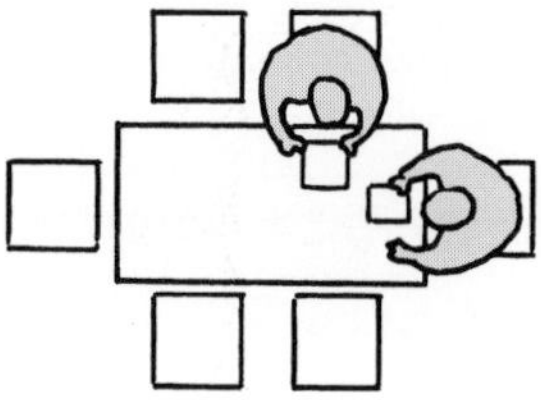	㊷	19	3	7
② 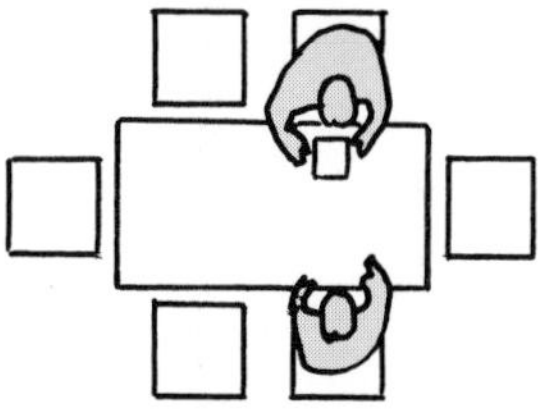	㊻	25	32	㊶
③ 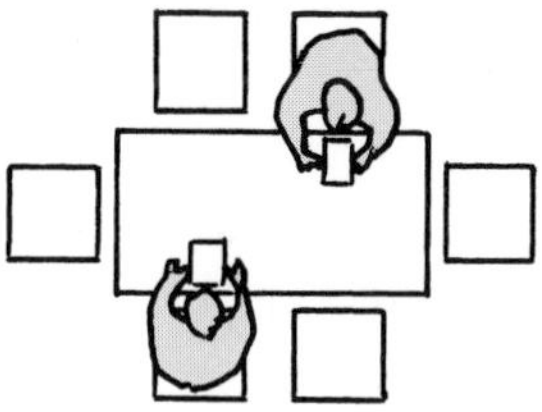	1	5	㊷	20
④ 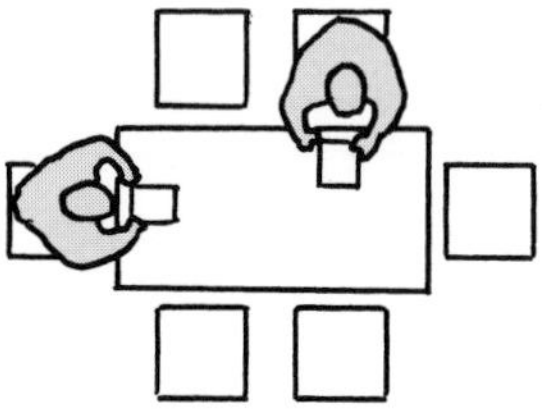	0	0	3	5
⑤ 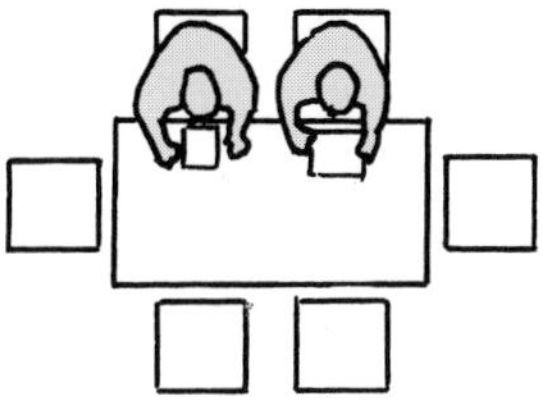	11	(51)	7	8
⑥ 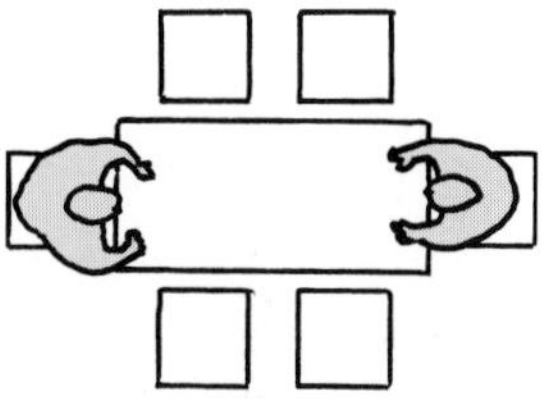	0	0	13	19

数字は，会話・協力・同時作業・競争それぞれの座り方を選んだ人の割合（%）を示す

居間とラウンジセット：座位のレイアウトと会話量テスト

a **対面座位**：応接・打合せには一般的であるが，対面のため，ときとして視線に無理を生じ，ムードを欠くことがある。
　　くつろぐ部屋のレイアウトとしては不向きである。　　　　　　　［1：1］

b **並列座位**：視線の方向性はあるが，会話するうえで姿勢に多少無理がある。
　　直角座位ほどではないが，くつろぎのムードはたもたれる。　　　［1：2］

c **直角座位**：視線に方向性があり，最もくつろぎやすく，豊かな団らんが得られやすい。最も話がはずむ。　　　　　　　　　　　　　　　　　［1：6］

注：［ ］は，テストに基づく座り方のレイアウトによる親近感の心理的効果比率（会話量）で，1：Nの数値が大きいほど，会話量がはずむことを示している。

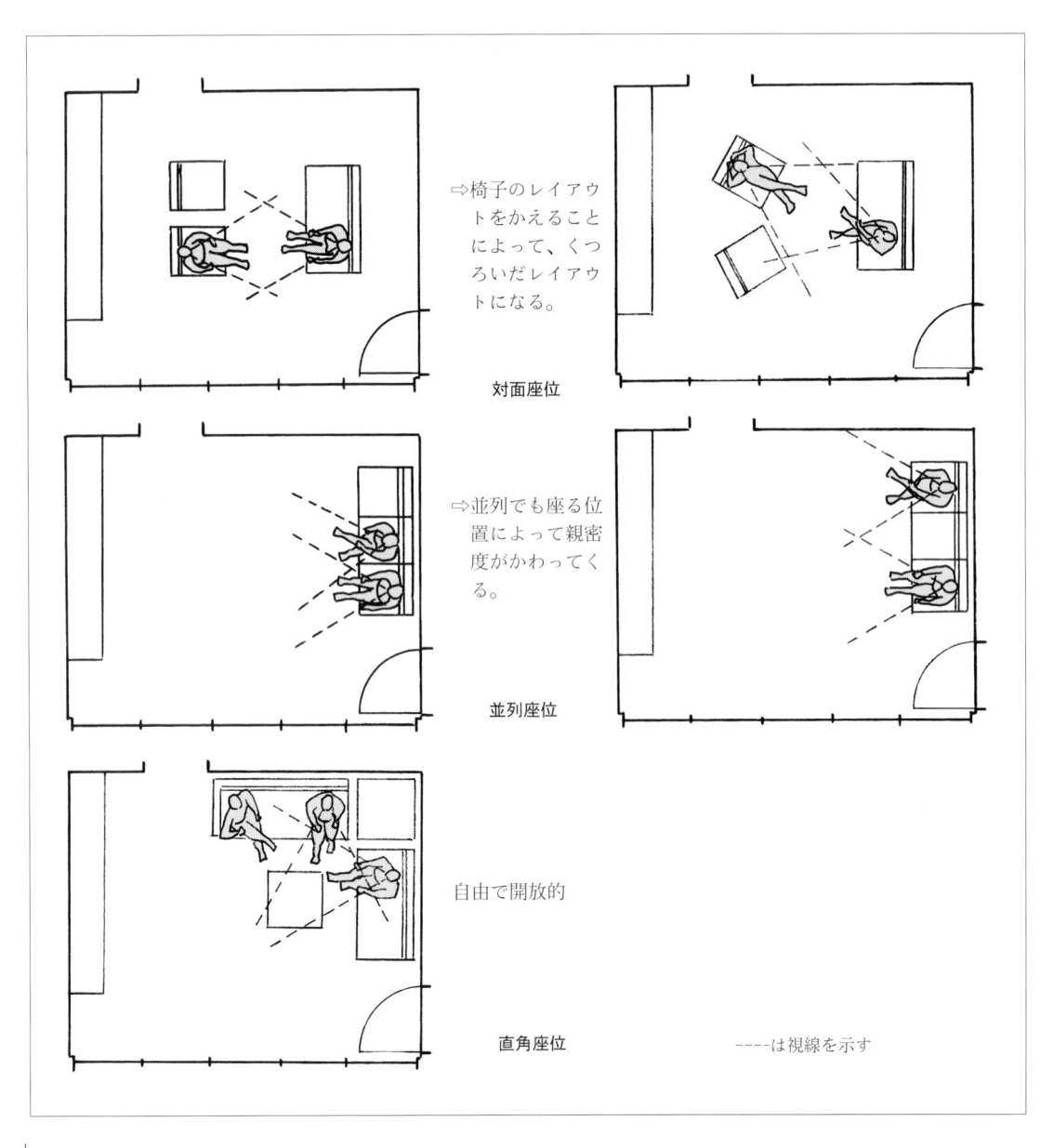

⇒椅子のレイアウトをかえることによって、くつろいだレイアウトになる。

対面座位

⇒並列でも座る位置によって親密度がかわってくる。

並列座位

自由で開放的

直角座位　　　　　----は視線を示す

(3) その他　人と空間

- コミュニケーションの効果を高める要素に，子供には子供の視線（Eye Level）で，車椅子の人には車椅子の人の視線で…など，目線の高さを合わせることがあげられる。教室の教壇など児童・生徒と先生，飲食店のカウンター席など，お客と店の人の位置関係で，視線に段差ができると見下ろされる感じで親密感が減退する傾向がある。

- 長方形のテーブルを囲む場合，日本では大名謁見のスタイルにみられるように，短辺に主賓が座り，長手方向にその他の人が並ぶ。
　西洋では長手の中央に主賓が座る。そのほうがお互いの距離が近くなるので，親密感が増しコミュニケーションがとりやすい。

- 見え方の問題として，同じ広さの部屋でも視線の高さによって，椅子に腰掛ける洋間は目の位置が高いので見える範囲が広くなり，床に平座した和室では目の位置は低く視野も限定されるので，洋間のほうが和室より狭く感じて見える。

- 高層マンションで，同じ広さの部屋でも1階と10階とでは，窓ごしの景色の見え方によって，部屋の広さの感じは違ってくる。また，同じ面積の住戸でも淡い色の住戸と，濃い色の住戸では広さの感じが違うので，マンションなどを選ぶときにはこれらのことにも注意する必要がある。

(4) 習性

人の占める位置

　飲食店など店内中央の客席部分よりも，壁際やコーナーの席がまず埋まるのは，「隅の効果」という人間の習性と空間のかかわり方のあらわれである。

　電車のシートも，空いているときはロングシートの両端に座る人が多く，ついで中央の席へと座る場所が移っていく傾向がみられる。

　また，人の習性として，ドアノブは無意識のうちに時計（右）回りに回す人が多い。冷蔵庫やロッカーの扉は右利きの人のほうが多いので，右手で操作しやすいようにつくられているが，左利きの人や設置する場所に配慮して，ユニバーサルデザインの視点から，左右どちら側からも操作できるタイプのものが開発されている。ガス器具は安全性を重視して，右回りが閉栓，左回りが開栓となっている。

　習性や癖は，国際的に共通しているわけでなく，国や地域によっても異なっている。たとえば，鋸の場合，日本では引いて切るが，欧米では押して切る。鉋も同様に方向が逆になっている。また，家具の配置にしても日本では窓に向かって机を置く場合が多いが，西洋では窓を背にして入口に向かって机を置く傾向があるので，人と空間のかかわりにおいて，習性についても欠かすことのできない大きな要素であることを忘れてはならない。

動線/右回り・左回り説

右（時計）回り論

- 美術館（美術品）・物品販売店（商品）

  左手に展示・陳列：人は心臓をカバーするうえで左壁面に沿って歩く習性がある。

- ＮＹグッゲンハイム美術館（F.L.ライト設計）

  エレベーターで最上階まで上がり，ランプ（傾斜路）に沿って展示された美術品を鑑賞しながら下りてくる。

- 階段の手すり

  階段を降りるときの利き腕側に手すりを設ける（長寿社会対応住宅設計指針他）
  →右利きの場合

- 左側通行

  混んでいる場合，自然と左側通行となる。
  →世界共通傾向

- 中華料理店のターンテーブルはマナー上，右回りが正式。
- 室内の展開図は（正投影図法第一角法）は右回りに描く。

左（反時計）回り論

- 野球
- トラック競技
- 競輪・競艇
- メリーゴーラウンド（お化け屋敷は右回り）

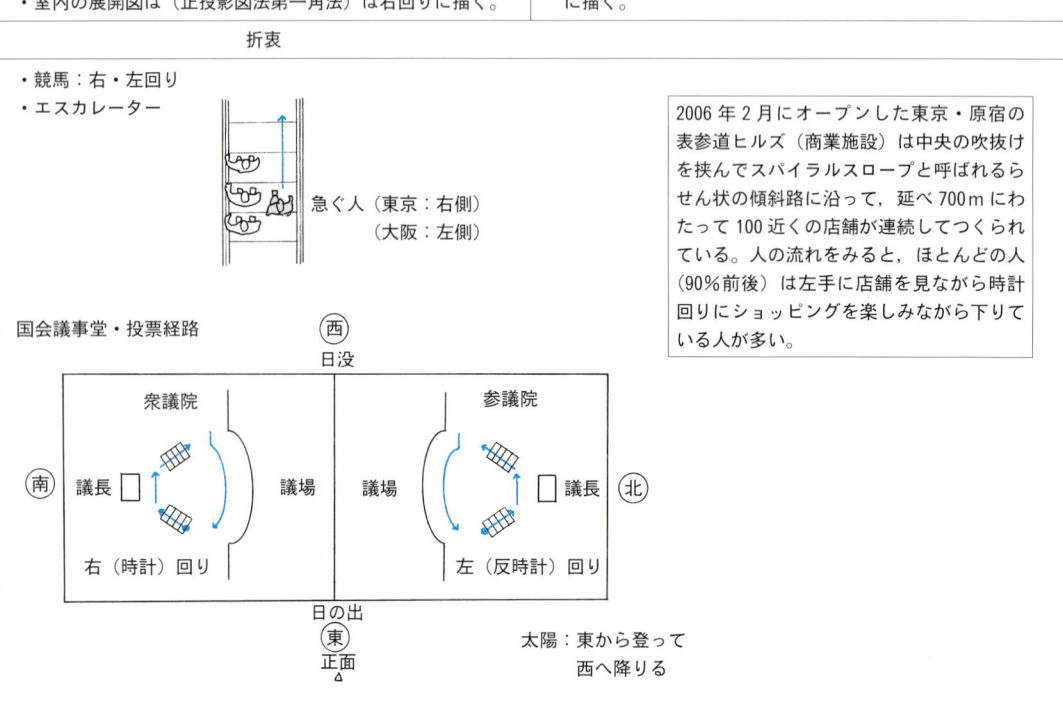

- 階段

  左に沿って反時計回りのほうが早く避難できる。
  →右足のほうが長い
  　（歩幅が広い）

- 右側通行

  武士の太刀/鞘当て

- サーカス　動物（馬・熊・犬）のパフォーマンス
- 流れるプールは左回りが多い。
- 建築・家具などの外観（正投影図法第三角法）は左回りに描く。

折衷

- 競馬：右・左回り
- エスカレーター

  急ぐ人（東京：右側）
  　　　（大阪：左側）

国会議事堂・投票経路

衆議院　右（時計）回り
参議院　左（反時計）回り

西　日没
東　日の出　正面
南　北

太陽：東から登って西へ降りる

2006年2月にオープンした東京・原宿の表参道ヒルズ（商業施設）は中央の吹抜けを挟んでスパイラルスロープと呼ばれるらせん状の傾斜路に沿って，延べ700ｍにわたって100近くの店舗が連続してつくられている。人の流れをみると，ほとんどの人（90％前後）は左手に店舗を見ながら時計回りにショッピングを楽しみながら下りている人が多い。

6.6 人体模型

●人体模型（ダミーモデル）について

　男女（側面・正面）の型紙（縮尺1/10）は，成人男子平均身長 1 710 mm，成人女子平均身長 1 590 mm を基準としてつくられており，組み立てると関節部分が動くので，p176～178（ダミーモデルのあとのページ）の方眼を使って，人体模型の動きに合わせ，インテリアや建築の各部寸法などの目安を知ることができるので，有効に活用してください。

人体模型のつくり方

注：ご自分の身長に合わせて人体模型をつくりたい方は，型紙は成人男女の平均身長（上記参照）を基準につくられているので，拡大・縮小コピーで調整してください。

① 型紙をケント紙またはボール紙などの厚紙に転写する。
- トレーシングペーパーなどに転写し裏側に鉛筆芯を塗り，表に返して線描部分をなぞる。
- 厚紙と型紙をコピーしたものの間にカーボン紙を挟み，線描部分をなぞる。

② 厚紙に転写した模型の人体各部位のパーツを鋏で切り抜く。

③ パーツに書かれた⊕部分の十字交点をコンパスなどの針で穴を開ける。

④ 同じ番号の⊕部分を合わせ，接続金物（ホチキスの針）で，切り抜いたパーツを組み立てる。（注：人体模型側面の場合，2（上肢二の腕）と胸部，5（下肢もも）と臀部は，サンドイッチするように組み立てる。）

接続金物のつくり方

- ホチキスの針は，まず ］の字状（空押しするとできる）にする。
- 合わせたパーツに，］の字状のホチキスの針を通して爪部分を曲げて接続する。

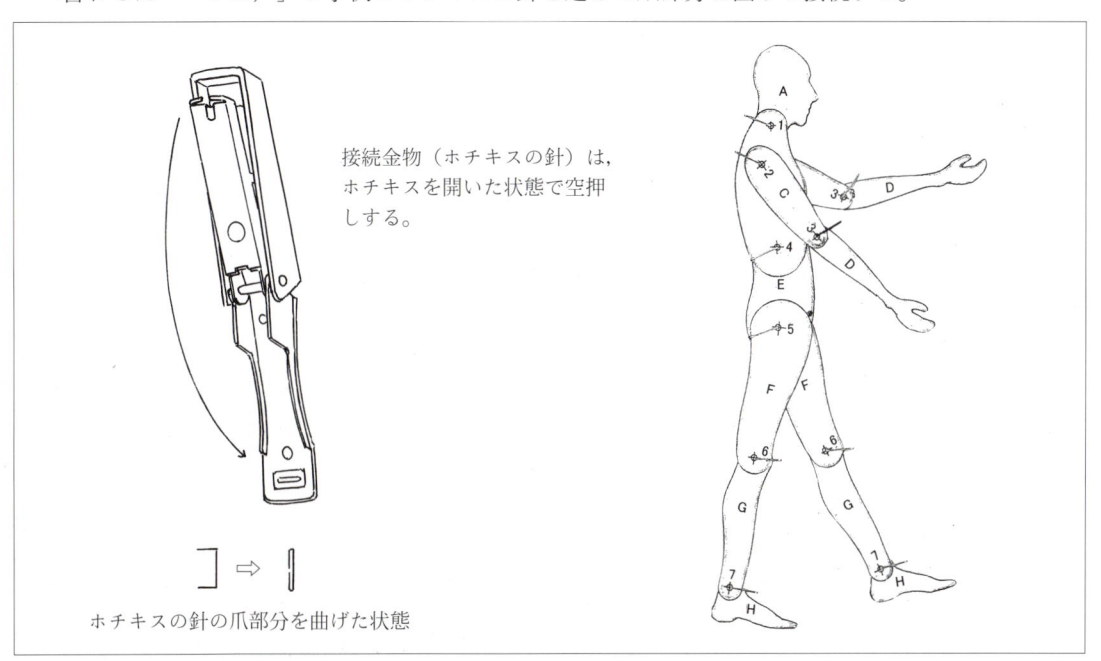

接続金物（ホチキスの針）は，ホチキスを開いた状態で空押しする。

］ ⇒ ｜
ホチキスの針の爪部分を曲げた状態

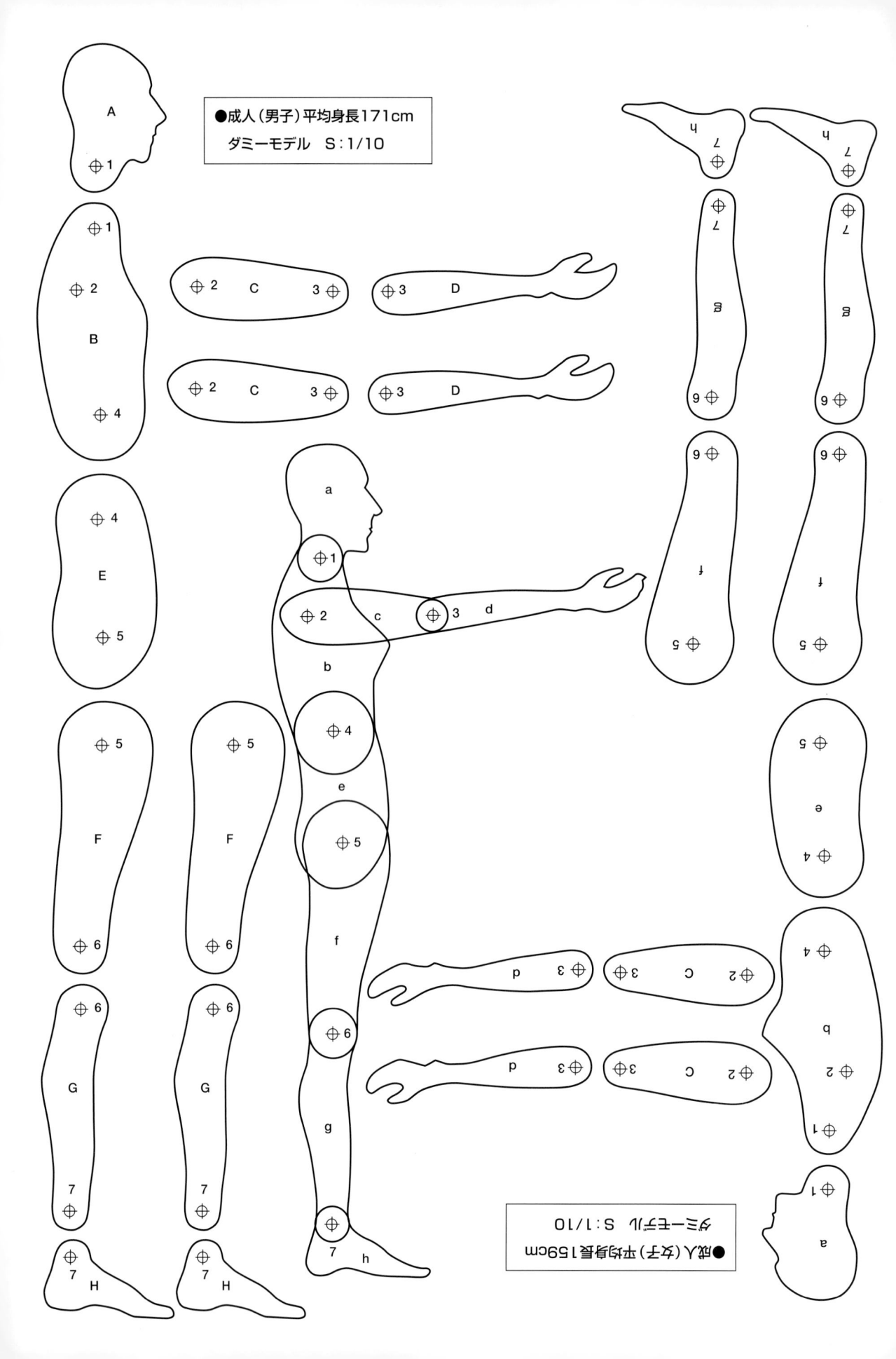

●成人（男子）平均身長171cm
ダミーモデル　S：1/10

●成人（女子）平均身長159cm
ダミーモデル　S：1/10

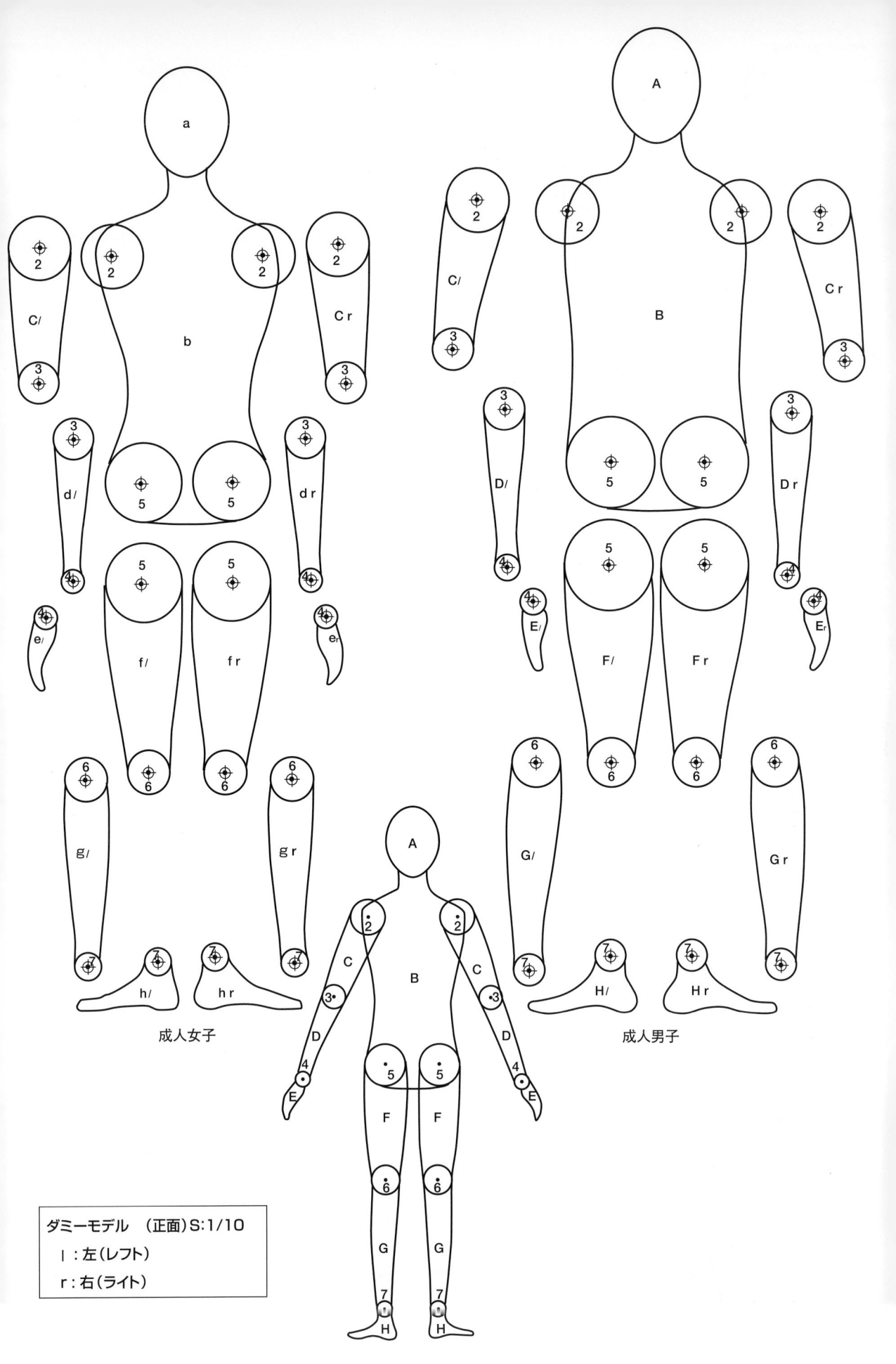

成人女子

成人男子

ダミーモデル （正面）S:1/10
l：左（レフト）
r：右（ライト）

S：1/10　グリッド

● 身長を基準とした高さ等の目やす［成人女子(1 600)：略算値］　　右欄斜線1〜29は p.148 左欄各部寸法1〜12を示す。
例：身長1 600，調理の高さ(15)の交点800

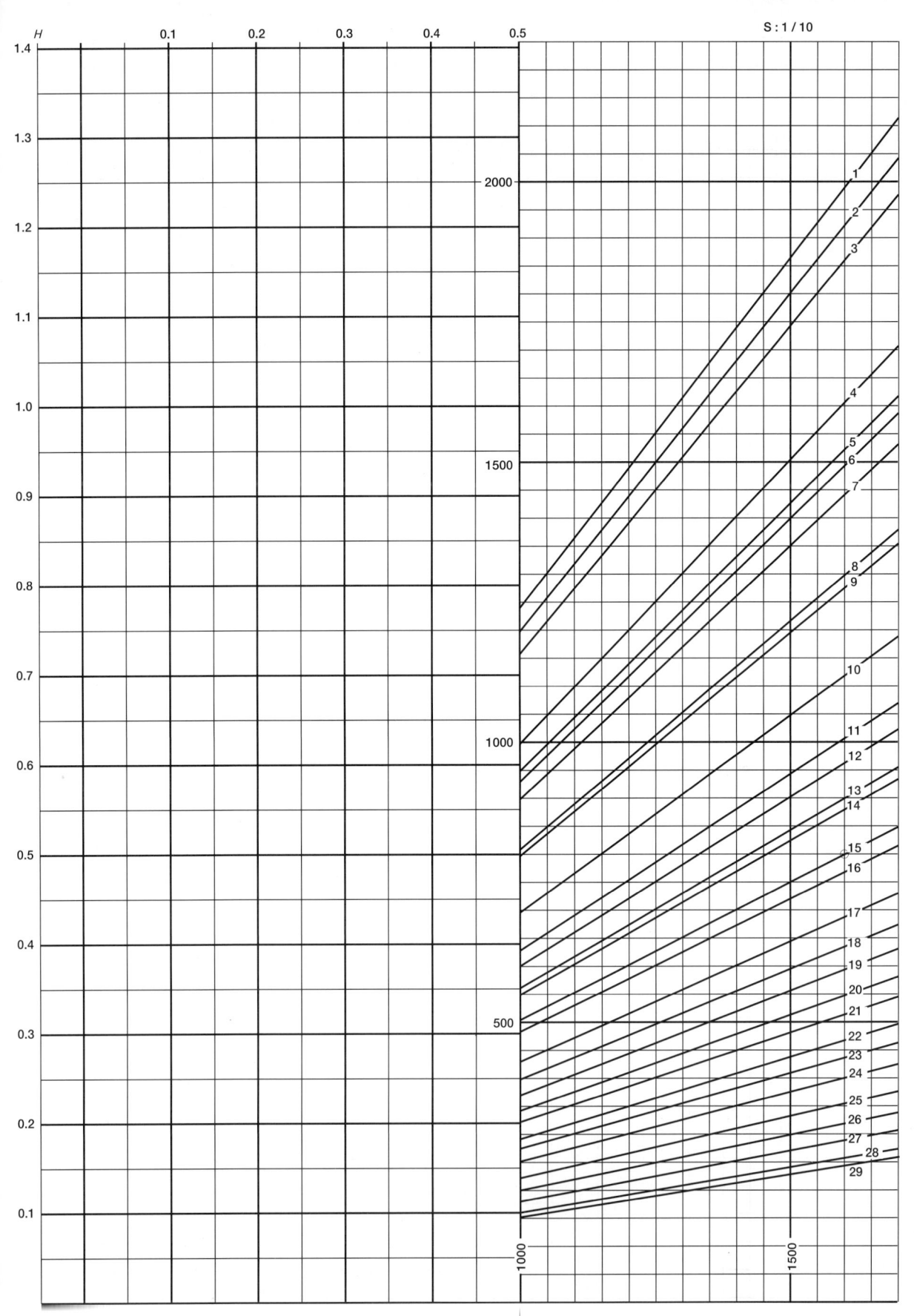

S：1／10

身長を基準とした各部寸法略算値（H）　←→　各部寸法／身長

●身長を基準とした高さ等の目やす[成人男子(1 700):略算値]　　　右欄斜線1～29は p.148 左欄各部寸法1～12を示す。
例：身長1 700, 眼高(6)の交点1 590

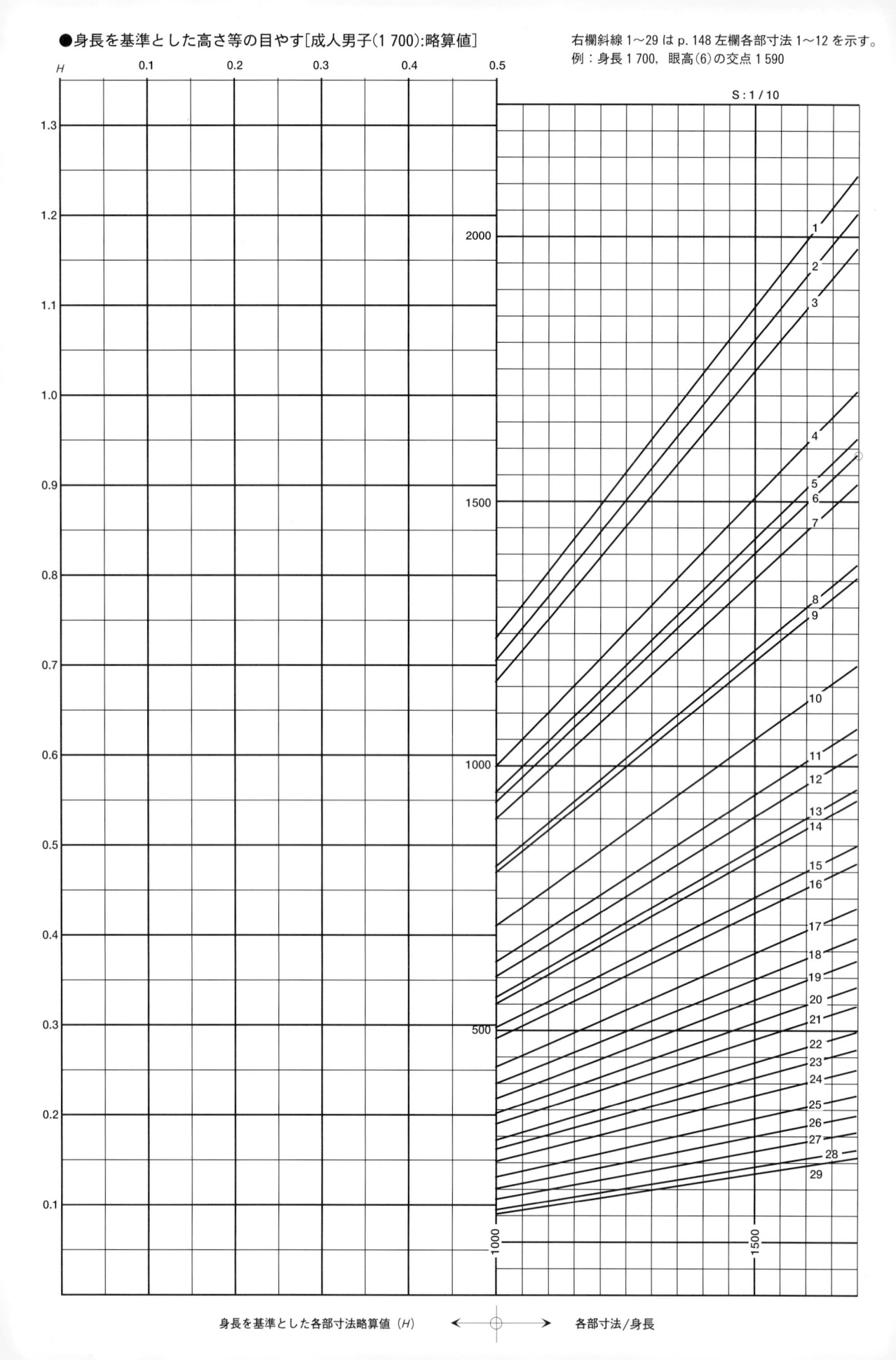

S：1/10

身長を基準とした各部寸法略算値 (H) ←→ 各部寸法/身長

S : 1/10　グリッド

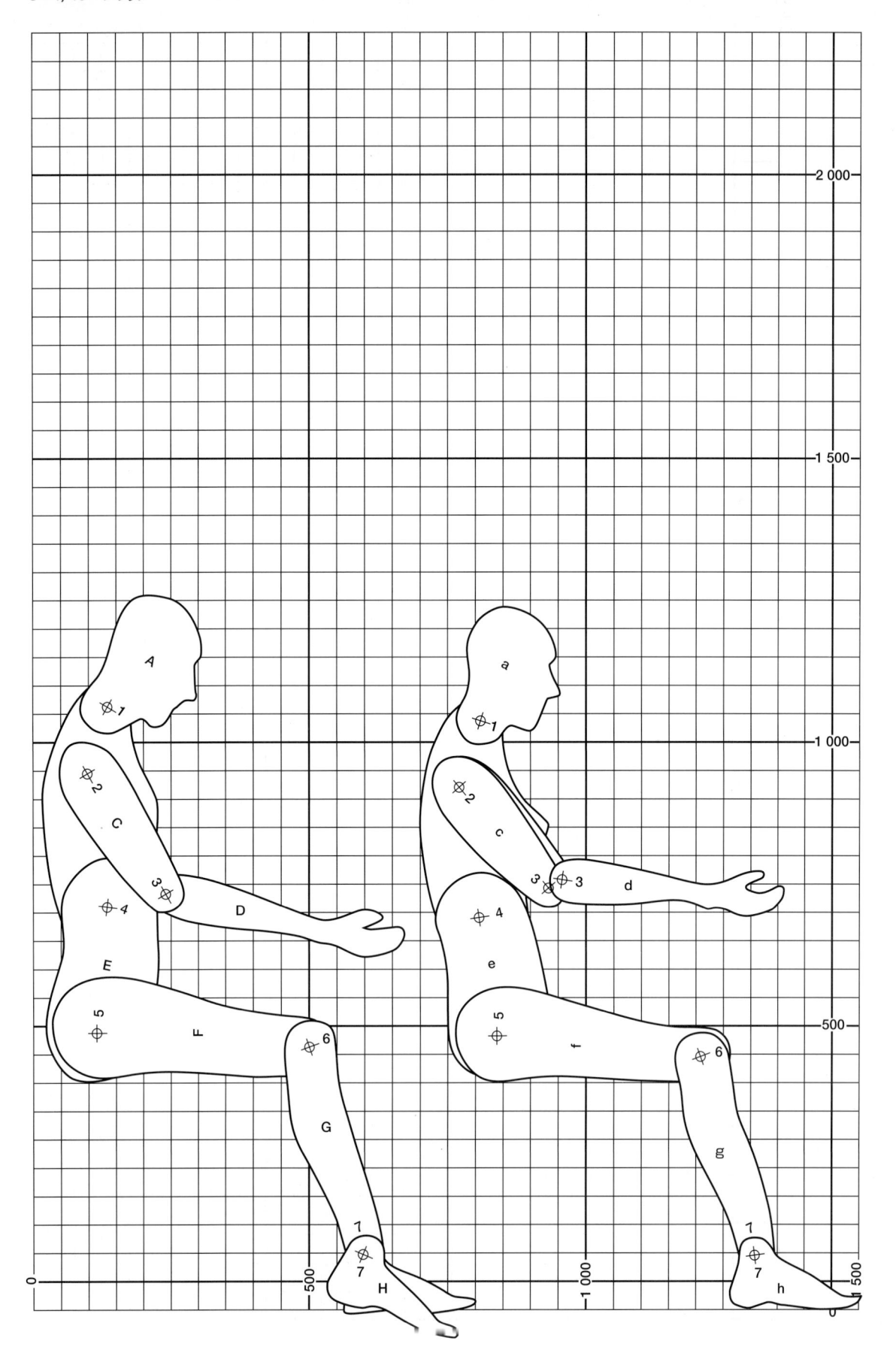

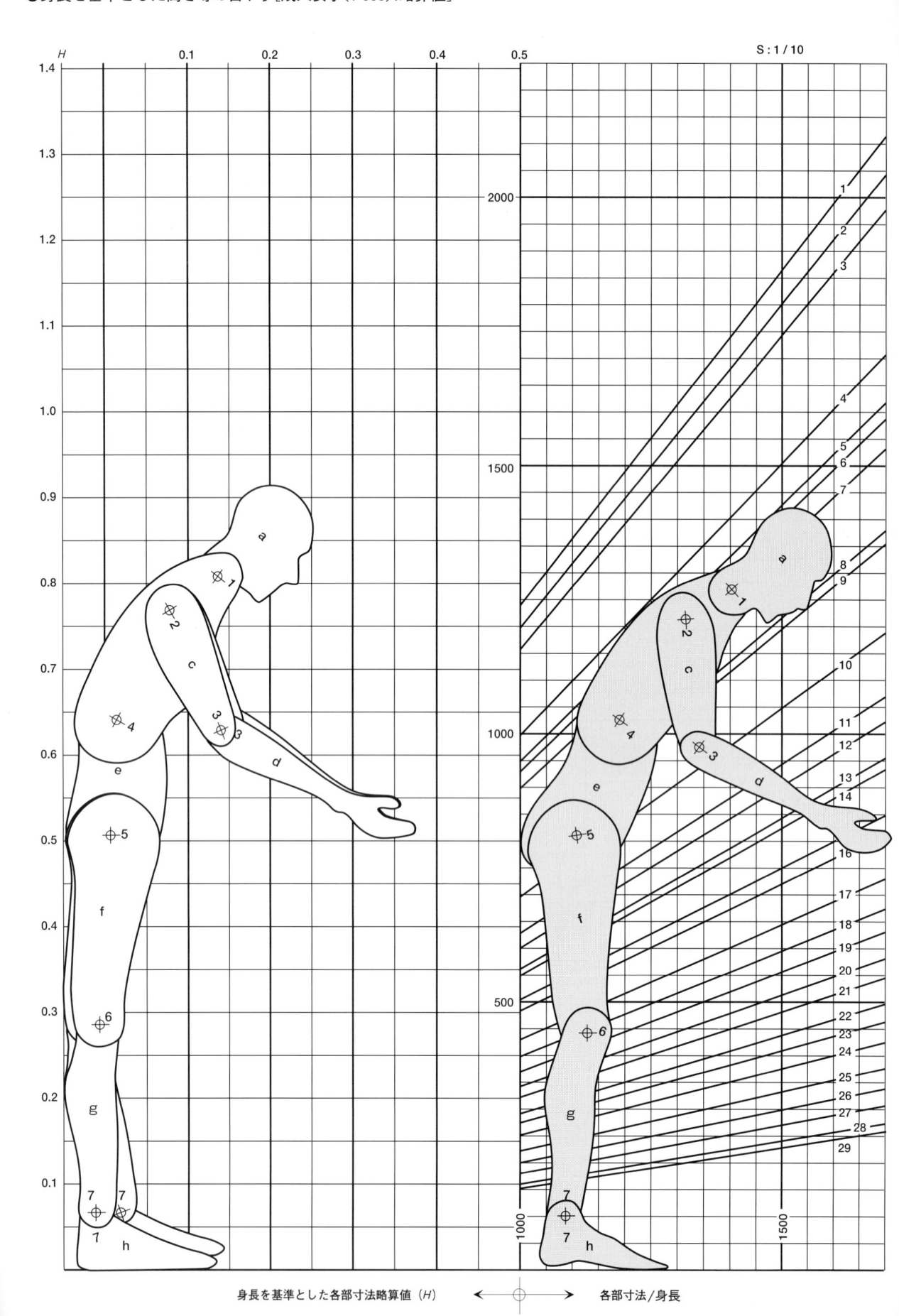

● 身長を基準とした高さ等の目やす[成人女子(1 600):略算値]

● 身長を基準とした高さ等の目やす［成人男子(1 700)：略算値］

［参考文献］

編集委員会編『インテリアデザイン事典』理工学社
小原二郎編『インテリアデザイン』鹿島出版会
小原二郎・内田祥哉・宇野英隆『建築・室内・人間工学』鹿島出版会
小原二郎・加藤力・安藤正雄編『インテリアの計画と設計』彰国社
楢崎雄之『インテリアの基本と実際』オーム社
野村順一『色彩効用論』住宅新報社
中田満雄・北畠耀・細野尚志『デザインの色彩』日本色研事業
北畠耀『色彩演出事典』セキスイインテリア

● 著者略歴

楢崎雄之（ならざき ゆうし）

学歴	早稲田大学工業高等学校建築科卒業
職歴	村野・森建築事務所，㈱楢崎建築事務所を経て 専門学校中央工学校（専任）
現在	楢崎デザイン事務所 専門学校中央工学校インテリア関連科講師 インテリアプランナー
著書	『図解 高齢者・障害者を考えた建築設計』（井上書院） 『住まいのインテリア入門心得帖』（オーム社） 『建築パース入門』（オーム社） 『図解 インテリアの基本と実際』（オーム社） 『図解 店舗の計画と設計』（オーム社） 『インテリアコーディネーター試験問題の徹底研究』（オーム社） 『造形意匠』（中央工学校）

図説 インテリアデザインの基礎

2006年9月25日　第1版第1刷発行

- 本書の複製権・翻訳権・上映権・譲渡権・公衆送信権（送信可能化権を含む）は株式会社井上書院が保有します。
- JCLS ㈱日本著作出版権管理システム委託出版物〉
本書の無断複写は著作権法上での例外を除き禁じられています。複写される場合は，そのつど事前に㈱日本著作出版権管理システム（電話03-3817-5670, FAX03-3815-8199）の許諾を得てください。

著　者　楢崎雄之 ©
発行者　関谷　勉
発行所　株式会社 井上書院
　　　　東京都文京区湯島2-17-15　斉藤ビル
　　　　電話（03）5689-5481　FAX（03）5689-5483
　　　　http://www.inoueshoin.co.jp
　　　　振替00110-2-100535
装　幀　吉田昌央
印刷所　株式会社新製版
製本所　誠製本株式会社

ISBN4-7530-1586-6　C3052　　　　Printed in Japan

出版案内

図解・インテリアコーディネーター用語辞典 [改訂版]

尾上孝一・大廣保行・加藤力編　インテリアの基本用語3900余語と図表約900点を，販売編・技術編・人名編として収録した，受験者から実務者まで役立つ本格的辞典。A5変形判・370頁・カラー　定価3360円

インテリアデザイン実践講座 [1] スペースデザイン

旭化成ホームインテリア研究所編／中村智子　ビジネスとしてインテリアデザインを成功させるためのノウハウや専門知識を事例に基づいて平易に解いた，実務者のためのテキスト。B5判・128頁　定価3255円

完全図解 インテリアコーディネートテキスト

尾上孝一・小宮容一・妹尾衣子・安達英俊　インテリアの基本となる歴史，計画，家具と人間工学，デザイン要素，建築構造，構法，材料，環境工学，法規，表現技法を徹底図解する。B5判・136頁　定価2835円

図解・インテリア・コーディネートの基本 1 構成材料と納め方

尾上孝一　インテリアコーディネーターの資格試験や関連業務に携わるうえで役立つよう，インテリア材料や部位別の仕上げ工法といった基礎的な知識をわかりやすく図解した入門書。B5判・102頁　定価2625円

図解・インテリア・コーディネートの基本 2 建築一般構法と内装仕上げ

尾上孝一　木構造と鉄筋コンクリート構造における骨組や部位名称，および各種内装材の取付け方や仕上げ工法など，内装の基本と実際をインテリアコーディネーター向けに図説する。B5判・116頁　定価2625円

インテリア・コーディネートブック 収納と空間構成

インテリア・コーディネートブック編集委員会編　合理性・機能性および空間との調和に配慮した収納の基礎知識や技術を，多数の実例を通して解説する。B5判・112頁　定価2100円（発行：インテリア産業協会）

マンガで学ぶ インテリアコーディネーターの仕事

インテリア産業協会監修　高齢者に配慮したリフォームを通して，ヒアリング，プラン作成，プレゼン，契約，工事管理といったインテリアコーディネーターの実務を平易に解説する。B5判・152頁　定価2835円

最新5か年 インテリアコーディネーター資格試験問題集 [年度版]

インテリアコーディネーター試験研究会編　インテリアコーディネーターの資格取得を目指す初学者を対象に，過去5年間の全試験問題と解答・解説を収録した必携問題集。A5判・298頁・二色刷　定価2100円

＊上記価格は消費税5％を含んだ総額表示になっております。